Banking 2.0

Lizenz zum Wissen.

Sichern Sie sich umfassendes Wirtschaftswissen mit Sofortzugriff auf tausende Fachbücher und Fachzeitschriften aus den Bereichen: Management, Finance & Controlling, Business IT, Marketing, Public Relations, Vertrieb und Banking.

Exklusiv für Leser von Springer-Fachbüchern: Testen Sie Springer für Professionals 30 Tage unverbindlich. Nutzen Sie dazu im Bestellverlauf Ihren persönlichen Aktionscode **C0005407** auf *www.springerprofessional.de/buchkunden/*

Springer für Professionals.
Digitale Fachbibliothek. Themen-Scout. Knowledge-Manager.

- Zugriff auf tausende von Fachbüchern und Fachzeitschriften
- Selektion, Komprimierung und Verknüpfung relevanter Themen durch Fachredaktionen
- Tools zur persönlichen Wissensorganisation und Vernetzung

www.entschieden-intelligenter.de

Springer für Professionals

Stefanie Hüthig
(*Hrsg.*)

Banking 2.0

Finanzdienstleistungen heute und morgen

2. Auflage

Herausgeberin
Stefanie Hüthig
Wiesbaden, Deutschland

ISBN 978-3-658-03399-6   ISBN 978-3-658-03400-9 (eBook)
DOI 10.1007/978-3-658-03400-9

Die Deutsche Nationalbibliothek verzeichnet diese Publikation in der Deutschen Nationalbibliografie; detaillierte bibliografische Daten sind im Internet über http://dnb.d-nb.de abrufbar.

Springer Gabler
© Springer FachmedienWiesbaden 2013, 2013
Das Werk einschließlich aller seiner Teile ist urheberrechtlich geschützt. Jede Verwertung, die nicht ausdrücklich vom Urheberrechtsgesetz zugelassen ist, bedarf der vorherigen Zustimmung des Verlags. Das gilt insbesondere für Vervielfältigungen, Bearbeitungen, Übersetzungen, Mikroverfilmungen und die Einspeicherung und Verarbeitung in elektronischen Systemen.

Die Wiedergabe von Gebrauchsnamen, Handelsnamen, Warenbezeichnungen usw. in diesem Werk berechtigt auch ohne besondere Kennzeichnung nicht zu der Annahme, dass solche Namen im Sinne der Warenzeichen- und Markenschutz-Gesetzgebung als frei zu betrachten wären und daher von jedermann benutzt werden dürften.

Gedruckt auf säurefreiem und chlorfrei gebleichtemPapier.

Springer Gabler ist eine Marke von Springer DE. Springer DE ist Teil der Fachverlagsgruppe Springer Science+BusinessMedia
www.springer-gabler.de

Geleitwort

Liebe Leserin, lieber Leser,

wenn Sie an einem sonnigen Tag in der Fußgängerzone einen beliebigen Menschen bitten, einen Blick in seine Tasche werfen zu dürfen, werden Sie in diesen Siebensachen mit großer Wahrscheinlichkeit ein Smartphone finden. Nehmen wir an, Sie plaudern ein bisschen mit Ihrem neuen Bekannten. Die Chancen stehen nicht schlecht, dass er schon einmal online eine Überweisung getätigt hat, Mitglied in einem sozialen Netzwerk ist, etwas über das Internet bestellt und den Kaufpreis dann über eines der einschlägigen Online-Bezahlsysteme beglichen hat.

Technische Entwicklungen prägen unser Leben und damit auch unsere Gewohnheit, mit Geld und unseren Finanzen umzugehen. Für uns ist es selbstverständlich, über die Geldautomaten auch am Wochenende nahezu überall problemlos an Bargeld zu kommen. Bei einem Gespräch in der Bankfiliale setzen wir voraus, dass der Berater immer die neuesten Daten zu den Finanzprodukten für uns auf dem Bildschirm oder Tablet-PC hat. Und wenn die Rückmeldung zu unserer Online-Kreditanfrage zu lange dauert, werden wir ungeduldig. Banken und Sparkassen treiben technische Entwicklungen also nicht nur, sondern werden auch oft genug von ihnen getrieben.

Das BANKMAGAZIN hat seine wichtigsten Veröffentlichungen und interessante „Schnipsel" aus den vergangenen zwei bis drei Jahren zu dem Themenkomplex „Banking 2.0 – Finanzdienstleistungen heute und morgen" gesammelt, aufbereitet und den aktuellen Gegebenheiten angepasst. Einige der beschriebenen Trends werden in der Praxis schon eingesetzt, einige wurden verworfen, wieder andere befinden sich in der Einführung oder lassen noch auf sich warten. Eins gilt aber für alle: Sie zeigen, wohin die Reise im Geschäft mit Bankkunden geht.

Herzlichst, Ihre
Stefanie Hüthig

Inhaltsverzeichnis

Geleitwort V
Autoren und Herausgeberin IX

1   **Einleitung: Banking der Zukunft** 1
     Transformationsstory: Finanzsystem im Jahr 2030 1
     Zukunftsvision: Die Bank in der Hosentasche 15

2   **Kanalmix der Banken** 25
     Einleitung: Kanäle integrieren 25

     Bankfiliale 2020
     ■   Beratung und Vertrieb 26
     Filialnetz: Präsenz muss sich rechnen 26
     Interview Finanzpartner-Filialen: Erster Roll-out an bis zu 15 Standorten 36
     Filialgestaltung: Einheitslook ade 42
     Innovationsforum GAD: Kleine Änderung, große Wirkung 53
     Schaufenstergestaltung: Emotionen durch visuelle Eindrücke beeinflussen 58
     Beratungstisch: Interaktives Touchpad für das Beratungsgespräch 64
     Mobiler Vertrieb mit Tablet-PCs: Rein ins Kundenwohnzimmer 66
     Mobile IT-Sicherheit: Datenlecks lauern überall 68
     Filialgestaltung: Renaissance der Beratungszimmer 72
     Kundenevents: Schwer verdauliche Kost schmackhaft machen 78

     ■   SB-Banking 83
     SB-Geräte: Von Automaten, die immer mehr können 83
     Touch Screens: Siegeszug bei SB-Geräten erwartet 89
     Skimming: Wie Hase und Igel 90

Banken im Web
- Banken-Webangebote fit für den Vertrieb machen 94
Online-Marketing: (K)Ein Buch mit sieben Siegeln 94
Webseiten-Optimierung: Kleine Änderungen haben oft große Wirkung 101
Online Banking: Transaktions- statt Vertriebskanal 109
Vergleichsportale und ROPO-Effekt: Intransparenz in der Online-Welt 115
Neuer Personalausweis: Schluss mit PostIdent für Online-Verträge? 121
E-Bankenwerbung: Der Werbebrief ist tot – es lebe der Werbebrief 126
Elektronische Kundenmagazine: Banken sehen Chancen
beim Tablet-Publishing 130
Trend Gamification: Die woll'n doch nur spielen! 136
Elektronische Mailings: Reputation siegt 141

- Online und Mobile Banking: Einfach, genial, sicher? 146
Internet-Kriminalität: Was im Netz lauert 146
Betrugsmaschen: Mobil ist nicht besonders sicher 150
Online Banking: Barrierefrei im Netz unterwegs 154
Banking-Anwendungen: Geschäftskunden wollen Online-Unterstützung 159
Smartphone-Applikationen: Kleine Programme, große Chancen 162
Interview: Via App ins Kundenleben integrieren 167
Firmenkunden-Betreuung: Video-Chat spart Zeit 170

3 Social Web 177
Einleitung: Der Kunde redet mit 177
Social Media: Erst zuhören – dann reden 180
Social-Media-Monitoring: … so schallt es zurück? 183
Aus der Praxis: Wie Social Media die Massen bewegt 186
Social Media: Wie viel braucht eine Bank? 188
Interview: „Der typische Fidor-Kunde ist 100 Prozent online" 192
Interview: Letztendlich bestimmt der Kunde 196
Crowdfunding: Schwarmfinanzierung gleich Schwarmintelligenz? 199
Enterprise 2.0: Geschwindigkeit für Innovationen erhöhen 203
Bewertungsportale: Wer antwortet, gewinnt 209

4 Bezahlmethoden 221
E-Wallet: Schöne neue Zahlungswelt 221
Digitales Geld: Bitcoin 223
Bezahlform girogo: Kontaktlos zur nächsten Currywurst 227
Moderne Zahlmethoden: System-Vielfalt 232
Kreditkarte 2.0: Bezahlen reloaded 240

Autoren und Herausgeberin

Bianca Baulig ist seit 2003 als Redakteurin beim BANKMAGAZIN tätig. Davor war sie nach Abschluss ihres Studiums der Philologie und Betriebswirtschaftslehre seit 2001 Redaktionsmitglied der Fachzeitschrift Versicherungsmagazin.

Barbara Bocks gehört der Redaktion BANKMAGAZIN an. Zuvor war die Diplom-Kauffrau bei der Deutschen Bank nach einem Traineeship im Liquiditätsmanagement und im Verbriefungsgeschäft tätig.

Wolfgang A. Eck ist Managing Director der eckpunkte Kommunikationsberatung in Weilburg (Rhein-Main).

Professor Dr. Heinrich Fendt ist Professor im Bereich Wirtschaftsinformatik an der Fachhochschule Flensburg. Seine Lehrgebiete sind die Systemanalyse und das Informationsmanagement.

Jörg Forthmann ist geschäftsführender Gesellschafter von Faktenkontor, Hamburg.

Wolfram Funk ist IT-Security-Experte bei der Steria Mummert Consulting AG in Hamburg.

Stefanie Hüthig (Herausgeberin) gehört der Chefredaktion BANKMAGAZIN an. Vor ihrer journalistischen Tätigkeit absolvierte sie ein Duales Studium an der damaligen Berufsakademie Mannheim (heute Duale Hochschule Baden-Württemberg, Mannheim) mit Praxisphasen in der Sparkasse Vorderpfalz.

Dr. Michael Groß ist geschäftsführender Gesellschafter der Groß & Cie. GmbH in Frankfurt am Main.

Eva-Susanne Krah ist freie Journalistin sowie Cross-Media-Spezialistin in Kronberg/Taunus.

Anja Kühner lebt in Düsseldorf ist bereits viele Jahre als freie Journalistin für das BANKMAGAZIN tätig und arbeitete in der Vergangenheit unter anderem als Redakteurin bei der Verlagsgruppe Handelsblatt.

Lothar Lochmaier ist Buchautor, Blogger sowie freier Fach- und Wirtschaftsjournalist in Berlin.

Anita Mosch ist Diplom-Kauffrau und neben ihrem Studium der Psychologie derzeit als freie Journalistin für das BANKMAGAZIN tätig. In ihrem Lebenslauf finden sich unter anderem Stationen bei Commerzbank und Targobank.

Jürgen Muthig ist langjähriger Herausgeber der BANKFACHKLASSE.

Professor Dr. Jürgen Moormann ist Professor für Bankbetriebslehre und leitet das ProcessLab, ein auf das bankbetriebliche Prozessmanagement ausgerichtetes Forschungscenter der Frankfurt School of Finance & Management.

Tanja Planko ist als freie Journalistin, als PR-Redakteurin und -Beraterin in Düsseldorf tätig.

Elke Pohl ist freie Journalistin in Berlin. Neben IT sind Versicherungen und Altersvorsorge ihre Themenschwerpunkte.

Peter Rensch ist freier Journalist und ehemaliger Chefredakteur von BANKMAGAZIN.

Anne Schaefer ist wissenschaftliche Mitarbeiterin sowie Doktorandin am Process Lab, ein auf das bankbetriebliche Prozessmanagement ausgerichtetes Forschungscenter der Frankfurt School of Finance & Management.

Rainer Spies ist freier Journalist in Lübeck und spezialisiert auf Personalthemen.

Danksagung

Mein Dank gilt allen Autorinnen, Autoren, Interviewpartner und zitierten Experten in diesem Buch. Mit Ihren Ideen, Ihrem Input sowie dem „richtigen Riecher" für Innovationen und Trends zeigen Sie, wie das Banking der Zukunft aussehen kann.

Die Herausgeberin

Einleitung: Banking der Zukunft

Transformationsstory:

Finanzsystem im Jahr 2030

Das Finanzsystem muss nach den Erfahrungen aus der jüngsten Krise reformiert werden. Kreditinstitute suchen nach Antworten auf neue Entwicklungen beim Selbstverständnis des Kunden und in der IT. Die spannende Frage: Wie wird Banking im Jahr 2030 aussehen? Diese Transformationsstory beleuchtet aktuelle Ereignisse in der Bankenbranche kritisch, entwickelt aber faszinierende – und an manchen Stellen versöhnliche – Visionen für die Zukunft.

Heinrich Fendt
erschienen im Dezember 2012

Im Jahr 2030,
7:05 Uhr: Beim Bäcker

Dirk stellt sein Fahrrad vor dem Bäckerladen ab und betritt das Geschäft. „Guten Morgen, Franziska, bitte wie üblich", sagt er gutgelaunt. Die Frau hinter der Ladentheke kennt Dirk Neumann und den morgendlichen Brötchenbedarf seiner Familie seit vielen Jahren und packt die Ware in eine Tüte. „Das macht dann 3,60 Euro." „Ja, wie immer", erwidert Dirk und bestätigt die am Zahlungsterminal angezeigte Summe mit seinem Personal Digital Assistant, kurz PDA – der das frühere Smartphone mit einer Reihe zusätzlicher Komfortfunktionen in sich vereint. Durch Berührung des Fingerabdruckscanners gibt der Familienvater die Zahlung frei und winkt beim Verlassen der Bäckerei: „Danke, Franziska! Bis morgen." Die Verkäuferin registriert am Monitor den Zahlungseingang und verabschiedet sich ihrerseits von Dirk.

Überrascht, wie Bäckereikunden im Jahr 2030 Brötchen einkaufen? Der beschriebene Zahlungsweg zeichnete sich bereits zur Jahrtausendwende ab. Doch es vergingen noch einige Jahre, bis Menschen so selbstverständlich mit dem Personal Digital Assistant (PDA) ihre Rechnung zahlen wie der 34-jährige Dirk Neumann an dem heutigen regnerischen Tag im Dezember 2030. „Schuld" am elektronischen Zahlungsverkehr, der übrigens von allen Orten Europas in Echtzeit funktioniert, hatte die im Jahr 2007 losgetretene Finanzkrise. Sie führte zu dem auch 2030 noch gültigen Finanzsystem, das in Europa seit 2015 schrittweise entwickelt und eingeführt wurde.

Angefangen hat alles im Jahr 2009 mit der Klage des Hannoveraner Versicherers Talanx gegen die Deutsche Bundesbank auf Einrichtung eines „insolvenzsicheren" Geschäftskontos. Als Klagegrund gab Talanx an, dass nur auf einem solchen Konto die täglichen liquiden Mittel im Wert von mehreren hundert Millionen Euro wirklich insolvenzsicher seien. In anderen EU-Staaten waren Geschäftskonten bei Zentralbanken zum damaligen Zeitpunkt durchaus möglich, nicht aber in Deutschland. Im Bereich der Geldanlage war man dagegen schon fortschrittlicher: Für private und institutionelle Investoren hatte die Finanzagentur der Bundesrepublik Deutschland bereits seit Langem so genannte „Schuldbuchkonten" zur Verwahrung von Bundeswertpapieren im Angebot. Und mit der seit 1. Juli 2008 direkt handelbaren Tagesanleihe sollte „das Privatkundengeschäft gestärkt werden, um eine Diversifizierung der Kreditaufnahme des Bundes zu gewährleisten und dem Bürger zugleich eine sichere Geldanlage beim Bund anzubieten", wie es im Gesetz zur Modernisierung der Bundesschulden aus dem Jahr 2006 heißt.

Der Umbau des Finanzsektors in Europa beginnt

Als Reflex auf die damalige Finanzkrise sowie die lautstarke öffentliche Kritik an der Rolle der Banken nahm die Europäische Zentralbank (EZB) zusammen mit der Europäischen Kommission das Talanx-Begehren nach mehr Anlagesicherheit zum Anlass, erste Impulse für einen Umbau des gesamten europäischen Finanzsektors zu geben. Vor dem Hintergrund der finanziellen Notlagen einiger Mitgliedsstaaten sowie der in diesen Sog geratenen Euro-Währung gaben die europäischen Institutionen in den Folgejahren unter Aufsicht der Euro-Gruppe – der Finanzminister der Euro-Staaten – das Heft des Handelns nicht mehr aus der Hand. Rückenwind erhielt das Vorhaben durch den EU-Aktionsplan eEurope aus den Jahren 2002/05, der den Internetausbau in Europa vor allem im Hinblick auf eine Steigerung der wirtschaftlichen Produktivität sowie eine Verbesserung der elektronischen Behördendienste (E-Government) zum Ziel hatte. Und so drängten sich moderne, internetbasierte Lösungen für ein modernes Finanzwesen geradezu auf.

Der 2011 eingeleitete Restrukturierungsprozess war ein logischer Schritt auf die Entwicklungen in den Jahren zuvor. So hatte die voranschreitende Digitalisierung der Wirtschaft auch in der Bankenlandschaft unübersehbare Spuren hinterlassen. Hier war – wie bereits seit längerem im Fachhandel, der öffentlichen Verwaltung und anderen Bereichen bis hin zu den Bibliotheken – ein verstärkter Rückzug der Akteure aus der Fläche zu beobachten. Die historisch gewachsene Vor-Ort-Präsenz von Waren und Dienstleistungen wurde insbesondere bei immateriellen Angeboten zunehmend obsolet, da immer mehr dieser Geschäfte über Vermittlungsportale im Netz abgewickelt wurden. Auch Überweisungen und Zahlungen erfolgten verstärkt elektronisch und bargeldlos von zu Hause aus oder mobil, so dass sich die meisten Bankbesuche der Bürgerinnen und Bürger erübrigten. Dies ging mit einem dramatischen Abbau von Bankfilialen einher.

Das digitale Zahlungssystem im Jahr 2030, kurz Digital-Payment (D-Payment), hat allerdings mit den E- und M-Payment-Systemen früherer Jahre nur noch wenig gemein. Der komplette Zahlungsverkehr im Euro-Verkehrsraum, der seit dem Jahr 2025 alle EU-Staaten umfasst, wird ausschließlich über Konten und Rechner der Europäischen Finanzagenturen (EFA) abgewickelt, die ihrerseits bei der Europäischen Zentralbank (EZB) in Frankfurt konsolidiert und von ihr kontrolliert werden. Alle EU-Bürger und Unternehmen sowie alle sonstigen Institutionen verfügen bei ihren nationalen EFAs über Verrechnungskonten, auf die sie mittels Homebanking oder eben mithilfe der mobilen PDAs zugreifen können, um ihre Zahlungsaufträge abzuwickeln.

Transformationsstory – Was ist das?

Unsicherheit über künftige Rahmenbedingungen, das Fehlen geeigneter Ideen oder wenig sinnvolle Strukturen, an denen eine Lobby festhält: Das kann die Weiterentwicklung ganzer Branchen hemmen. Hilfe in einer solchen Situation versprechen so genannte Transformationsstories, die üblicherweise in Unternehmen zur Restrukturierung von Aufbau- und Ablauforganisationen eingesetzt werden. Beiträge dieser Art bedienen sich einer Mischung aus realen Ereignissen der Vergangenheit und Gegenwart und fiktiven Geschehnissen der Zukunft. Wollen doch Transformationsstories aufzeigen, an welchen Stellen es derzeit Schwachpunkte gibt und welche Alternativen sich für überholte Strukturen und Prozesse anbieten. Ziel ist es, aktuelle Probleme zu benennen, sie ins Bewusstsein zu rufen und Betroffene und Beteiligte für Visionen der Weiterentwicklung und Erneuerung zu begeistern. Freilich muss es aber nicht unbedingt so kommen wie in der Transformationsstory beschrieben: So hat die Bundesfinanzagentur 2012 ihren Ausstieg aus dem Privatkundengeschäft verkündet.

2025 wurde das Bargeld abgeschafft

Mit der Zentralisierung des gesamten europäischen Zahlungsverkehrs auf die Server der EFAs wurde die mit dem 1. Januar 2025 vollzogene Abschaffung von Bargeld innerhalb Europas eingeleitet. Alle sofortigen Bezahlvorgänge in Direktgeschäften, wie beim Einkauf im Supermarkt, dem Friseurbesuch, aber auch bei Internetkäufen in Online-Shops, werden 2030 auf Grundlage des D-Cash-Verfahrens ausgelöst und auf den entsprechenden Konten der EFAs verbucht. Peer-to-Peer-Transfers, also direkte Geldtransfers zwischen zwei Personen, erfolgen ebenfalls über deren PDAs in Verbindung mit den korrespondierenden Konten bei den Finanzagenturen, wobei die mobilen Geräte automatisch verschiedene Sicherungs- und Plausibilitätsprüfungen übernehmen.

Mit dem elektronischen Zahlungssystem der EFAs wurde der europäische Zahlungsverkehr von den klassischen Geldinstituten völlig abgekoppelt, mit Kosten- und Zeitersparnissen für die Transferpartner. Da alle Überweisungen, Lastschriften und Abbuchungsaufträge kostenfrei und in Echtzeit erfolgen, sparen sich die europäischen Konsumenten Gebühren und Zinsverluste in jährlich dreistelliger Milliardenhöhe. Zudem konsolidiert die EZB die nationalen Konten international tätiger Unternehmen täglich, so dass Soll- und Habenstände auf EU-Ebene automatisch verrechnet und ausgeglichen werden. Dieses Cash-Management erregte weltweites Aufsehen und diente vielen anderen Staaten als Vorbild.

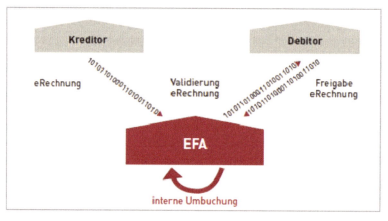

E-Invoicing bei den europäischen Finanzagenturen (EFA). (Quelle: Heinrich Fendt, Darstellung: BANKMAGAZIN)

Als Zahlungsmittel existieren neben den PDAs nur noch Kreditkarten, die bei Sofortgeschäften, also beim Erwerb von Waren und Dienstleistungen, vor allem von Nicht-EU-Bürgern am Point of Sale eingesetzt werden. Diese schnelle Entwicklung zu einem einheitlichen europäischen Zahlungsverkehrsraum mit allen Facetten eines modernen Geldtransfersystems war nur dank des energischen Vorgehens der EU-Kommission möglich. Verschiedenste zur Jahrhundertwende bestehende privatwirtschaftliche System-Varianten wie NFC-Karten, Geldkarten, PayPass, PayWave, Pay-per-Handy-Systeme und Internet-Zahlungssysteme konnten so konsolidiert werden. Klare Spezifikationsvorgaben der EU-Kommission für Mobile Financial Services lösten die bis dahin bestehende technische Zersplitterung des Marktes auf, lieferten Investitionssicherheit für Bürger und Unternehmen und ermöglichten eine schnelle europaweite Systemintegration.

Im Jahr 2030,
7:28 Uhr: Frühstück

Familie Neumann sitzt am Frühstückstisch, als es klingelt. Dirk geht zur Tür und kommt kurz darauf mit einem Paket zurück. „Das war der Postmann", erklärt er seiner Frau Ina und witzelt: „Netter Kerl, hat mir schon in aller Frühe Alkoholisches gebracht." Dirk öffnet das Paket und zieht eine Flasche Barolo heraus. „Klasse, da freue ich mich drauf." Auf dem Paket befindet sich ein rot gerahmtes Etikett mit integriertem RFID-Funkchip, auf dem sämtliche Daten der Lieferung inklusive Lieferschein und Rechnungskennung verschlüsselt abgelegt sind. Dirk liest mit seinem PDA die Lieferdaten aus. Mit einer kurzen Bestätigung gibt er den offenen Betrag zur Überweisung an den piemontesischen Lieferanten frei. Der SEPA-Vorgang sowie sämtliche Daten werden zeitgleich auf seinem Konto bei der Europäischen Finanz-Agentur (EFA) archiviert, die Zahlung wird auf dem Konto seines Lieferanten bestätigt. „Heute Abend werden wir uns ein Gläschen gönnen", freut sich Dirk. „Und vielleicht haben wir ja auch schon eine Kreditzusage zu feiern."

Standards auf EU-Ebene auch für die Rechnungslegung

Auch die elektronische Rechnungslegung (E-Invoicing) innerhalb von Geschäftsbeziehungen wird 2030 seit Langem nach EU-einheitlichem Standard auf der Grundlage eines Konsolidator-Modells direkt über die Service-Plattformen der Finanzagenturen in den jeweiligen EU-Staaten vorgenommen. Rechnungen an Privatpersonen und Unternehmen werden vom Gläubiger in unternehmensinternen Workflows erstellt und im digitalen Standardformat sowohl in das eigene Rechnungssystem als auch in den individuellen Faktura-Ordner auf den EFA-Plattformen gestellt. Zur Sicherstellung der Authentizität und Vollständigkeit der übertragenen Daten dienen qualifizierte elektronische Signaturen und Verifikationsprotokolle. Mit Eingang der Rechnung wird automatisch ein Verweis in den Kontenbereich des Schuldners, auch im europäischen Ausland, gesetzt und die Rechnung als „offen" markiert. Nach erfolgter Rechnungsprüfung und Freigabe durch den Schuldner oder im Zuge eines vereinbarten Einzugsverfahrens werden die Zahlungen realtime und ohne Umwege auf den korrespondierenden EFA-Konten verbucht. Rechnungen in Papierform gibt es nicht mehr. Und klassische Finanzdienstleister bleiben bei diesen Transaktionen außen vor.

Beim europäischen E-Invoicing bedurfte es ebenfalls der Initiative der EU-Kommission, um die unterschiedlichsten System- und Modellvarianten zügig zu integrieren und frühen Anwendern der elektronischen Rechnungslegung, insbesondere in Geschäftsbeziehungen zwischen Unternehmen, die gewünschte Rechtssicherheit zu geben.

Da die Daten auf Basis der international unverwechselbaren Kennzeichnung für Handelsware und Dienstleistungen GASC (Global Article and Services Code) ausgetauscht werden, sind sämtliche in Rechnung gestellten Leistungen eindeutig identifizierbar und damit für eine automatisierte Auswertung zwecks amtlicher Statistiken geeignet. Dies erleichtert und entbürokratisiert die turnusmäßigen statistischen Erhebungen in europäischen Betrieben enorm.

Alle Rechnungsdaten werden in hochkomprimierter Form auf den Speichern der EFAs bis zum Ablauf der gesetzlichen Aufbewahrungsfristen archiviert. Die mit der elektronischen Rechnungslegung innerhalb der EU erzielten jährlichen Einsparungen an Papier- und Prozesskosten liegen im dreistelligen Milliardenbereich. Auch trug die durch dieses System gewonnene Transparenz ganz wesentlich zum Abbau der Schattenwirtschaft innerhalb der EU-Staaten bei, deren Anteile am Bruttoinlandsprodukt im Jahr 2010 je nach Land noch zwischen 13 % und unglaublichen 30 % lagen.

Alle Zahlungs- und Rechnungsdaten sind anonymisiert und verschlüsselt gespeichert. Authentifizierungs- und Fraud-Detection-Systeme verhindern nichtautorisierte Datenzugriffe und andere kriminelle Formen des Informationsdiebstahls. Kontenzugriffe sind nur dem Inhaber sowie selektiv autorisierten Behörden möglich, die dazu qualifizierte elektronische Signaturen verwenden müssen. Anfängliche Bedenken der Datenschützer, dass die EU-Staaten ihren Bürgern zu sehr in die Privatsphäre blicken könnten, wurden in der Vergangenheit zerstreut. Vor allem hat sich das Europaparlament – und nicht erst seit dem deutlichen Nein zum umstrittenen Swift-Abkommen über die Weitergabe von EU-Bankdaten an die USA im Jahr 2010 – als engagierter Datenschützer etabliert.

Das in Europa installierte Zahlungssystem hat sich nicht nur als weitgehend sicher gegenüber kriminellen Machenschaften erwiesen, auch ist den EU-Staaten nur ein restriktiver, gerichtlich sanktionierter Zugriff bei begründetem Verdacht auf eine schwere Straftat erlaubt. Ebenso gehören Phishing-Attacken und die aus früheren Jahren bekannten Schädigungen der Verbraucher und Gesamtwirtschaft mit gestohlenen Bankdaten der Vergangenheit an. Aufgrund der Vereinheitlichung und Standardisierung der IT-Systeme des europäischen Zahlungsverkehrs können die Bürgerinnen und Bürger heute weitaus besser in Bezug auf die noch lauernden Gefahren sensibilisiert und mobilisiert werden.

Digitales Zahlungs- und Rechnungslegungssystem: Was die neue Technik bringt

Ein digitales Zahlungs- und Rechnungslegungssystem wie in der Transformationsstory beschrieben hätte zahlreiche Vorteile. Die wichtigsten sind:

- Standardisierung des elektronischen Zahlungsverkehrs und der elektronischen Rechnungslegung innerhalb Europas
- Kosteneinsparungen von mehreren hundert Milliarden Euro jährlich in Wirtschaft und Verwaltung sowie Schnelligkeits- und Effizienzgewinne bei Transaktionsprozessen
- Effizienzgewinne durch Automatisierung und Vereinfachung von Prozessen in Wirtschaft und Verwaltung
- Umsatzsteuerbetrug auf EU-Ebene – der 2010 bei rund 250 Mrd. Euro lag – wird eingedämmt: (Ro)Bots fahnden im System nach Auffälligkeiten
- Austrocknung der europäischen Schattenwirtschaft und der europäischen Steueroasen
- Lösung europäischer Schwarzgeld- und Korruptionsprobleme
- Eindämmung des Kreditkartenbetrugs in Milliardenhöhe und der Sicherheitsrisiken einer Bargeldwirtschaft, etwa Raub und Erpressung
- Abbau der aufwändigen Infrastrukturen einer Bargeldversorgung, deren Gesamtaufwand sich 2010 auf etwa 200 Euro pro EU-Bürger summierte
- Rückgang des Identitätsdiebstahls und -missbrauchs im Internet
- Erhebliche Entlastung der Umwelt durch papierlose Verfahren
- Ein automatisiertes Cash-Management über Geschäftskonten in mehreren EU-Staaten ist möglich
- Erhebungsaufwand für die amtliche Statistik – Bürokratielast aus Informationspflichten – in Unternehmen wird deutlich reduziert
- Transparenz und Erleichterung der Geldmarktsteuerung der Europäischen Zentralbank

Im Jahr 2030, 8:45 Uhr:
KfZS-Kreditanfrage

Dirk ruft die Website der Kreditanstalt für Zukunftssicherung (KfZS) auf und navigiert direkt zur Rubrik „Kreditvergabe". Der Ingenieur möchte sich mit einem eigenen Unternehmen selbstständig machen und benötigt dafür eine Finanzierung, seine Pläne sind weit fortgeschritten. Mit der Eingabe seiner PIN und Autorisierung durch einen Fingerscan wird sein individueller Rating-Grad mit einem Wert von 8,4 von maximal 10 Punkten angezeigt. „Hat sich leicht verschlechtert, wahrscheinlich altersbedingt", denkt er. Korrespondierend zum Rating werden ihm eine auf 240.000 Euro taxierte Kreditlinie sowie Kredit-

Konditionen mit 2 % Festzins, 15 Jahren Laufzeit und 1 % Tilgung unverbindlich in Aussicht gestellt. Sicherheiten für diesen Kredit wären nicht zu stellen. Dirk füllt das Formular am Monitor aus und bringt den zertifizierten Kreditantrag auf den Weg. Auch hier ist eine Legitimation mittels PDA notwendig. Postwendend erhält Dirk eine Eingangsbestätigung sowie eine vorläufige Kreditzusage.

Kreditgeschäft: Kritik am „Staat als Banker" verstummte

Neben dem Zahlungsverkehr unterscheidet sich das Finanzsystem 2030 auch in Bezug auf das Finanzierungs- bzw. Kreditgeschäft grundlegend vom Modell des vergangenen Jahrhunderts. Den Anstoß für den Umbau lieferten unter anderem die restriktive Kreditvergabe sowie die hohen Margen der durch riesige Abschreibungsverluste gebeutelten Banken in den Jahren 2008 bis 2013. Um Schaden von der deutschen Wirtschaft abzuwenden, begann die KfW damals auf Weisung des Bundeswirtschaftsministers, Kredite vor allem an mittelständische Unternehmen direkt auszureichen. Unter Umgehung der klassischen Geschäftsbanken übernahm die KfW bis zu 60 % des Kreditausfallrisikos.

Zwar wurden die Rolle des „Staates als Banker" und die Kreditvergabe als quasi öffentliche Versorgungsleistung heftig kritisiert. Doch der Staat war durch die Milliardenstützen an die untereinander verflochtenen Banken ohnehin schon – quasi als Stillhalter – an deren Geschäften indirekt beteiligt. Die Kritiker verstummten, und die Kreditklemme begann sich rasch aufzulösen. Auch sprang die Investitionstätigkeit nachhaltig an und die schwerste Rezession der Nachkriegszeit konnte schnell überwunden werden.

Im Zuge der Finanzkrise gelangte die Politik zu der Erkenntnis, dass die wirtschaftliche Zukunft des Landes deutlich stärker von der öffentlichen Hand gestaltet sein sollte. Zwar förderten Bundesregierung und Bundesländer seit jeher Existenzgründer in ausgewählten Wirtschaftsbereichen und freien Berufen über diverse Programme, doch ohne eine Hausbank konnten sich nur wenige Gründer ihre eigene Existenz aufbauen. Kritisiert wurden vor allem die Kreditprüfungsprozesse der Finanzinstitute: als wenig transparent, langwierig, oft subjektiv und häufig nicht erfolgsgekrönt. So wurde 2012 die KfZS gegründet, mit dem öffentlichen Auftrag, Kredite direkt an Unternehmen, Unternehmensgründer und für private Immobilieninvestitionen auszugeben und damit eine Grundversorgung der Volkswirtschaft mit günstigem Geld sicherzustellen.

Die Kreditvergabe der KfZS orientiert sich dabei ausschließlich am individuellen Rating der jeweiligen Antragsteller. Dieses wird auf Antrag des Kreditnehmers von der EuroRating – der European Rating Agency (ERA) – erstellt und zertifiziert. EuroRating ist eine unabhängige öffentlich-rechtliche Stiftung unter Kontrollaufsicht der EZB. Die Gründung dieser Agentur war die Antwort der Europäer auf das Versagen der ehemals dominanten angloamerikanischen Ratingagenturen im Vorfeld der Finanzkrise. Kontinuierlich wurde der Aufgabenbereich der EuroRating von anfänglichen Länderprüfungen kurz nach Gründung der Agentur über Unternehmensratings bis hin zur Prüfung von Privatpersonen erweitert.

Im Jahr 2030, 11:08 Uhr:
Es geht voran

Dirk hat sich auch auf zwei Kreditportalen als Kreditnehmer bei Anlegern beworben. Nach einer kleinen Kaffepause prüft der Ingenieur auf der beiden Webseiten den Stand seiner Projekte. Und siehe da, das angefragte Kreditvolumen mit einem Effektivzins von 4,5 % ist schon zu einem Drittel erreicht. „Wenn das so weitergeht, bin ich vielleicht schon morgen bei einem Zinsniveau von 4,0 % für die Darlehen angelangt", überlegt Dirk.

Rating für Unternehmen und Privatpersonen

Für Unternehmen berechnet EuroRating den Score mittels eines Algorithmus aus dem Datenbestand des eEU-Anzeigers, einem mit dem früheren „Elektronischen Bundesanzeiger" vergleichbaren Internetportal. Dort sind die Zwischen- und Jahresabschlüsse aller europäischen Unternehmen und Gewerbetreibenden sowie weitere quantitative wie qualitative Kennzahlen, etwa Lohnstückkosten, Produktivität, Zahlungsverhalten, Finanzkraft, Wachstumspotenzial, abgelegt. Die meisten dieser Daten sind öffentlich zugänglich, andere entsprechend geschützt. Jeder Gewerbetreibende kann seinen Rating-Grad anhand der offengelegten Bewertungskriterien und Berechnungsmethodik im Rahmen eines Selbst-Ratings nachvollziehen und darauf durch Bemühungen um eine Verbesserung seiner Daten gezielt Einfluss nehmen. Bei Privatpersonen ergibt sich das Ratingurteil aus persönlichen Merkmalen wie Qualifikation, Alter, historischem Zahlungsverhalten sowie dem Grund des Kreditbegehrens.

Gebührenfreier Abruf des Ratings

Auf dieser Bewertungsgrundlage lassen sich für alle Bürgerinnen und Bürger jederzeit individuelle Ratingurteile und die daraus resultierenden Kreditlinien für so genannte Mikrodarlehen bis maximal 300.000 Euro ermitteln. Kreditlinien der KfZS sind damit im System latent abgelegt und können von potenziellen Kreditnehmern jederzeit gebührenfrei über das KfZS-Portal abgerufen werden. Da auch für Privatpersonen Bewertungskriterien und -methodik offengelegt sind, ist für jeden Einzelnen nachvollziehbar, wie sein persönliches Rating zustande kommt.

Neben Darlehen über die KfZS bieten sich weitere Möglichkeiten der Kreditaufnahme an, zum Beispiel über einen klassischen Finanzdienstleister. Zwar haben die Banken die 2007 begonnene Finanzkrise überstanden, nicht aber ohne strukturelle und organisatorische Veränderungen. In einem schwierigen Anpassungsprozess mussten sich europäische Kreditinstitute auf Drängen der Politik von ihren Investmentabteilungen trennen. Die Institute fungieren im Trennbankensystem des Jahres 2030 ausschließlich als Mittler zwischen Sparern und Kreditoren. Und dies geschieht in einer digitalen Wirtschaft effizient und ertragreich.

Das Kreditgeschäft ist weitgehend automatisiert und auf die Kernprozesse der Kundenkommunikation sowie des Risikomanagements zugeschnitten. Über verschiedenste Kommunikationskanäle gestellte Kreditanfragen werden in aller Regel innerhalb von maximal zwei Stunden bearbeitet und im Falle einer Bewilligung sofort zur Auszahlung gebracht. Eventuell geforderte Sicherheiten lassen sich innerhalb dieser Zeitspanne mittels der eGovernment-Netzwerke problemlos einholen.

Dieses schlanke Kredithandling entstand nicht zuletzt aufgrund des Wettbewerbsdrucks durch die Kreditbörsen, deren Geschäft seit Anfang des Jahrhunderts im Schulterschluss mit sozialen Netzwerken einen kometenhaften Aufschwung erfuhr. Das Prinzip der Peer-to-Peer-Kredite ist einfach: Web-Portale bringen private bzw. gewerbliche Kreditgeber und -nehmer direkt zusammen.

Kreditnehmer machen auf der jeweiligen Plattform Angaben zu den Gründen für ihren Bedarf sowie zu Kreditvolumen, Laufzeit und Zinssatz, den sie zu zahlen bereit sind. Damit Investoren die Kreditwürdigkeit des Interessenten einschätzen können, ist jeweils der von der EFA zertifizierte Rating-Grad des potenziellen Schuldners angegeben. Um weiteres Vertrauen zu schaffen, kann der Kreditnehmer sein Projekt dank der Einbindung der Plattformen in verschiedene soziale Netzwerke durch verschiedenste Referenzen, etwa von Kollegen oder Freunden, aufwerten. Ist das Projekt online gestellt, bleibt es für einen vorgegebenen Zeitraum, zum Beispiel drei Wochen, aktiviert. Anleger haben die Möglichkeit, ab einem Mindestbetrag in das Projekt zu investieren. Wird das Kreditvolumen vor Ablauf der Bieterfrist erreicht, können sich Anleger während der verbleibenden Zeit gegenseitig unterbieten – und treiben so den vorgegebenen Zinssatz nach unten. Das Ausfallrisiko bei ausgegebenen Darlehen trägt die Gemeinschaft aller Portal-Anleger oder nur die der Geldgeber der jeweiligen Kredit-Projekte (Anlegerpool). Außerdem ist der Abschluss einer Kreditausfallversicherung möglich.

Die meisten Unternehmen stellen überdies auf ihren Internetpräsenzen unter der Rubrik „Investor Relations" Anlageplattformen bereit, auf denen potenzielle Kreditgeber verzinsliche Wertpapiere der Firmen, etwa Anleihen oder Genussrechte, direkt erwerben können. Stets legen die Unternehmen ihr Rating offen und bieten registrierten Stakeholdern darüber hinaus testierte Berichte über ihre Bonität und Zuverlässigkeit zum Download an. Die direkte Vergabe von Krediten an die Unternehmen erfolgt per Mausklick, inklusive der Abrechnung über die EFA-Konten der Geschäftspartner. Herausgegebene zertifizierte Schuldscheine werden bei der EFA in eigens dafür vorgesehenen Depots verbucht.

Im Jahr 2030, 16:10 Uhr:
Im Arbeitszimmer

Nachdem Dirk Neumann seiner Frau am Mittagstisch über die erfreulichen Fortschritte in Sachen Kredit berichtet hat, spricht Ina ihren Mann am Nachmittag auf eine Geldsumme an, die ihr von der Tante vor einigen Monaten vermacht wurde. „Wir sollten das Tagesgeldkonto, auf dem wir das Geld geparkt haben, auflösen", argumentiert Ina. Das hat sich Dirk auch schon überlegt. Gemeinsam kommt das Paar zum Schluss, die Summe teilweise in Aktien, teilweise in festverzinslichen Wertpapieren anzulegen und bei dieser Gelegenheit gleich auch etwas für das Rendite-Risiko-Profil zu tun. Ein Teil der Erbschaft fließt zwar in die Selbstständigkeit, doch der größere Teil soll für die Ausbildung der Kinder und als Sicherheitspolster erhalten bleiben.

Freie Gelder werden automatisch als Tagesanleihe angelegt

Und wie funktioniert im Jahr 2030 das klassische Anlagegeschäft der Banken? Das private Anlagevermögen der Neumanns verwaltet die Familie mehrheitlich auf den gebührenfreien Konten und Depots der EFA. Das laufende Konto weist derzeit einen Bestand von 3.400 Euro aus. Freie Gelder werden von der EFA automatisch in die Tagesanleihe gebucht, eine täglich verfügbare Schuldverschreibung des Bundes, die bereits seit dem 1. Juli 2008 von natürlichen und juristischen Personen als sichere Geldanlagemöglichkeit genutzt werden kann. Neben der Tagesanleihe bietet die deutsche EFA – wie auch die anderen europäischen Finanzagenturen – einen spesenfreien Direktkauf von Staatsanleihen und Schatzbriefen sowie einen Sparplan für den regelmäßigen Erwerb von Staatspapieren an.

Im Jahr 2030, 16:55 Uhr:
Blick auf den Depotauszug

„Die Transaktionskosten im Wertpapierhandel sind deutlich gefallen und die Spannen zwischen Kauf- und Verkaufskursen auf ein Minimum eingeschmolzen", sagt Dirk mit Blick auf seinen Depotauszug. Und aufgrund der rein elektronischen Abwicklung an einem zentralen Platz sind die Börsengebühren gering, die Provisionen ohne Zwischenhandel gleich Null. Auch kann Dirk sicher sein, dass nicht Dritte zu ihrem eigenen Vorteil wirtschaften.

Die sonstigen privaten Wertpapiergeschäfte, also Transaktionen in Aktien, Investmentfonds oder Firmenanleihen werden an der vollelektronischen European Stock Exchange (ESEx) getätigt, einem Zusammenschluss der wichtigsten europäischen Börsen, der im Jahr 2018 stattfand. Kunden wickeln ihre Online-Aufträge dort direkt, ganz ohne Zwischenhandel provisions- und courtagefrei ab. Abgerechnet und verbucht werden Käufe und Verkäufe über die Konten und Depots der nationalen Finanzagenturen. Rund 92 % des europäischen Aktienhandels finden auf diesem elektronischen Handelssystem statt. Nur der Handel von Wertpapieren mit geringer Bedeutung und niedrigem Handelsvolumen ist an regionalen Börsen beheimatet und wird dort von Bankenkonsortien und Handelshäusern betrieben. Die sekündliche Kursfeststellung der an der ESEx gehandelten Aktien, Fonds und Rentenpapiere wird von Computerprogrammen neutral und transparent nach dem Prinzip der bestmöglichen Ausführung erbracht. Damit ein Handel auch bei geringen Volumina und divergierenden Kauf- und Verkaufsmengen zustande kommt, wird über so genannte Quality Liquidity Scouts (QLS) sichergestellt. Diese Computerprogramme übernehmen dabei die Rolle der Liquiditäts- und Qualitätsgaranten auf Rechnung der ESEx.

Die so genannten Algo-Trader früherer Jahre, die Kursdifferenzen oder statistische Auffälligkeiten und Muster mit Computerprogrammen millisekunden-schnell zu Arbitrage- und Spekulationsgewinnen machten, sind in diesen Systemen als Handelspartner nicht zugelassen. Das Systemziel an der ESEx ist damit eindeutig auf reale Anlagestrategien privater, gewerblicher und institutioneller Anleger ausgerichtet. Der europäische Wertpapierhandel an der ESEx ist unter die Aufsicht der EZB gestellt und die Einhaltung der Regularien ist Sache der eigenständigen und unabhängigen Handelsüberwachungsstellen. Sie haben Zugriff auf das elektronische Handelssystem und alle Handelsdaten, so dass (Ro)Bots bei Auffälligkeiten, Unregelmäßigkeiten und ungewöhnlichen Handelsereignissen so genannte Alerts (Auffälligkeitsmeldungen) auslösen und in Transaktionen gegebenenfalls korrigierend eingreifen. Anfängliche Bedenken gegen die ESEx aufgrund des eingeschränkten Wettbewerbs haben sich nicht bestätigt.

Realpapiere im Fokus der Anleger

Vorreiter eines völlig automatisierten Wertpapierhandels ist Europa allerdings nicht. Wichtige Impulse für das im Jahr 2030 eingesetzte Handelssystem kamen aus Toronto und Peking, die ihrerseits bereits über langjährige Erfahrung mit rein elektronischen Börsen verfügten. Terminbörsen für derivative Finanzprodukte, also Futures und Optionen, sind rein privatwirtschaftlich als elektronische Handels- und Clearing-Plattform organisiert, unterliegen jedoch ebenfalls der staatlichen Aufsicht. Die Abwicklung dieser Transaktionen erfolgt ebenfalls über Konten und Depots der EFAs. Ungesicherte derivative Produkte für Privatpersonen sind nicht mehr zugelassen. Das einst florierende Geschäft mit kunstvollen Zertifikaten ist völlig ausgetrocknet. Nach der Pleite der US-Investmentbank Lehman Brothers verstärkte sich die Risikoaversion der Bevölkerung enorm, und Realpapiere wie Aktien und Pfandbriefe rückten wieder deutlicher in den Fokus der Anleger.

Im Jahr 2030, 18:40 Uhr:
Feierabend

Dirk wirft nochmal einen Blick auf das Depot. Um die Rendite-Risiko-Balance zu verbessern, lässt er sich von seinem digitalen Portfoliomanager Vorschläge für die Transaktionen machen. Mit ein paar wenigen Eingaben werden ihm konkrete Verkaufspositionen angezeigt. Dirk sieht sich nochmal die Sensitivitätsanalysen für die alternativen Verkaufsvorschläge an. Als er den jeweils korrespondierenden Rendite-Risiko-Status des Depots prüft, murmelt er: „Nicht schlecht, darauf kann man sich wirklich verlassen." Beruhigt geht Dirk in den Feierabend.

Was Dirk lobt, ist das marktführende Anwendungsprogramm „Portfoliomanager Pro" zur privaten Anlage- und Finanzplanung. Da praktisch alle internationalen Finanzprodukte wie Aktien, Fonds, Anleihen, aber auch Peer-to-peer-Kreditprojekte und vieles mehr durch die EuroRating gemäß Rendite- und Risikowahrscheinlichkeit sowie dem Emittenten-Risiko bewertet und entsprechenden Assetklassen zugeordnet sind, ist eine automatisierte Auswahl der Finanzanlagen möglich.

Digitale Agenten durchstöbern das Internet nach maßgeschneiderten Offerten an Börsen und auf Kreditplattformen und melden passende Anlageobjekte zur Abrundung des individuellen Portfolios. Entsprechend der Vorgaben eines variabel einstellbaren Rendite-Risiko-Profils wird die Anlagestrategie nach der Portfolio-Theorie von Makrowitz unter Heranziehung der jeweiligen Qualitätsbewertungen optimiert. Dem Anleger werden nur Anlageprodukte vorgeschlagen, die seinen individuellen Rendite- und Risikopräferenzen entsprechen und zudem sicherstellen, dass sich das individuelle Gesamtdepot des Investors stets auf der Effizienz-Kurve bewegt.

Finanzmathematische Analysen sorgen für die dynamische Stabilität und kontinuierliche Anpassung des Portfolios an Veränderungen des finanzwirtschaftlichen Umfeldes. Ein Dashboard zeigt dem Anwender alle wesentlichen Kennzahlen und Verlaufsgrafiken in verdichteter Form. Besonders riskante Investitionen werden anhand so genannter Gefahrenampeln überwacht, bei Übertretung vorgegebener Limits werden Warnmeldungen abgesetzt. Und seit in den Schulen das Fach Ökonomie Pflicht ist, sind zumindest die jungen Anleger mit dem Thema der risikobewussten Finanzanlage sehr viel besser vertraut, als das etwa 2010 der Fall war.

Siegeszug der Honorarberatung

Nicht alle Anleger kommen ohne Beratung aus. Eine große Anzahl der Kunden suchte aber ungefähr seit dem Jahr 2010 aufgrund der Erfahrungen aus der damaligen Finanzkrise nach Alternativen und fand diese in der unabhängigen Honorarberatung. Die provisionsfreie Betreuung auf Stundentarifbasis spannt im Jahr 2030 einen Bogen von der „zweiten Meinung" in Finanzangelegenheiten über die Altersvorsorge hin zur komplexen Finanzplanung auf der Grundlage vollständiger Offenheit und Transparenz. Aber auch die sozialen Netzwerke erfuhren massiven Zuspruch in Sachen objektiver, neutraler Finanzberatung. Insbesondere prosperierten die so genannten Sharewise-Modelle, die auf das Wisdom-of-the-Crowds-Prinzip abstellen und der Anleger-Community einen interaktiven, selbstbestimmten und zeitsouveränen Zugang zum Wissen der Gruppe verschafften. Die vermeintlichen Wissensmonopole von Finanzexperten schmolzen in dem Maße dahin, in dem sich die „kollektive Intelligenz" und deren implizites Wissen einfangen ließ und sich die Funktionalität und Akzeptanz von Sharewise-Plattformen festigte. Maßgeblich gefördert wurde diese Entwicklung durch eine Reihe empirischer Studien, die sowohl den Wertpapier-Communities als auch den so genannten „Hidden

Champions" eine Analyse- und Beratungsqualität nahezu dem Niveau der besten Profi-Analysten attestierten. Diese Portale und Handelsplattformen mit den dort verfügbaren Informationen – vornehmlich zu volatilen Anlageprodukten wie Aktien – sind heute neben den Ratings der ERA die wichtigsten Impulsgeber für private Anlageentscheidungen.

Fazit

An dieser Stelle verlassen wir das Jahr 2030. Wie Banking dann wirklich funktioniert, lässt sich erst sagen, wenn aus Zukunft Gegenwart geworden ist. Eins ist sicher: Einige – wenn auch nicht alle – der skizzierten Entwicklungen, insbesondere im Zusammenhang mit der zunehmenden Digitalisierung von Wirtschaft und Gesellschaft, zeichnen sich heute bereits ab.

Zukunftsvision:

Die Bank in der Hosentasche

Gibt es in zehn oder 20 Jahren noch Bankfilialen? Wie werden sie aussehen? Wie wird sich das Banking insgesamt verändern? BANKMAGAZIN ließ Experten in die Zukunft blicken. Einige Trends zeichnen sich bereits heute ab.

Anja Kühner
erschienen im Dezember 2009

Banking wird mehr und mehr seine Grenzen verlieren – zeitlich und auch räumlich", prophezeit Thomas große Darrelmann. Der Verantwortliche für das Thema „Bank der Zukunft" bei der Deutschen Bank sieht eine Zeit kommen, in der die Bank den Kunden eng im täglichen Leben begleitet, in welcher der „Kunde die Bank immer bei sich hat". Wer im Jahr 2020 eine Frage im Zusammenhang mit seinen Finanzen habe, der könne diese Frage adressieren – egal auf welchem Kommunikationsweg. Dabei sei es egal, wo dem Kunden eine Frage oder ein Anliegen gerade einfällt: ob morgens im Bad, im Auto, bei der Arbeit, beim Spazierengehen oder nachts in der Kneipe. „Die ‚Generation iPhone' kann sich schon heute nicht mehr vorstellen, ohne mobiles Internet zu leben – und diese Bevölkerungsgruppe wächst ebenso wie die Nutzungsmöglichkeit der Technologie", sagt große Darrelmann. Die Antwort auf seine Frage erhält der Kunde dann ebenfalls per Smartphone. „Die Akzeptanz und damit die Zahl der Videoberatungen wird deutlich zunehmen", ist der Deutschbanker überzeugt. „Banken werden sich künftig noch mehr in den Dienst des Kunden stellen, sich nach dem Kunden richten – nicht umgekehrt – und stets da sein, wo der Kunde die Bank braucht." Die fortschreitende Virtualisierung führe zu mehr „Convenience". Dabei werde Banking trotz des Technologie-Einsatzes immer auf dem persönlichen Kontakt von Mensch zu Mensch aufbauen. „Rein virtuelle Avatare helfen bei der Beratung nicht weiter – es muss ein Mensch dahinterstecken", ist große Darrelmann überzeugt.

Das Smartphone: Zentrales Tool im Zukunftsbanking

Einig sind sich alle Bank-Zukunftsexperten darüber, dass der mobile Kommunikationskanal künftig eine entscheidende Bedeutung erhält. Die Generation der „Digital Natives", die mit dem Internet aufgewachsen ist, hat deutlich größeres Vertrauen in Handy-Anwendungen als die heute über 40-Jährigen. Daher wagt Boris Janek die Vorhersage:

„Mit dem Smartphone – oder wie auch immer das künftige Gerät heißen wird – können künftig alle Finanztransaktionen durchgeführt werden." Das gehe sogar so weit, dass „ich über mein Mobiltelefon mein Konto sperren und entsperren kann, wann immer ich es will". Janek ist Online-Marketing-Manager bei VR-NetWorld, der zentralen Internetgesellschaft des genossenschaftlichen Finanzverbundes. Sein unter dem Pseudonym „Electrouncle" verfasstes Wirtschafts- und Finanzen-Weblog findet in der deutschen Finanzwelt viel Beachtung.

Künftig auf einen Blick einen kompletten Überblick über alle Finanzen zu erhalten, darauf hofft Boris Janek. Seine Vision: „Das Mobiltelefon ist direkt mit meinem Konto verdrahtet. Wenn ich also irgendwo bezahle, dann kann ich die Transaktion direkt in Echtzeit auf meinem Konto sehen. Mein Kontostand wird ständig aktualisiert. Dieser Kontostand ist unabhängig von einer Bank. Mein persönlicher Finanzmanager ist zu jeder Zeit über jede einzelne Kontobewegung auf allen meinen Konten informiert."

Einen Blick in die Zukunft wagt Boris Janek in seinem Blog

Das Scheitern von Moneyshelf: Markt war noch nicht reif dafür

Mit einer in Richtung Multibanking gehenden Initiative ist die Deutsche Bank gescheitert. Moneyshelf hieß das Online-Portal, das genau dies können sollte: Konten, Depots und Finanzprodukte verschiedener Dienstleister unter einem Dach bequem zugänglich machen. Im November 2001 hat die Deutsche Bank es geschlossen. Trotz millionenschwerer Marketingkampagne hatten sich statt der ursprünglich erhofften 1,2 Millionen nur knapp 50.000 Kunden registriert, resümierte die Financial Times Deutschland damals. Der Benutzer sollte alle seine Konten über Moneyshelf einsehen und verwalten können. Dazu musste er die PIN-Geheimnummern seiner Finanzdienstleister an Moneyshelf weitergeben. Es blieb rechtlich unklar, ob der Kunde dabei fahrlässig handelte oder nicht. Ob Sparkasse, Privat- oder Genossenschaftsbank: Kritik an dem Vorstoß gab es von allen Seiten. Der Markt war damals noch nicht reif dafür, weiß man heute.

Das Smartphone wird zur Bank – und erledigt alles. (Fotos: blackberry.com/istockphoto.com)

Kunden Sparchancen aufzeigen

Boris Janeks Vorstellungen gehen sogar noch weiter: „Der persönliche und mobile Online-Finanzmanager analysiert mein Kaufverhalten. Er vergleicht es mit zurückliegenden Zeiträumen, führt Prognosen durch und ist auch in der Lage festzustellen, ob es ein ähnliches Produkt woanders zu einem besseren Preis gibt."

Eher noch Web-2.0-Zukunftsmusik ist Janeks Vorstellung, diese Information – auf der gleichen Plattform – auch an Dritte weiterzugeben. „Die anderen Nutzer könnten mir aus eigenen Erfahrungen heraus Tipps geben", hofft der Volksbank-Visionär. Dabei werde sich künftig die Kommunikation über Finanzthemen längst nicht mehr nur in spezialisierten Geld-Communities, etwa Onvista, abspielen: „Kontoinformationen kann ich ebenso wie alle anderen Transaktionen über jeden gewünschten Kanal einsehen oder austauschen. Mein Konto ist damit auf Twitter, bei Facebook, wo immer ich es wünsche. Der Besuch einer Banken-Website und das mühevolle Einloggen in meine verschiedenen Banking-Applikationen ist überflüssig."

Triple S: Sexy, smart, sustainable

Da künftig jeder ein internetfähiges Smartphone besitzt und „always on" sein wird, müssen auch die Finanzhäuser mobil werden. Die Filiale wird weiter an Bedeutung verlieren, sagt Accenture-Geschäftsführer Michael Junker voraus. „Wo künftig das Gespräch stattfindet, hängt allein von den Bedürfnissen des Kunden ab", meint er.

Heute müsse sich der Kunde oft eher nach seiner Bank richten, beispielsweise im Hinblick auf die Lage der Filiale, deren Öffnungszeiten, das Vorhandensein von Parkplätzen. „Dazu werden viele Kunden künftig nicht mehr bereit sein und mehr persönliche Serviceorientierung einfordern", vermutet Deutschbanker Thomas große Darrelmann. Daher gewinne der Medieneinsatz und die Ubiquität, sprich die Omnipräsenz der Services, eine bedeutend größere Rolle. Die Bank ist damit auch, wo immer Kunden es möchten.

„Die Bank ist entraumt", sagt Boris Janek voraus. „Sie sucht Unterschlupf in Cafés, Einzelhandelsgeschäften und Kiosken. Es gibt nur noch wenige, aber dafür umso luxuriösere Filialen, in denen ich mich von Mitarbeitern in entspannter Atmosphäre beraten lassen kann." Vorläufer in Deutschland ist die Deutsche Bank mit ihrer Vorzeigefiliale Q110 in Berlin. Deren „Vordenker" große Darrelmann ist überzeugt: „Als Ort der persönlichen Begegnung wird die Filiale ihre Bedeutung behalten." Auch die Vorstellungen von Zukunftsforscher Axel Liebetrau gehen in die Richtung innovativer Bankfilial-Konzepte. Seine Vision vom Zukunftsbanking nennt er „Triple S: sexy, smart, sustainable".

Sexy: Inszenierter Kundenkontakt in „Nespresso-Boutiquen"

Bankfilialen der Zukunft sind im Stile nobler „Nespresso-Boutiquen" gestaltet, erklärt Forscher Axel Liebetrau: „Inszenierter Kundenkontakt im Shop, kein Verkaufsdruck, 98 % der Transaktionen gehen übers Internet." Sexy in den Filialen bedeutet: „Langweiliges Design war gestern. Teure Filialeinrichtungen waren vorgestern. Modernes Filial-Design vereinigt regionale Stilelemente, flexible und wechselnde Raumkonzepte, welche sich der aktuellen Nutzung der Filiale anpassen und eine Brücke zwischen traditionellen und modernen Elementen schlagen."

Sexy, aber auch smart seien die neuen Technologien, die den Kunden und den Mitarbeiter in allen Bereichen unterstützen. Dinge, die in Las Vegas der Unterhaltung und dem Flirten dienen, halten auch bei Banken Einzug. Der Touchscreen-Tisch, ursprünglich eine Microsoft-Entwicklung, erinnert an einen Couchtisch mit Glasplatte. Das Informationssystem mit Multitouch-Display wird „Surface" genannt. Die Bildschirminhalte werden dabei auf die Rückseite der Tischoberfläche projiziert. Infrarotkameras nehmen Bewegungen wahr. Die Deutsche Bank hat in Q110 in Berlin im November 2009 erstmals die Surface-Technik für ihre Filiale der Zukunft vorgestellt. Auch die „interactive Wall", eine Art elektronische Tapete, wird kommen.

Quelle: Foto: Deutsche Bank

Die innovative Technik wird nach Ansicht von Liebetrau kaum mehr sichtbar sein. „Kontoauszugsdrucker, Geldautomaten, Kassenschalter etc. erfahren eine Konvergenz und sind optisch in das Gesamtkonzept eingebunden. Die Nutzung der Technologien erschließt sich dem Kunden intuitiv."

Auch hier werde das Smartphone des Kunden die wichtigste Rolle spielen: als hauptsächliches Kommunikationsinstrument, als Legitimationsausweis, als Steuerungsgerät für die Technik und als ergänzende Beratungsmeinung. Die Technik passt sich auch der aktuellen Situation des Kunden an. „Hat er beispielsweise wenig Zeit, so wird auf eine schnelle Abwicklung gesetzt. Hat er mehr Zeit, werden auf ihn abgestimmte Inhalte und Hinweise angeboten."

Smart: Selbstbedienung wird Standard

„Vor allem in den sich langsam entvölkernden ländlichen Regionen werden nur noch Self Service Center existieren", sagt „Electrouncle" Janek voraus. Hier wird Beratung auch technikgestützt über Online-Beratungs-Terminals stattfinden. Im Zentrum aller Finanztransaktionen wird in zehn Jahren aber das Internet stehen. Jegliche Art von Finanztransaktion kann dann fallabschließend online erledigt werden, und es wird keine Altersgruppe mehr geben, die das nicht nutzt.

Accenture-Berater Junker sieht die größten Veränderungen des kommenden Jahrzehnts unter anderem im IT-Bereich kommen: „Die gewaltigste Herausforderung für Banken ist die Personalisierung der Kundenangebote." Empfehlungen wie bei Amazon werde es auch im standardisierten Banken-Bereich geben. Dann könnte bei einer Überweisung auf ein Tagesgeldkonto folgende Information neben dem Formular erscheinen: „Kunden, die dieses Tagesgeldkonto eröffnet haben, haben sich auch für die folgenden Fonds interessiert ..." Des Weiteren müssten verschiedene Kundengruppen grundsätzlich unterschiedlich betreut werden, meint Junker: „Der wohlhabende Kunde muss anders behandelt werden als Kunden mit begrenzten finanziellen Mitteln." Wobei er nicht den Unterschied zwischen dem „normalen Banking" und dem Private Banking meint: Ziel ist, die individuell verschiedenen Interessen und Anforderungen der Kunden zu treffen.

Dies setzt völlig neuartige IT-Lösungen im Hintergrund voraus. Derzeit seien die CRM-Systeme bei den meisten deutschen Banken nicht nur nicht integriert, sondern auch nicht konsolidiert, sagt Accenture-Geschäftsführer Junker. Auf viele der deutschen Geldhäuser kämen daher hohe Millionenbeträge an Investitionen zu. Einige europäisch aufgestellte Banken, wie die spanische Banco Santander, sind in diesem Bereich bereits deutlich weiter – und damit auch jetzt schon erfolgreicher.

Ist Papiergeld passé? Experten sind sich uneins

Wie weit sich die Einstellung der Deutschen zu Papiergeld ändern wird, ist nicht eindeutig absehbar. Accenture-Geschäftsführer Junker sieht eine steigende Akzeptanz des elektronischen Bezahlens. Er bezweifelt jedoch, dass das Papiergeld komplett aussterben wird: „Viele Menschen brauchen etwas zum Anfassen." Dem widerspricht Boris Janek: „Bargeld ist nicht mehr erforderlich. Die Geldbörse ist passé." Derzeit wird in Deutschland noch deutlich häufiger mit Bargeld gezahlt als in vielen anderen Ländern. Aber künftig würden die meisten Bezahlvorgänge, für die heute noch Cash benötigt wird, berührungslos vonstatten gehen, meint „Electrouncle". Auch dabei werde das Mobiltelefon eine große Rolle spielen, beispielsweise an Parkautomaten und im öffentlichen Nahverkehr.

Analog zum Internet-Banking ist denkbar, dass in serviceorientierten Banken künftig starre Öffnungszeiten auch im individuellen Beratungsgeschäft der Vergangenheit angehören, sagt Thomas große Darrelmann von der Deutschen Bank voraus. Aber auf dem Weg zu einer wirklichen „24/7-Kundenbetreuung" sieht er vor allem rechtliche Hürden: „Das deutsche Arbeitsrecht setzt hier Grenzen." Selbst wenn das Gesetz geändert würde, wäre nicht gesagt, dass die Arbeitnehmer auch bereit wären, bei ausgedehnt flexiblen Arbeitszeiten mitzumachen. Daraus ergebe sich möglicherweise ein weiterer Treiber medial basierter Service-Lösungen.

Sustainable: die neue Käufermacht

Womit heute bereits einige Banken werben, ist ein von dem Unternehmen unabhängiger Produktverkauf. „Die Mitarbeiter können mir alle Produkte verkaufen, die ich haben möchte. Das Girokonto von der Deutschen Bank, den Fonds von Union Investment, die Kreditkarte von Amazon, das Online-Banking von Facebook", prognostiziert Volksbanker Boris Janek. „Damit wird die Bank der Zukunft auch eigentlich keine Bank mehr sein, zumindest nicht im heute üblichen Sinne." Jedes Unternehmen könne Bankprodukte anbieten.

Unternehmen wie Amazon konnten in den Markt drängen

Auch branchenfremde Anbieter stoßen in den Finanzsektor vor bzw. werden sich in den kommenden Jahren dort ausbreiten. Janek prophezeit: „Wer regelmäßig Bücher bei Amazon oder Musik bei Apple kauft, wird von diesen Unternehmen auch kostenlose Konten usw. angeboten bekommen und diese auch dort erwerben. Vertrauen spielt dabei durchaus eine Rolle, aber Vertrauen entsteht hier durch Zufriedenheit mit einem anderen Produkt, das einen wahren Wert für den Kunden hat." Einstige Standard-Bankprodukte werden immer individueller. Geldinstitute können schon heute bei der Entwicklung der Baukastensysteme auf Vorbilder in der Konsumwelt zurückgreifen. So können Kunden zum Beispiel bei dem Sportartikelhersteller Puma ihren Turnschuh über das „Mongolian Schuh Barbeque" aus einer Auswahl vorgegebener Komponenten gestalten.

Konsumenten werden sich überdies vermehrt zusammenschließen, ein eigenes Bankprodukt entwickeln und dieses von einem Partner umsetzen lassen. Dies ist das als revolutionär angesehene Grundkonzept der Fidor Bank, die für jeden umgesetzten Produktvorschlag 1.000 Euro zahlt. Dabei könnten diese Finanzprodukte nach Janeks Vision sogar weiterverkauft werden. „Die Konsumenten werden so zu Produzenten, die mit eigenen Finanzprodukten sogar selber Einnahmen erwirtschaften." Wohl nicht zuletzt deshalb beobachtet die Finanzbranche aktuell sehr intensiv die Entwicklung von Online-Finanzcommunities wie die genannte Fidor Bank oder den Kredit-Marktplatz Smava. Statt parteilicher Verkaufsgespräche seitens der Banker erteilen sich die Kunden auf diesen Plattformen gegenseitig Ratschläge. Fidor-Chef Matthias Kröner ist überzeugt, dass sich die Stellung des Kunden künftig stark verändern wird. Dem müssen sich seiner Meinung nach alle Banken stellen, sagte er dem Münchener Merkur.

Nachhaltigkeit: künftig kein Lippenbekenntnis mehr

In die gleiche Kerbe schlägt Genossenschaftsbanker Janek. Seine These: „Die Bank der Zukunft wird transparent, authentisch, nachhaltig und wertorientiert sein, durch das Internet hat der Kunde die Macht übernommen. Er entscheidet, wo, wie und mit wem er sich über Finanzen austauscht. Es entstehen Bank-Communities bzw. die vorhandenen Netzwerke werden immer mehr Finanzdienstleistungen integrieren. So wird Käufermacht aufgebaut."

Entsprechend sagt Thomas große Darrelmann kundenfokussierten „One-Stop-Shopping"-Online-Angeboten – beispielsweise Amazon oder Trip-Advisor in der Reisebranche – eine rosige Zukunft voraus: „Hier hat der Kunde Zugriff auf das Angebot verschiedener Online-Shops unter einem Dach. Und hier kommunizieren Konsumenten miteinander, berichten über Erfahrungen, beraten sich in einer Community-Logik letztlich gegenseitig. Nutzer-generierter Inhalt kommt auch im Banken-Bereich. Menschen helfen Menschen mit gleichen Fragen, geben glaubwürdige Tipps – das ist durch keine Werbung zu erreichen." Erfolgstreiber im Internet-Business seien letztlich Nutzwert und Glaubwürdigkeit. Den Traffic könne man auch durch Online- Werbung teuer erkaufen. Besser sei jedoch, ein derart interessantes Angebot zu haben, das kommunikative Nutzer anzieht, die wiederum Gleichgesinnte „reinholen". Deutschbanker große Darrelmann sieht dabei jedoch hohe Anforderungen an die Kommunikation. „Die Community muss gepflegt werden, sonst trocknet sie aus."

Die Bank der Zukunft wird aber nicht nur von Kunden kontrolliert, sondern auch von staatlichen Institutionen, sagt Janek voraus. Es werde deshalb möglicherweise auch Banken geben, die für die finanzielle Grundversorgung zuständig sind. Andere Geldinstitute würden erkennen, dass sie eigentlich kein Anbieter von Finanzprodukten sind. Sie kümmern sich vielmehr um das finanzielle Wohlbefinden. Insofern stehen und fallen sie mit dem Erfolg ihrer Kunden. „Verliert ein Kunde, so verliert die Bank – gewinnt ein Kunde, gewinnt die Bank", erklärt Janek das mögliche Geschäftsmodell der Zukunft. Dabei seien Bankberater oder Finanzberater vollkommen transparent: „Berater sagen dem Kunden alles über ihre Person, legen ihr Preismodell und ihre Provisionen offen, zeigen ihre Erfolgsquote, Kundenbewertungen usw."

Eine Bank der Zukunft kann auch regional tätig sein. Einige Anbieter, die die regionale Nische besetzen werden, sind für viel mehr als allein für Finanzen zuständig: Sie kümmern sich auch um Sozial- und Arbeitslosenhilfe sowie regionale Projekte. Sie helfen dabei, selbstorganisierte und kommunale Netzwerke zu fördern. Es entsteht ein völlig neues Dienstleistungsspektrum.

„Green Glamour" in der Filiale

Last but not least wird auch die Bedeutung der Nachhaltigkeit (Sustainability) im Sinne der „Umweltverträglichkeit" massiv zunehmen, davon ist Axel Liebetrau, Erfinder der Triple S-Vision, überzeugt. Nicht nur das Filialkonzept, sondern alle Elemente von künftigem Banking werden seines Erachtens im Sinne von Nachhaltigkeit gedacht und realisiert werden – „von CO_2-reduzierten Filial-Wertschöpfungsketten über Strom- und Wärmeversorgung aus erneuerbaren Energien bis hin zur ausschließlichen Verwendung von regionalen und recyclingfähigen Materialien beim Bau und in der Unterhaltung der Filiale. Alles erhält den ‚Green Glamour', wozu auch ein herausragendes Design und Benutzerfreundlichkeit beitragen werden."

Fazit

Das Banking der Zukunft wird individueller, mobiler und flexibler. Es wird virtueller – wie sehr, hängt von der nicht vorhersagbaren technischen Entwicklung ab. Die Filiale bleibt Anlaufpunkt, wird sich jedoch in ihren Aufgaben und im Aussehen deutlich verändern.

Kanalmix der Banken

Einleitung:

Kanäle integrieren

Bianca Baulig / Barbara Bocks
erschienen im März 2012

Bankkunden von heute nutzen verstärkt das Internet, um Bankgeschäfte abzuwickeln und sich über Bankdienstleistungen und -produkte zu informieren. Das bestätigt die Studie „Wege zum Kunden 2015", die Klaus Schilling, Senior Manager bei Steria Mummert Consulting, im Rahmen seines Vortrags bei der BANKMAGAZIN-Veranstaltung „Wiesbadener Strategietagen 2012" vorgestellt hat. Demnach ist das Internet für 66 % der Befragten die erste Anlaufstelle für die Abwicklung von Bankgeschäften. 27 % bevorzugen den Gang in die Filiale und 26 % nutzen den Selbstbedienungsbereich. Von 68 % der Befragten dagegen wird die Filiale nur sporadisch aufgesucht.

Kommt es zu einem Beratungsgespräch, so sitzen dem Berater informierte Kunden gegenüber, deren Anspruch an die Beratungsqualität in der Filiale durch die Vorabrecherche per Internet steigt. Wenn der Inhalt eines Beratungsgesprächs keinen Mehrwert zum Online-Inhalt bietet, ist das Gespräch für den Kunden von geringem Nutzen, warnt Schilling. Die Herausforderung für die Zukunft liege daher in der Vernetzung der Vertriebskanäle. Dabei biete, so der Experte von Steria Mummert, beispielsweise die Präsenz in Social Media die Chance, einen guten Kundenservice zu etablieren, indem man den Kunden schnell antworte, denn diese wollen nicht warten.

Schilling empfiehlt Banken, Überleitungsmechanismen aus der virtuellen Welt in die Filiale einzusetzen und dies auch in ihr Marketing einzubinden, beispielsweise folgendermaßen: „Unsere Bank bietet neben Top-Angeboten im Internet und für Ihr Smartphone auch die persönliche Beratung in der Filiale."

Bankfiliale 2020

■ Beratung und Vertrieb

Filialnetz:

Präsenz muss sich rechnen

Die Margen im Bankengeschäft werden schmaler. Daher muss sich die Präsenz in der Fläche für die Banken lohnen. Doch ein weiteres Schrumpfen des Filialnetzes ist nicht die einzige Antwort auf die Herausforderung der Kosteneffizienz.

Anja Kühner / Anita Mosch
erschienen im Juli 2012

„Im Retail Banking muss man die Kosten des Filialgeschäfts in den Griff kriegen", so Oliver Mihm, Vorstandsvorsitzender von Investors Marketing. Die Kostenstruktur des Filialgeschäfts passe einfach nicht mehr zu den potenziellen Erträgen. Aufgrund der weniger üppigen Margenlage sei mittlerweile klar, dass die Branche die jahrelangen Hoffnungen auf Cross Selling nicht mehr aufrechterhalten könne. „Es setzt sich die Erkenntnis durch, dass man sich an dem orientieren muss, was der Kunde wirklich braucht", wird Mihm aus dem Markt zurückgespielt. 80 % der Kunden seien bereits bestens ausgestattet mit Girokonto, Sparkonto und sukzessivem Vermögensaufbau. „Der Haupttrend in der Bankenbranche geht derzeit nicht so sehr in Richtung Vertrieb, sondern zu mehr Effizienz im Geschäft", sagt auch Platow-Brief-Herausgeber Albrecht Schirmacher. Beobachtet man die aktuellen Ansätze im Markt, so wird klar: Die Institute sind derzeit noch in der Experimentierphase. Alles, was strategisch denkbar ist, wird auch getestet.

Option I: Filialnetz ausdünnen – Mit Risiken und Nebenwirkungen

Obwohl Deutschland im internationalen Vergleich als deutlich „overbanked" gilt, kann von einem tatsächlichen Filialsterben derzeit nicht die Rede sein. Laut des Bankenstellenberichts der Bundesbank aus dem Jahre 2010 hat sich die Zahl der Bankfilialen zwischen 2007 und 2010 nur geringfügig geändert, von 2.198 Filialen auf 2.093. Doch sehen

Experten diese Anzahl weiter schrumpfen. Berater Mihm prognostiziert: „Wir werden bis zum Jahr 2020 weitere 15 % an Filialschließungen sehen."

„Einen definitiven Abbau von Filialen wird die Fusion von Dresdner Bank und Commerzbank mit sich bringen, die Gesamtzahl der Filialen soll bis Ende 2012 auf 1.200 reduziert werden. Damit läge man immer noch über der Gesamtzahl von 800 Filialen in der alten Commerzbank-Welt vor der Fusion mit der Dresdner Bank", gab Martin Zielke, Privatkundenvorstand der Commerzbank, gegenüber der Tageszeitung „Die Welt" zu Protokoll. Bei der Fusion werde kein einziger Standort aufgegeben, so der Commerzbank-Vorstand. Für den Standort Hamburg bedeutete dies beispielsweise nach Berichten des Hamburger Abendblatts, dass von den 85 Filialen vor der Fusion 75 Filialen übrig bleiben. Auch bei der Deutschen Bank verschwinden Filialen: Im August 2006 hatte die Deutsche Bank in einem Bieterverfahren 98 Filialen der Norisbank für 420 Mio. Euro übernommen. Nun lässt sie die Marke, bis auf deren Onlinepräsenz, sterben. Im März wurde entschieden, dass alle Norisbank-Filialen bis Ende Juli 2012 verschwinden.

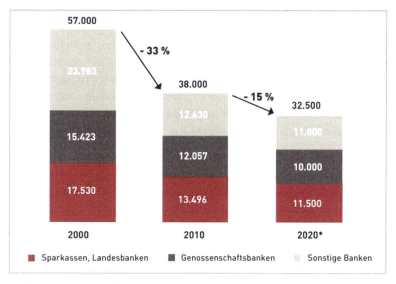

Weiterer Rückgang der Filialzahl bis 2020 erwartet. (Quelle: Prognose Investors Marketing Management Consultants auf Basis Deutsche Bundesbank, Bankstellenstatistik 2000 bis 2011, * geschätzt)

Auch die Auflösung der WestLB hat Einfluss auf das Filialnetz in Deutschland: Die 22 Filialen der zur WestLB gehörenden Readybank machten 2010 dicht. 130 Mitarbeiter waren davon betroffen. Bei der Santander Bank wurde ebenfalls die Filialzahl reduziert. Derzeit betreibt die spanische Bank laut Auskunft auf ihrer Webseite insgesamt 169 Filialen. Das ist keine große Anzahl angesichts der Tatsache, dass sie Anfang 2011 insgesamt 348 Filialen betrieben hatte – nach der Übernahme der 175 SEB-Filialen Ende Januar 2011. Zwei Jahre zuvor, 2008, hatte Santander bereits die rund 100 Filialen der GE

Money Bank übernommen. Offensichtlich legten die Spanier mehr Wert auf den jeweiligen Kundenstamm als auf das Filialnetz.

Einen hohen Einfluss auf die Entwicklung des Filialnetzes haben die Fusionsbewegungen bei Genossenschaftsbanken und Sparkassen. Gerade die Verbundinstitute hätten bei der Frage des effektiven Zusammenspiels von Kanälen noch Hausaufgaben zu machen, so die Einschätzung von Marktstratege Mihm. Der Bundesverband der Volksbanken und Raiffeisenbanken (BVR) sieht das allerdings anders. Man erlebe einen deutlichen Abschwung der Fusionsbewegung innerhalb der Volks- und Raiffeisenbanken und erwarte auch nur noch eine moderate Fortsetzung des Fusionstrends. „Die Konsolidierung auf Ebene der Ortsbanken war hauptsächlich dem Abbau von Doppelpräsenzen in einem regionalen Marktgebiet geschuldet", so ein Sprecher des BVR. Diese Überlappungen gebe es nur noch in einzelnen Geschäftsgebieten. Überhaupt sei es keine Option, sich aus der Fläche zurückzuziehen. „Die Nähe zu unseren Mitgliedern und Kunden ist das entscheidende Asset unserer Bankengruppe, das wir nicht aufgeben werden." Mit derzeit 1.121 Instituten habe man fast dreimal so viele Banken vor Ort wie die Sparkassen. „Keine Institutsgruppe kann das Thema Nähe glaubwürdiger vertreten als die genossenschaftliche Bankengruppe", erklärt der BVR-Sprecher.

„Aufgrund seiner kommunalen Struktur wird es auch im Sparkassensektor keinen nennenswerten Abbau von Filialen geben", sagt Michaela Roth, Sprecherin des Deutschen Sparkassen- und Giroverbandes (DSGV). Durch den demografischen Wandel werde wohl in einigen Regionen mit schrumpfender Bevölkerung auch die Anzahl der Filialen sinken. Doch vorrangig wollen die Sparkassen dem Thema beispielsweise mit einer Änderung der Öffnungszeiten begegnen.

Fokussierung auf Online-Kanal

Verbunden mit einem Abbau der Filialen ist eine neue strategische Fokussierung auf den Online-Kanal. „Wir sehen derzeit einen Paradigmenwechsel hin von einem rein passiven und isolierten Angebot an Kanälen zur Kommunikation zu einer aktiven und integrierten Steuerung aller Kanäle gegenüber dem Kunden – aber dies ist für viele Sparkassen und VR-Banken noch ein weiter Weg", meint Mihm.

Die Ausdünnung des Filialnetzes birgt aber weitere strategische Risiken. „Eine Filiale hat eine Neukundengewinnungsfunktion", erläutert Mihm. „Wer Standorte abbaut, verliert natürlich Anlaufpunkte für Neukunden." Er prophezeit daher einen steigenden Werbedruck: „Das sieht man heute schon an den wesentlich höheren Werbeinvestitionen der Direktanbieter, etwa einer ING-DiBa." Die Sparkassen wissen um ihr Werbepotenzial. Die Marke Sparkasse wird wesentlich über die Filialen wahrgenommen, weiß der DSGV. Würden die Sparkassen Werbeflächen in der Größenordnung der Anzahl der Filialschaufenster anmieten, müssten sie jedes Jahr rund 70 Mio. Euro auf den Tisch legen, haben DSGV-Experten als Mediawert ermittelt.

Strategieoption II: Filiale light? Differenzierung von Filialtypen

Die Unternehmensberatung zeb/ sieht Konsequenzen in Richtung Filialabbau erst als zweiten Schritt. Zunächst müssten sich die Banken der Frage widmen, welche Filialformate für ihre Geschäftsstrategie die geeigneten sind. „Hier sehen wir die Banken derzeit in einem Strategiefindungsprozess, der aktuell mit hoher Priorität angegangen wird", so zeb/-Partnerin Katrin Lumma. Hintergrund sei, dass sich die Kundenerwartung bezüglich der Verfügbarkeit von Produkten ändere. Kunden bräuchten nicht zwingend eine Filiale, sondern erwarten vielmehr eine breite Angebotspalette im Internet zur Information und zum Abschluss, wie Lumma ausführt.

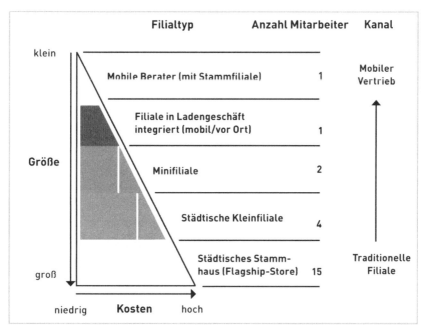

Filialarten in einem optimierten Filialnetz. (Quelle: Roland Berger Retail Banking Study, übersetzt aus dem Englischen)

Bei zeb/ sieht man daher einen Trend zur stärkeren Differenzierung der Filialtypen in Anlehnung an den Einzelhandel. Neben einer Filiale mit standardisierter Abdeckung des Grundbedarfs werde es Akquisitionsshops geben, die die Flächenpräsenz sichern und die Markensichtbarkeit erhöhen. Mit diesen Shops werde man sich als Standort für gezielte Kundengewinnung Plätze mit viel Kundenverkehr suchen. Als Ergänzung sehen die Münsteraner eine Kleinfiliale mit „virtuellem Add-on", die sich durch eine verringerte Mitarbeiteranzahl und Zuschaltung von Spezialisten – beispielsweise via Videokonferenz bei besonderen Produktwünschen – auszeichnet.

Die Strategieberatung Roland Berger empfiehlt die Entwicklung einer „Branch Scorecard", um das Filialnetz zu optimieren. Diese sollte Faktoren wie die Dichte von Wettbewerberfilialen vor Ort, Kundenmix und Durchschnittseinkommen enthalten. Stelle sich heraus, dass eine Gegend über ein eher geringes Potenzial für eine neue Filiale verfüge, sollten eher der mobile Vertrieb oder ein kleineres Filialformat genutzt werden. Auf analytische Verfahren zur Optimierung des Filialnetzes greifen beispielsweise auch die Deutsche Bank und die Targobank zurück. Die Deutsche Bank hat ihr Filialsystem bereits differenziert. Neben den Finanzcentern existieren SB-Stellen für die Versorgung mit Bargeld und Transaktionen. Mit kleineren Shops ergibt sich auch wieder eine strategische Option für Direktbanken. So hat die ING in Rumänien Erfolge mit ihrem Modell der „Self Bank" erzielt.

ING Romania: Seven-Eleven-Banking

Ein möglicher Vorreiter für den aufkommenden Trend zur Mini-Filiale könnte die „Self Bank" der ING in Rumänien sein. Seit 2004 investiert ING dort in dieses Filialformat. Mittlerweile werden in den 110 Mini-Filialen ohne Angestellte insgesamt 300.000 Kunden bedient. Jede „Self Bank"-Filiale hat einen Geldautomaten und einen PC. Damit können die Kunden Transaktionen vornehmen, aber auch einfache Produkte selbst abschließen, bis hin zu einer Hypothek. Der Kunde kann die „Self Bank" von 7 bis 23 Uhr besuchen.

Bargeldversorgung ist einer der wichtigsten Kostenfaktoren

Bis auf wenige Ausnahmen sind alle Bankfilialen in Deutschland mit Geldautomaten ausgestattet. „Auch die Bargeldversorgung wird bei der Standortauswahl berücksichtigt", weiß Jörg Dettenbach, Leiter Sales und Business Consultants beim Berliner SB-Banking-Spezialisten Sarros. Die flächendeckende Versorgung mit Bargeld ist für die meisten Kunden selbstverständlich, kostet aber beispielsweise allein die Sparkassengruppe rund 1 Milliarde Euro im Jahr. Das DSGV-Projekt „Bargeldlogistik im Verbund" hat hier große Sparpotenziale aufgezeigt. 15 Pilot-Sparkassen im gesamten Bundesgebiet beteiligen sich daran, von Holstein im Norden bis zur Südlichen Weinstraße, von Westmünsterland bis Gera-Greiz.

„Um die Bargeldversorgung sicherzustellen, prüfen Geldinstitute immer wieder so genannte Drittstandorte, also Standorte abseits ihrer Filialen, um dort Präsenz mittels Geldautomaten oder SB-Terminal zu zeigen", sagt Dettenbach. Ideale Drittstandorte seien oftmals Einkaufszentren, ein großer Supermarkt oder dessen Parkplatz. „Dort gehen die Menschen sowieso hin, und wenn die Einzelhändler als Partner gewonnen werden, die abends ihre Tageseinnahmen an diesen Automaten entsorgen", sind das laut Dettenbach „gute Standorte für Cash-Recycling-Automaten".

„Um in der Fläche präsent zu sein, machen viele Institute derzeit die positive Erfahrung, dass seitens ihrer Kunden auch mit Hilfe mobiler Cash Container ein Mindestmaß an Service und Präsenz wahrgenommen wird", beschreibt Uwe Merker von banqtec. Der herstellerunabhängige SB-Service- Anbieter hat den so genannten Cash Container entwickelt, einen mobilen Geldautomaten, der zur Spitzenabdeckung bei Events ebenso eingesetzt wird wie während Umbauarbeiten einer Geschäftsstelle.

„Auch zum Test, ob ein vorgesehener Drittstandort für einen neuen Geldautomaten optimal ist, eignet sich der Cash Container", beschreibt Merker. So ließe sich vor der endgültigen Installation des Geldautomaten überprüfen, ob nicht besser ein Standort einige Meter weiter gewählt oder die Ausrichtung des Automaten gedreht werden sollte.

Strategieoption III: Aus- und Umbau des Filialnetzes

Die Deutsche Bank gestaltet ihre Filialen sukzessive mit dem Ziel um, ihren Anspruch als Premiumanbieter in der Kundenberatung visuell zu transportieren. Damit möchte das Institut auch in seinem Filialdesign Beratung als Kernelement des Leistungsversprechens darstellen, heißt es in einer Mitteilung der Bank. Insbesondere solle dargestellt werden, dass der Kunde Beratung in differenzierter Form in Anspruch nehmen könne. So könne der Kunde eine kurze Beratung am Tresen im Eingangsbereich oder eine längere Beratung in der diskreteren Atmosphäre eines Büros wählen.

Auch die Targobank investiert in einen Ausbau des Filialnetzes. Über die frei werdenden Filialstandorte durch Schließung von Bankfilialen freut sich das Institut, das für das Jahr 2012 die Eröffnung von zehn neuen Niederlassungen angekündigt hat. Die erste wurde Anfang März in Norderstedt bei Hamburg eingeweiht. Im April folgte Neu-Isenburg bei Frankfurt, im Mai Brühl. Weitere neue Targobank-Standorte werden Nürnberg-Langwasser, Weinheim, Köln-Chorweiler, Bremen-Vahr, Hamburg-Eidelstedt und Bünde sein. „Insgesamt haben wir etwa 40 Standorte in ganz Deutschland als attraktiv im Blick", betonte Targobank-Vorstandschef Franz Josef Nick anlässlich der Bilanzpressekonferenz im April. Jedoch sei es nicht überall möglich, passende Räumlichkeiten zu finden, so dass „immer dann angemietet wird, wenn sich etwas Gutes findet". Das bedeute, dass die Targobank auch in den kommenden Jahren neue Filialen eröffnen werde.

„Viele informieren sich im Netz, wollen dann aber letztlich die Beratung vor Ort nicht missen"

Mit **Alfredo Garces**, verantwortlicher Direktor für das Vertriebsmanagement bei der Targobank, sprach Anja Kühner.

BANKMAGAZIN: *Warum will die Targobank 2012 zehn neue Filialen eröffnen?*
Garces: Als Multikanalbank verfolgen wir eine Wachstums- und Chancenstrategie. Dazu bauen wir alle Vertriebswege mit gleicher Priorität aus. Wir investieren in unsere Onlinepräsenz, das Call Center, den mobilen Vertrieb und den Ausbau des Filialnetzes. Wir sind dieses Jahr in die Online-Autofinanzierung eingestiegen und werden 2013 mit der Autobank starten. Parallel erhöhen wir die Präsenz in der Fläche. Wir wissen, dass viele Kunden das persönliche Gespräch sehr schätzen und nicht nur über die Direktbankkanäle gehen. Viele informieren sich im Netz, wollen dann aber letztlich die Beratung vor Ort nicht missen. Durch unsere stärkere Präsenz wird zudem die Bekanntheit der Marke durch den positiven Einfluss auf die Kaufentscheidung des Kunden erhöht. Unsere Mutter, die französische Genossenschaftsbank Crédit Mutuel, hat eine starke Präsenz in der Fläche und unterstützt uns dabei, dass auch in Zukunft die Filialexpansion ein Bestandteil unserer Multikanalstrategie bleibt.

BANKMAGAZIN: *Wie suchen Sie geeignete Standorte?*
Garces: Zunächst machen wir eine Kundenstrukturanalyse, das heißt, wir untersuchen unsere Kunden und ihre Verteilung auf das Bundesgebiet. Dann verknüpfen wir die eigenen Daten mit Marktforschungsstudien. Mithilfe statistischer Modelle übertragen wir die Ergebnisse auf alle Haushalte in Deutschland und ermitteln so die möglichen Kundenzuwächse. Auch die Einkommensstruktur und die Kreditaffinität werden dabei berücksichtigt. Auf diese Weise erhalten wir eine Auflistung aller Postleitzahlen nach ihren Kundenpotenzialen. Dann schauen wir uns den demografischen Wandel an, Wanderungsbewegungen und Veränderungen der Haushaltsstrukturen sowie die absehbare wirtschaftliche Entwicklung. Es ist von Bedeutung, ob beispielsweise ein Unternehmen an einem Ort große Investitionen plant und damit Arbeitsplätze schafft oder sichert. Das Ergebnis dieser Analysen ist ein Ranking aller potenziellen Standorte.

BANKMAGAZIN: *Was passiert, wenn sich nun ergibt, dass sich eine Filiale nicht rechnen wird?*
Garces: Mit Hilfe des mobilen Vertriebs, der übrigens auch ausgebaut wird, können wir die Kundenbetreuung in diesem Gebiet sicherstellen.

BANKMAGAZIN: *Welche Kriterien legen Sie bei der Standortauswahl an?*
Garces: Aus dem Ranking nehmen wir die Top-Standorte und ziehen das Vertriebs- und Immobilienmanagement vor Ort hinzu. Die Kollegen besitzen zusätzliche Kenntnisse, die wir in der Zentrale gar nicht haben können. So erhalten wir eine Einschätzung auf Mikroebene und gelangen zu einer dezidierten Wirtschaftlichkeitsbeurteilung für jeden geplanten Standort. Auch mögliche Kannibalisierungseffekte mit bestehenden Filialen werden berücksichtigt.

BANKMAGAZIN: *Was macht einen Standort attraktiv?*
Garces: Die Lageattraktivität, das heißt, ob es genügend Laufkundschaft gibt, der Standort mit öffentlichen Verkehrsmitteln gut zu erreichen ist und ausreichend Parkplätze zur Verfügung stehen, sind wichtige Kriterien.

BANKMAGAZIN: *Profitieren Sie davon, dass durch die Schließung von Commerzbank-Filialen gute Standorte frei werden?*
Garces: An neuen Standorten schauen wir uns natürlich die von der Commerzbank geschlossenen Filialen an. An unseren neuen Standorten in Neu-Isenburg und Brühl haben wir die Räumlichkeiten ehemaliger Commerzbank-/Dresdner-Bank-Filialen übernommen.

Strategieoption IV: Franchising statt eigener Filialen

Die Einführung eines Franchise-ähnlichen Systems propagiert derzeit die HypoVereinsbank. Das Institut ist hauptsächlich in Bayern und Norddeutschland mit Filialen vertreten. Auf der Deutschlandkarte der HVB gibt es noch viele weiße Flecken. Künftig sollen sich so genannte Finanzpartner-Filialen um die Erschließung dieses Marktes kümmern. Neu ist das Modell jedoch nicht. Die Deutsche Bank hat nach eigenen Angaben bereits 120 Agenturen in ihrem Filialnetz. „Juristisch gesehen sind die darin tätigen Berater regelmäßig freie Handelsvertreter", weiß Wolfgang Kolarik, Bankenexperte bei der Unternehmensberatung Steria Mummert Consulting. „In Deutschland gibt es momentan kein echtes Franchising im Bankenbereich, welches vergleichbar wäre zum Franchising im Handel oder in der Gastronomie." Rein rechtlich erscheine Filial-Franchising laut Bewertung der Finanzaufsicht BaFin in Deutschland machbar, im Gegensatz etwa zu Österreich, wo es aufgrund der Gesetzeslage nicht zulässig sei. „Ob es sich um einen Handelsvertreter oder um einen Franchisenehmer handelt, ist von den im jeweiligen Vertrag vereinbarten Parametern abhängig", so Kolarik. Bisher gebe es bei Banken das so genannte Quasi-Franchising, ein abgewandeltes Handelsvertretermodell mit einem einheitlichen Auftritt und der Nutzung von Produkten und Hilfsmitteln. Die Attraktivität von Franchisingmodellen liege für die Bank laut Kolarik darin, „Fixkosten in variable Kosten umzuwandeln, also das Kostenrisiko auf den Franchisenehmer zu verlagern, und sich dem, in der Regel, engen Rahmen zu entziehen, dem die eigenen Mitarbeiter unterliegen". Natürlich könne das Modell aber auch den unternehmerisch Talentierten belohnen und zum Nutzen beider Parteien.

Der Ausbau des Filialnetzes durch die Targobank bestätigt die Ergebnisse einer Umfrage des Zentrums für Europäische Wirtschaftsforschung (ZEW) unter rund 200 Finanzmarktexperten. Gefragt wurde nach den Gründen für die mangelnde Integration der EU-Retail-Banking-Märkte. Mehr als die Hälfte der befragten Experten sah in einem fehlenden Zweigstellennetz einen wesentlichen Grund dafür, dass ausländische Banken den Eintritt in die Retail-Banking-Märkte anderer EU-Staaten bisher nur selten wagen. Denn will ein Institut in einem anderen Land das Privatkundengeschäft mit Erfolg betreiben, so muss es entweder ein eigenes Filialnetz aufbauen oder eine bereits etablierte Bank mit Filialen übernehmen. Das aber ist mit hohen Kosten verbunden.

> **Filial-Franchising: Wo liegen die Schwierigkeiten?**
>
> **1. Personal**
> Der Berater in der Franchise-Filiale soll seriös und vertriebsstark sein, Personal führen, bankfachliches und betriebswirtschaftliches Wissen haben, aber zu günstigen Konditionen auf eigene Rechnung und eigenes Risiko arbeiten. Damit konkurrieren Banken bei der Personalsuche mit Versicherern, freien Finanzdienstleistern und Bausparkassen. Mitarbeiter aus der Bank werden sich nur sehr schwer aus einer Festanstellung lösen, um einen finanziell unsicheren und risikobehafteten Franchise-Vertrag anzunehmen.
>
> **2. Marketing-Unterstützung**
> Bei der Markterschließung wird man Franchise-Standorte kaum anders behandeln als eigene Filialen, obwohl sie ein deutlich höheres individuelles Budget bräuchten, um vor allem in schwachen Regionen die Markterschließung erfolgreich voranzutreiben.
>
> **3. Betriebsräte und Gewerkschaften**
> Von selbstständigen Unternehmern geführte Franchise-Filialen sind nicht an die von Gewerkschaften und Betriebsräten ausgehandelten Arbeitszeiten gebunden. Sie können auch abends und an Wochenenden öffnen und die eigene Arbeitslast individuell bestimmen. Gegen diese Umgehung der Arbeitszeitregelungen wehren sich die Arbeitnehmervertreter.

4. Aufsichtsrechtliche Einschränkungen

Jedes Institut muss einen Standard definieren, welche Kontroll- und Steuerungsmechanismen zur Prüfung der Dienstleistungsqualität und Kompetenz angewendet werden. Das wirtschaftliche Risiko trägt der Franchisenehmer, Kredit- und Imagerisiko verbleiben allerdings bei der Bank.

5. Kostenstruktur

Ein attraktives Ertragsmodell für die Franchisenehmer ist gefragt, sonst steht die langfristige Marktbearbeitung und Kundenbetreuung der ausgelagerten Filialen auf tönernen Füßen, gerade aktuell, wo Banken dem Vertrauensverlust seitens ihrer Kunden entgegenwirken müssen. Da sich ein Franchise-System rechnen sollte, bleibt auch die Frage, welche Umlagen für IT und sonstige Kosten für zentrale Leistungen auf den Franchisenehmer zukommen.

6. Produktpalette

Die Produktpalette sollte sich aus wenig erklärungsbedürftigen Produkten zusammensetzen. Für komplexere Beratungen können zum Beispiel Experten aus der Zentrale per Video zugeschaltet werden, was allerdings wieder mit höheren Kosten verbunden ist.

Quelle: Wolfgang Kolarik, Steria Mummert Consulting

Fazit: Verschiedene Wege können zum Ziel führen

In der derzeitigen Neuausrichtung der Retailgeschäftsmodelle gibt es hinsichtlich der Filialstrategie keinen eindeutigen Trend. Die einzelnen Institute gehen mit unterschiedlichsten Konzepten vor. Es bleibt abzuwarten, welche Akteure sich mit ihren Ansätzen durchsetzen – und welches Filialnetz in Zukunft zu welchem Retailgeschäftsmodell passt.

Interview Finanzpartner-Filialen:

Erster Roll-out an bis zu 15 Standorten

Peter Buschbeck, als Vorstandsmitglied der UniCredit Bank AG, München, unter anderem zuständig für das Privatkundengeschäft der UniCredit-Marke HypoVereinsbank, sprach mit BANKMAGAZIN über die Finanzpartner-Filialen, die das Unternehmen ab Juni 2012 eröffnet.

Bianca Baulig / Stefanie Hüthig
erschienen im Juli 2012

Interview Finanzpartner-Filialen der HypoVereinsbank

Peter Buschbeck, Vorstandsmitglied der UniCredit Bank AG, München, unter anderem zuständig für das Privatkundengeschäft der UniCredit-Marke HypoVereinsbank. (Foto: Dirk Uebele)

BANKMAGAZIN: *Herr Buschbeck, die HypoVereinsbank – HVB – eröffnet so genannte „Finanzpartner-Filialen" mit selbstständigen Handelsvertretern. In einer Berichterstattung in der Börsen- Zeitung war von einem „Franchise- System" die Rede. Worin liegt der Unterschied zwischen dem Partner- Modell Ihres Hauses und einem „echten" Franchise-Konzept?*
Buschbeck: Eine „echte" Franchise-Filiale läuft in der Regel auf eigenen Namen und auf eigene Rechnung des jeweiligen Partners, wie zum Beispiel bei McDonald's der Fall. Wie bei einem Franchise-Konzept bieten unsere Partner exklusiv unsere Produkte an, aber jeder Produktabschluss läuft auf unseren Namen und unsere Rechnung. Das heißt, der Kunde schließt den Vertrag mit uns, der HVB, ab, die Produkte werden von uns auf unserem Bank-System geführt. Auf dem Logo der neuen Filialen wird es heißen „Finanzpartner der HypoVereinsbank", und so wird man uns im Markt wahrnehmen.

BANKMAGAZIN: *Wie viele Filialen im Finanzpartner-Stil planen Sie?*
Buschbeck: Wie viele es am Ende werden, diskutieren wir dann nach der Startphase. In einem ersten Roll-out werden wir zehn bis 15 Filialen in einer mehrmonatigen Testphase an den Markt bringen. Wir sind sehr optimistisch, dass wir nach einer angemessenen Zeit weiter expandieren.

BANKMAGAZIN: *Was gab den Ausschlag, die Idee „Finanzpartner-Filiale" umzusetzen?*
Buschbeck: Wenn wir als Bank über Wachstumschancen und Expansionsmöglichkeiten nachdenken, ist im Vertrieb die physische Präsenz durch Filialen ein wichtiges Thema – neben den anderen Kanälen, die wir ebenfalls ausbauen. Die derzeitige Landkarte betrachtet, gibt es – vor allem in Nordrhein-Westfalen – viele Städte, in denen die HVB noch nicht präsent ist. Dort könnten wir konventionelle Filialen aufbauen – das ist aber ein sehr teures Konzept mit einer langfristigen Amortisation. Mit unserem Finanzpartner- Konzept können wir wesentlich effizienter und schneller Fläche erschließen.

BANKMAGAZIN: *An welchen drei Standorten werden Sie die ersten Filialen eröffnen?*
Buschbeck: Ich kann Ihnen zumindest schon mal verraten, dass wir die erste Finanzpartner-Filiale im Juni in Gütersloh eröffnet haben. Weitere Standorte werden wir nennen, sobald der Eröffnungszeitpunkt feststeht. Dieser hängt jeweils von der Verfügbarkeit der Gebäude sowie der Finanzpartner ab.

BANKMAGAZIN: *Von welchen Kriterien machen Sie die Standortfrage abhängig, abgesehen von den „weißen Flecken" auf der HVB-Landkarte?*
Buschbeck: Genügend Potenzial im Markt ist ein wichtiges Kriterium. Das hängt wiederum mit der Einwohnerzahl, Kaufkraftstrukturen und deren Entwicklung zusammen, in diesen Aspekten haben wir Deutschland sehr genau analysiert und geeignete Standorte gewählt. Ein weiteres Kriterium ist, dass wir unsere bestehenden Standorte nicht kannibalisieren werden. Wir gehen nicht dorthin, wo die HVB heute schon vertreten ist, denn es geht hier ausschließlich um Ergänzung. Es gibt eine kleine Ausnahme, wobei es auch hier nicht um Substitution, sondern um Ergänzung geht: Wir werden mit dem Label YapiKredi, unserer türkischen Schwesterbank, ebenfalls Finanzpartner-Filialen eröffnen. Damit wollen wir die Zielgruppe der deutsch-türkischen Bevölkerung ansprechen. Finanzpartner-Filialen mit dem YapiKredi-Label werden an Standorten eröffnet, an denen es einen hohen türkischstämmigen Bevölkerungsanteil gibt. Das kann dann auch an einem Standort der Fall sein, an dem wir heute schon vertreten sind, also Frankfurt beispielsweise.

BANKMAGAZIN: *Bieten die YapiKredi-Filialen die gleichen Produkte an wie die HVB-Finanzpartner-Filialen?*
Buschbeck: Auch hier handelt es sich um HVB-Finanzpartner. In den Filialen werden dieselben Produkte vertrieben, und auch die Funktionalitäten sowie Materialien sind im Wesentlichen gleich. Im Schaufenster führen die YapiKredi-Filialen noch ein Zusatzlogo.

> **Finanzpartner-Filialen „YapiKredi"**
>
> Das neue Vertriebskonzept der HypoVereinsbank (HVB) mit externen Finanzpartnern soll auch an Standorten mit einem hohen türkischstämmigen Bevölkerungsanteil ausgerollt werden – unter der Marke der türkischen Schwesterbank innerhalb der UniCredit-Gruppe, „YapiKredi". Die erste Yapi-Kredi-Finanzpartner-Filiale soll in Frankfurt am Main eröffnet werden.

BANKMAGAZIN: *Sicher ist auch die Innenstadtlage ein Kriterium für die neuen Filialen?*
Buschbeck: Ins Gewerbegebiet wollen wir nicht. Wir wollen in Innenstadtlagen, wir wollen in Lauflagen, wir wollen dorthin, wo Sie normalerweise eine Filiale erwarten. Denn die Finanzpartner-Filialen sind im Corporate Design der HVB gehalten und als Filialstandorte erkennbar. Wir werden keine Büros im dritten Stock einrichten mit einem kleinen Schild an der Eingangstür, sondern einladende Filialen mit einem Beratungsteil und einem SB-Bereich mit einem Geldautomaten und SB-Terminals. Es wird aber keine Kasse geben, denn das Angebot von Ein- und Auszahlungen lässt sich rund um die Uhr über den Geldautomaten abdecken.

BANKMAGAZIN: *Sie haben das Finanzpartner-Konzept in einem Vortrag im März vor Branchenvertretern vorgestellt, es wurde darüber berichtet. Damit ist Ihr Modell in der Öffentlichkeit wohl präsenter als das Ihres Mitbewerbers, der Deutschen Bank, die Geschäftsstellen mit selbstständigen Handelsvertretern in Deutschland betreibt. Wo würden Sie den Unterschied zwischen Ihrer und der Vorgehensweise der Deutschen Bank sehen?*
Buschbeck: Ich kann hier natürlich nur über unseren Weg sprechen. Wir sehen unsere Finanzpartner-Filialen als eigenständigen Vertriebsweg und ein ergänzendes Konzept. Wir sprechen damit Neukunden an und keinen bestehenden Kundenstamm.

BANKMAGAZIN: *Wie viele Mitarbeiter werden die Finanzpartner-Filialen im Schnitt haben?*
Buschbeck: Vier bis fünf ist eine gute Größenordnung.

BANKMAGAZIN: *Filialleitung, Beratung und Service?*
Buschbeck: Wie die genaue Aufteilung dann erfolgt, entscheiden die Finanzpartner vor Ort. Die Filiale wird von einem Finanzpartner als selbstständigem Unternehmer geleitet. Außerdem gibt es weitere Finanzpartner, also ebenfalls Selbstständige, die in den Filialen als Berater tätig sind.

BANKMAGAZIN: *In welchen Vertragsverhältnissen stehen „Filialleiter" und Berater in den Partner-Filialen?*
Buschbeck: Es gibt einen Hauptvertragspartner, der die Filiale anmietet und ein Geschäftslokal inklusive SB-Bereich von uns zur Verfügung gestellt bekommt. Zwischen ihm und den Beratern gibt es kein Abhängigkeitsverhältnis. Alle Berater in den Finanzpartner-Filialen sind freie Handelsvertreter, die mit uns einen Vertrag abschlie-

ßen und an uns vermitteln. Wir haben aber kein Mietverhältnis mit jedem einzelnen freien Berater.

BANKMAGAZIN: *Wer sucht denn diese freien Berater aus?*
Buschbeck: Das kommt sehr stark auf den Finanzpartner der jeweiligen Filiale an. Sicher wird es Partner geben, die geeignete Personen vorschlagen und uns bitten, diese Kandidaten anzuschauen. Umgekehrt werden wir potenzielle Berater, die auf uns zukommen, unseren Partnern vorschlagen. Es müssen aber beide Seiten mit der Personenauswahl einverstanden sein.

BANKMAGAZIN: *Eines der Argumente pro Finanzpartner-Filialen ist, dass Sie dort erweiterte Öffnungszeiten anbieten können. Welche Vorgaben machen Sie Ihren Partnern hierbei?*
Buschbeck: Das überlassen wir sehr stark den Finanzpartnern. Sicherlich werden sich gewisse Kernzeiten herauskristallisieren, in denen es sinnvoll ist, Dienstleister zu sein. Das Finanzpartner-Modell ist kein Beschränkungskonzept, sondern ein Erweiterungskonzept – das heißt, dass der Finanzpartner entscheiden kann, wann es für ihn am sinnvollsten ist, Kunden zu bedienen. Was wir nicht wollen, ist, dass die Partner nur nach Vereinbarung beraten und die Filiale immer geschlossen bleibt. Wir wollen eine gute Mischung haben aus vernünftigen Kernöffnungszeiten und der Entscheidungsfreiheit des Partners, der natürlich gerne auch am Wochenende die Filiale öffnen kann, wenn das sinnvoll ist und er das möchte.

BANKMAGAZIN: *In welchem Bereich liegen die Kernöffnungszeiten?*
Buschbeck: Diese können je nach Standorten unterschiedlich sein. Eine Pauschalierung wäre nicht kundengerecht.

BANKMAGAZIN: *Wie werden die Finanzpartner in die Unternehmensstruktur und auch die Kommunikationskultur eingeordnet?*
Buschbeck: Das Finanzpartner-Modell wird ein eigenständiger Vertriebskanal sein mit einem eigenen Vertriebschef. Er beschäftigt sich mit dem Aufbau der Filialen. Dass das Modell als eigener Vertriebsweg gesehen wird, ist uns wichtig. Denn wir sprechen zwar von Partnern, aber trotzdem sind es externe Berater und keine eigenen Mitarbeiter. Es ist ein großer Unterschied, ob man mit freien Beratern zusammenarbeitet oder ob man fest angestellte Berater leitet. Dennoch wird es natürlich auch innerhalb dieses Vertriebskanals eine intensive Kommunikation geben.

BANKMAGAZIN: *Greifen die Berater auf das gesamte IT-System der HVB zurück oder sehen sie nur den für sie relevanten Teil?*
Buschbeck: Die freien Berater sehen ausschließlich die Kunden, die sie selbst gewonnen haben. Das heißt, wenn ein Kunde die Finanzpartner-Filiale in Gütersloh betritt und seinen Beratungswunsch äußert, dann wird er im System als Kunde in Gütersloh erfasst. Kommt ein Bestandskunde der HVB aus Bielefeld, dann erkennt der Berater dies anhand des Systems.

BANKMAGAZIN: *Wie werden die Finanzpartner in den neuen Filialen entlohnt?*
Buschbeck: Die Basis bildet ein normales Provisionskonzept, das nach Beratungskategorien aufbereitet ist.

BANKMAGAZIN: *Nicht zuletzt wegen der aktuellen Qualifizierungsdiskussion bei Finanzberatern: Welche Kenntnisse und Erfahrungen setzen Sie denn bei den Kandidaten für eine Finanzpartnerschaft voraus?*
Buschbeck: Die Kandidaten müssen zwingend aus der Branche kommen. Sie sollten bereits in einer Bank oder sonst in der Finanzbranche Erfahrungen gesammelt haben. Gleichzeitig gibt es ein neues Schulungskonzept vor dem Betriebsstart und weitere Qualifizierungsmaßnahmen. Wir wollen am Ende dieser Schulungen die Qualifikation testieren, so dass nur Berater, die unseren Ansprüchen genügen, in unserem Finanzpartner-Konzept tätig werden. Außerdem gelten alle Qualitätskriterien und vergleichbare Kontrollmaßnahmen, wie sie auch für konventionelle HVB-Filialen gelten. Denn die Kunden schließen zwar über freie Berater, aber am Ende mit der Bank ein Geschäft ab.

BANKMAGAZIN: *Berücksichtigen Sie bei den Qualifizierungsmaßnahmen den Kenntnisstand und die Erfahrung des Finanzpartners?*
Buschbeck: Ja. Denn es macht ja zum Beispiel keinen Sinn, einen Partner, der aus der Vorsorge- bzw. Versicherungsbranche kommt, über Wochen zu genau diesen Themen zu trainieren. Wir stellen daher zunächst fest, welchen Hintergrund der jeweilige Partner hat, welche Kenntnisse und Qualifikationen er mitbringt, um uns dann sehr stark daran auszurichten. Natürlich schulen wir, um bei dem Beispiel zu bleiben, auch einen Partner aus dem Vorsorge- bzw. Versicherungsbereich in den jeweiligen Produkten und Prozessen unseres Hauses, denn mit unseren Strukturen muss sich der Partner genau auskennen. Aber der Fokus wird auf den Geschäftsfeldern liegen, in denen der Partner Nachholbedarf hat.

BANKMAGAZIN: *Werden die Finanzpartner und freien Mitarbeiter ins Beraterregister der Finanzaufsicht BaFin eingetragen?*
Buschbeck: Nein, hier haben wir eine Sondersituation. Das Anlagegeschäft bleibt in unserer Hand. Die Finanzpartner-Filialen haben ein Büro, in dem Videoberatungen möglich sind. Wenn also der Finanzberater zum Beispiel einen Kunden hat, der ein Wertpapiergeschäft tätigen möchte, schaltet er einen HVB-Mitarbeiter per Videoübertragung dazu. Der Kunde muss nicht noch einmal zu einem Extra-Termin kommen, die Videoberatung können wir ad hoc starten.

BANKMAGAZIN: *Aber die Partner bieten alle weiteren Bankprodukte an?*
Buschbeck: Ja, alles, was ein Privatkunde heute braucht. Von der Aktiv-, Passiv-, Dienstleistungsseite, also das komplette Spektrum.

BANKMAGAZIN: *Lassen Sie uns noch über die Videoberatung sprechen. In welchem Maß kommt sie bisher in den Filialen zum Einsatz?*

Buschbeck: Die Videoberatung nutzen wir als qualitative Ergänzung für die Fälle, in denen ein spezielles Expertenwissen notwendig ist. Dann kann man quasi ein Dreiergespräch führen.

BANKMAGAZIN: *Wie kommt das bei den Kunden an?*
Buschbeck: Wir stellen fest, dass die Kunden das Konzept sehr gut finden – es bestehen überhaupt keine Berührungsängste. Das liegt auch daran, dass unsere Berater das sehr gut machen, sowohl die, die per Video zu sehen sind, als auch der Berater, der bei dem Kunden vor Ort ist. Wir haben ein Online-Kundenforum, in dem uns eine recht große Gruppe an Kunden beratend und feedbackgebend zur Verfügung steht. Diese User fragen wir immer, auch bevor wir neue Angebote wie die Videoberatung auf den Markt bringen. Die Kunden im Forum haben mit einer großen Überzeugung erklärt, dass sie eine Videoberatung gut finden würden. Derzeit bieten 26 Filialen ihren Kunden Videokonferenzen an. Jetzt geht es darum, das Angebot sukzessive auszuweiten. Aktuell steht das Thema Immobilienfinanzierung stark im Vordergrund – aber auch Vorsorge- und Versicherungsfragen sowie das Wertpapiergeschäft werden bei der Videoberatung integriert. Der Berater, der vor Ort in der Filiale mit dem Kunden ist, kann erkennen, ob der Spezialist gerade verfügbar ist oder ob er sich bereits in einem anderen Videoberatungsgespräch befindet. Er kann aber auch im Vorfeld einen Termin bei dem Experten reservieren.

BANKMAGAZIN: *Werden sich künftig Filialmitarbeiter Ihres Hauses virtuell mit einem Kunden, der zu Hause sitzt, treffen?*
Buschbeck: Ja, das ist unser Plan. Das Videoberatungskonzept hat drei Stufen, die erste ist die Zuschaltung eines Experten per Video in die Filiale, in der sich der Kunde und sein Berater aufhalten. In Zukunft können in einem zweiten Schritt Kunden auch von zu Hause oder vom Arbeitsplatz aus Beratung über Videokonferenz in Anspruch nehmen, etwa am Wochenende oder sehr früh bzw. spät am Tag. In der dritten Leistungsstufe werden wir auch Nicht-Kunden über einen Button „Videoberatung" auf unserem Online- Beratungsportal ein virtuelles Gespräch anbieten.

Peter Buschbeck (50) ist seit Oktober 2009 Mitglied des Vorstands der UniCredit Bank AG (HypoVereinsbank) in München. Zunächst war er dort verantwortlich für die Division Privat- und Geschäftskunden, seit Januar 2011 leitet er die Division „Privatkunden – Kleine und mittlere Unternehmen". Zudem ist Buschbeck Mitglied des UniCredit Management Committee und des UniCredit Executive Committee Retailbanking. Seit 1995 ist der studierte Wirtschaftsingenieur in verschiedenen Funktionen in der Finanzwirtschaft tätig, unter anderem bei der Citibank Privatkunden AG und der General Electric – GE Capital GmbH. Seit 2005 war Buschbeck Mitglied des Vorstands der SEB-Bank, von 2007 bis 2009 Vorstandsvorsitzender der SEB in Deutschland.

Filialgestaltung:

Einheitslook ade

Die „eine" Filiale gibt es nicht mehr. Mal gibt es mehr persönliche Beratung für Bankkunden, mal weniger: Flagship-Stores, SB-Filialen und Franchisekonzepte halten flächendeckend Einzug im Bankenmarkt. BANKMAGAZIN zeigt die unterschiedlichen Trends auf.

Anja Kühner / Tanja Planko
erschienen im September 2011

Für acht von zehn Deutschen ist der Berater der eigenen Hausbank noch immer die erste Anlaufstelle auf der Suche nach Finanzinformationen – von der Geldanlage über die Immobilienfinanzierung bis hin zur Vorsorge. Ohne persönliche Beratung läuft nichts – das ist auch das Ergebnis einer Umfrage für die Studie „Wege zum Kunden 2015" von Steria Mummert Consulting. Trotzdem kommen die Kunden in der Praxis recht selten in die Filiale: im Schnitt nur zweimal pro Monat. Online-Banking wird dagegen deutlich häufiger genutzt. „Vor sechs oder sieben Jahren war es das vorrangige Ziel der Banken, SB-Kompetenz bei den Kunden aufzubauen", beschreibt Andreas Kranz, Innenarchitekt für die Planung von Bankfilialen aus Göttingen, den Ausgangspunkt dieser Entwicklung. „Heute ist eine hohe Akzeptanz der SB-Terminals erreicht, aber die Kunden kommen nicht mehr in die Filiale." So könnten die Geldinstitute ihre Beratungskompetenz nicht mehr direkt bei den Kunden vor Ort einsetzen.

Neue Filialkonzepte im Trend

Viele Institute haben den Bedarf nach mehr Anknüpfungspunkten für die persönliche Kommunikation erkannt und setzen auf neue, zunehmend differenziertere Filialkonzepte: Jede dritte Bank plant laut Fraunhofer-IAO-Studie „Bank & Zukunft 2011" aktuell oder innerhalb der kommenden drei Jahre eine flächendeckende Modernisierung, um den Kunden ihre Leistungen besser nahezubringen. An die Stelle der klassischen Bankfiliale treten dabei die aus dem Einzelhandel adaptierten Konzepte:

- Flagship-Filiale,
- Erlebnisfiliale,
- Vollservice-Filiale,
- Shop-in-Shop-System,

- vollautomatische Selbstbedienungsfiliale (SB-Filiale),
- Beratungsfiliale und
- Banking-Shops, in denen vorrangig Akquise betrieben wird.

Sechs Filialkonzepte beherrschen den Markt

Erlebnisfiliale
Versicherungen, Bürgerbüro-Dienste, Verkauf von Markenartikeln – beim Leistungsspektrum sind der Phantasie keine Grenzen gesetzt. Die Filiale nutzt das Marktpotenzial des unmittelbaren Umfelds. Sie bietet bequeme Sitzmöglichkeiten, um die Verweildauer zu erhöhen und den Filialbesuch zu emotionalisieren. Ein Bank-Café dient als Ort der spontanen Begegnung zwischen Kunden und Bankmitarbeitern.

Beratungsfiliale
Die umfassende, qualifizierte Beratung steht im Fokus, und das auch nach 18 Uhr und am Wochenende. Andere Dienstleistungen und Produkte sind meist nicht zu finden. Zielgruppe sind vor allem vermögende Privatkunden.

Banking-Shop
In Fußgängerzone und Einkaufszentrum sind Banking- oder Credit-Shops zu finden. Sie haben längere Öffnungszeiten, auch an Wochenenden. Ziel des Banking-Shops ist der Vertrieb von Produkten an Laufkundschaft, daher wird er auch Produktfiliale genannt. Auf beratungsintensive Produkte wird ebenso verzichtet wie auf hochqualifizierte Mitarbeiter. Die Service-Points ermöglichen schnelle Geschäftsabwicklung auf kleiner Fläche mit wenigen Mitarbeitern. So bleiben die Fixkosten niedrig.

SB-Filiale
Automaten prägen das Bild in SB-Filialen. Sie werden vor allem an Standorten mit geringer Kundenfrequenz platziert, bieten nur Kontoverwaltung und Zahlungsverkehr, ohne Mitarbeiter. Kunden werden an SB-Geräten über Display-Nachrichten angesprochen. Mehrwertdienste erhöhen die Kundenbindung, zum Beispiel die Ausgabe von Eintrittskarten.

Vollservice-Filiale
Sie bietet vom einfachen Produkt bis zu umfassender Beratung das gesamte Leistungsspektrum. Im Unterschied zur klassischen Filiale werden neue Konzepte wie die Integration von SB-Geräten umgesetzt. Besonderheit sind so genannte Diskretzonen.

Zielgruppen-Konzepte
Künftig werden auf spezielle Zielgruppen zugeschnittene Konzepte an Bedeutung gewinnen, zum Beispiel die Jugendfiliale.

Quelle: Zentrum für Europäische Wirtschaftsforschung (ZEW)

Weniger Vollservice-Filialen

Künftig werden nur noch 40 % aller Filialen Vollservice-Geschäftsstellen sein. Das prognostizierten bereits vor drei Jahren die im Rahmen der ZEW-Studie „Trends im Retail-Banking" befragten Finanzexperten. Rund 20 % aller Geschäfte werden ihrer Ansicht nach künftig über SB-Filialen abgewickelt, ein Fünftel über reine Beratungsfilialen, 10 % über Produktfilialen und Banking-Shops und 7 % über Erlebnisfilialen. „Es muss ein Stück mehr Individualität einziehen als bisher", meint Innenarchitekt Kranz zum Status quo bei Bankfilialen. Er hat mit seinen 28 Mitarbeitern weltweit bereits zahlreiche Geschäftsräume von Banken geplant und realisiert. Der Einsatz von Masterplänen solle sich im Optimalfall künftig auf den Backoffice-Bereich beschränken. Stattdessen solle bei der Planung das direkte Umfeld der Filiale in den Fokus rücken, so Kranz.

Innovativen, flexibel gestalteten Filialen gehört die Zukunft. Davon ist auch Claus-Peter Praeg, Spezialist für Finanzdienstleister beim Fraunhofer-Institut für Arbeitswirtschaft und Organisation (IAO) in München, überzeugt. „Je nach direktem Umfeld müssen die Filialen sich anpassen und die Umgebung widerspiegeln, sowohl im Hinblick auf die räumliche Gestaltung der angebotenen Leistungen als auch auf die Kontaktzeiten", sagt Praeg.

Nicht zuletzt gehört bei regionalen Instituten auch ein optischer Bezug zur jeweiligen Region dazu, wie ihn beispielsweise die Volks- und Raiffeisenbank Rostock in ihrer 2003 neu gebauten Hauptstelle durch wiederkehrende maritime gestalterische Motive aufnimmt: Mit Treppen aus Schiffsplanken, Treppengeländern mit Fischernetzen, einer Kinderspiel-Ecke mit Leuchtturm und Fotomotiven aus der Stadt an den Wanden werden regionale Aspekte aufgegriffen, um für die lokalen Kunden einen Bezug zum gewohnten Umfeld zu schaffen. Susanne Kopka, Geschäftsführerin des Architektenbüros BancArt in Hamburg, das mehr als 500 Projekte im deutschen Bankenbereich geplant und realisiert hat, ist ebenfalls eine begeisterte Verfechterin individueller Filialkonzepte. „Die Bank muss sich fragen: Welche Kunden habe ich und welche Kunden möchte ich zukünftig haben?" Nur mit der Zielgruppe klar vor Augen ließen sich visionäre Konzepte entwickeln, die auch im täglichen Geschäft funktionierten, weiß Kopka. „Es gibt nicht das eine, absolut optimale Konzept, sondern für jedes Organisationskonzept verschiedene Gestaltungsmöglichkeiten", erläutert sie.

Volksbank Hamburg: Mit Multimedia erfolgreich

Ein visionäres Konzept, das Erlebnis- und Zielgruppenfiliale vereint, setzte BancArt beispielsweise für die Volksbank Hamburg um: Im Marz 2010 wurde die neue Multimediafiliale „Q3-Finanz-Quarree" im Hamburger Einkaufszentrum „Wandsbek Quarree" eröffnet. Die Geschäftsräume muten futuristisch an, mit dynamisch geschwungenen weißen Wänden und zahlreichen Flachbildschirmen. „Farbige Lichtinstallationen an der

Decke in Verbindung mit Sound-Impulsen hüllen den Raum in eine multisensorische Atmosphäre", beschreibt BancArt-Geschäftsführerin Susanne Kopka. In Q3 gibt es keine Beratungsraume. Auszubildende üben hier die Neukundenakquise: Sie empfangen interessierte Kunden und begleiten sie in die größere Beratungsfiliale im Wandsbek-Quarree, wo sie von einem Berater betreut werden. An Touchscreens erhalten die Kunden Informationen zu monatlich wechselnden Themen. Das Q3-Konzept hat sich laut Kopka als sehr erfolgreich für die Ansprache neuer und auch junger Kunden erwiesen.

GAD Innovationszentrum: Modernes Lichtdesign von GAD. (Foto: ©GAD Innovationszentrum)

VR-FinanzShop Loop 5: Gesprächsanlässe schaffen

Auch der VR-FinanzShop von der Vereinigten Volksbank Griesheim-Weiterstadt im neuen Einkaufszentrum „Loop 5" bei Darmstadt nutzt Elemente der Erlebnisfiliale. Besuchern der Shopping-Mall fällt als erstes die auffällig gestaltete Wand mit den SB-Geräten ins Auge. Lichtinstallationen in der Wand setzen jedes Gerät in einer eigenen „Zelle" wirkungsvoll in Szene. Von dort sind es nur wenige Schritte zu den mit Kundenberatern besetzten Service-Points. Auf deren anderer Seite bietet sich den Nutzern der SB-Terminals ein ungewohnter Anblick, der neugierig machen soll: Auf einer sieben Meter langen und 2,5 Meter hohen Rückprojektionsfläche werden emotionalisierte Bildmotive dargestellt. Sie bilden mit davor angeordneten Lounge-Möbeln eine Coffee-Lounge mit Erlebnisfaktor. Eines der Motive suggeriert zum Beispiel, die Lounge-Besucher wurden sich in einem Straßencafe auf der 5th Avenue in New York City befinden. Eine authentische Geräuschkulisse aus Verkehrslärm und Stimmengewirr – aus dem Soundsystem eingespielt – rundet den Eindruck ab. In der Projektion werden außerdem immer wieder aktuelle Produktangebote eingeblendet. „Ziel des Konzepts ist es, für die Mitarbeiter Gesprächsanlässe mit Kunden und potenziellen Kunden zu schaffen und deren Verweildauer in der Filiale zu erhöhen", berichtet Innenarchitekt Kranz. Kommt ein Mitarbeiter mit einem Passanten ins Gespräch, kann er ihn zu einem ersten Beratungsgespräch in die Coffee-Lounge einladen.

Großflächige, emotionalisierte Bilder schaffen im VR-FinanzShop im Einkaufszentrum Loop 5 Anknüpfungspunkte für Beratungsgespräche. (Foto: © Kranz Innenarchitekten)

Die lockere und offene Atmosphäre bei „Money-Macchiato" oder „Cash-Cappucino" käme bei den meisten Gesprächspartnern sehr gut an, weiß Stephan Janusch, Bereichsleiter Vertrieb und Prokurist bei der Vereinigten Volksbank Griesheim-Weiterstadt. Für Kundengespräche, die Diskretion erfordern, stehen zwei Beratungsraume zur Verfügung. Einer davon ist mit technischem Equipment für Videokonferenzen ausgestattet. „Bei speziellen Fragen können wir hier Berater aus der Hauptstelle zum Beratungsgespräch dazuschalten", sagt Janusch.

Seit das Einkaufszentrum Loop 5 im Oktober 2009 auf der grünen Wiese neu eröffnet wurde, hat das Team des VR-FinanzShops rund 400 neue Kunden gewonnen. „Das ist zwar kein Ergebnis, das Jubelstürme hervorruft. Doch dafür, dass wir bei null angefangen haben, sind wir zufrieden", so Janusch.

Von Netzwerken profitieren

Chancen für Bankfilialen sieht Fraunhofer-IAO-Experte Praeg auch in Netzwerken: „Wir raten zu Servicefilialen, in denen es nicht nur um Geld geht, sondern gemeinsam mit Netzwerkpartnern Themenbereiche ganzheitlich abgedeckt werden." Vorstellen kann er sich in diesem Zusammenhang analog zum Modell der Ärztehäuser zum Beispiel ein Servicehaus mit einem kompletten Umzugsservice: von der Immobilienfinanzierung über die Kooperation mit lokalen Handwerkern bis zur Einbindung von Notariat und Grundbuch. „Solch ein Bündel mit allen Beteiligten in einem Haus zu schnüren, sollte für Banken kein Problem sein. Sie haben oft alle dafür notwendigen Partner im Bestand", sagt Praeg. „Trotz stark individualisierter Filialkonzepte sollten jedoch die Kosten nicht ignoriert werden", gibt Claus-Peter Praeg zu bedenken. Nicht zuletzt spielten gerade bei überregionalen Banken Faktoren wie der Wiedererkennungswert, Imagetransfer und Markenbildung eine starke Rolle für den Erfolg eines Filialkonzeptes, betont Innenarchitekt Kranz.

Commerzbank: Zukunftsfiliale

Beispielhaft dafür steht der Anspruch, den die Commerzbank an die Umsetzung ihres Konzepts „Filiale der Zukunft" hat: „Unsere Kunden sollen sich überall in Deutschland wie in ihrer Heimatfiliale fühlen", erklärt Aleksandar Jeremic, Leitung Filialmanagement für die „Filiale der Zukunft" bei der Commerzbank. Das Unternehmen will bis 2014 sämtliche 1.200 Filialen – insbesondere auch die ehemaligen Dresdner-Bank-Filialen – auf das neue Konzept umstellen. Im gleichen Zug sollen rund 400 Filialen mit einer räumlich nahe liegenden Filiale zusammengeführt werden. „Bei der Umstellung wird viel Wert auf die Einhaltung eines einheitlichen Standards gelegt", so Jeremic. Dabei komme je nach Größe der Filiale das Basismodell „Filiale der Zukunft" oder das Commerzbank-Konzept „Filiale der Zukunft Plus" zum Einsatz.

> **Commerzbank: Trends der Filiale der Zukunft**
>
> - **Filialauftritt** Hochwertige, beleuchtete Außenwerbeanlagen; gelbe Wand als Markenzeichen; Infopunkt als erste Anlaufstelle für den Kunden; modernes, offenes, barrierefreies Raumdesign; ergonomische Arbeitsplätze mit klarer Diskretionswahrung
> - **Weniger Administration** Fokus auf Beratung und Vertrieb; Verlagerung von Servicetätigkeiten ins Backoffice; Betreuung eingehender Anrufe durch Call Center
> - **Technikstandards** SB-Center: Einzahlen von Banknoten und Münzen; wartungsfreundliche Arbeitsplätze mit Thin-Clients und Fast-User-Switch; VoIP-Telefonie und Voice Mail; zentrale Kontoführung, digitale Kontoakte
> - **Zusätzliche Aspekte bei der „Filiale der Zukunft Plus"** Mitarbeiter: Filialinformation mit Empfangspunkt; Privatkunden: Assistent mit Servicepunkt, Kasse: Trennung von Kassen- und Filialöffnungszeiten
>
> Quelle: Commerzbank

Sparkassen: Punkten mit der Dialogfiliale

Auch bei der vom Deutschen Sparkassen- und Giroverband (DSGV) und dem Deutschen Sparkassenverlag (DSV) konzipierten „Dialogfiliale" ist der Wiedererkennungswert ein zentraler Aspekt. Um der dezentralen und stark regional geprägten Organisationsstruktur gerecht zu werden, basiert das Konzept auf sechs Modulen, die in einer Art Baukastensystem je nach Bedarf miteinander kombiniert werden können. So kann jedes Institut vor Ort selbst bestimmen, wie viel „Dialogfiliale" sinnvoll ist.

> **Sparkasse: Die Dialogfiliale**
>
> - **Leitidee** Mit dem Kunden stärker ins Gespräch kommen
> - **Handlungsfelder** Orientierung verbessern, gezielter kommunizieren, Kontakt fördern
> - **Leitlinien** Integrierten SB-Bereich für Kontakte nutzen, typische Farben, Materialien und Formen fördern die Wiedererkennung, kontaktunterstützende Schnellberatung, Markentypik auch im SB-Bereich einsetzen, markentypisch gestaltetes Leitsystem, Botschaften in Augenhöhe und nur an markanten Punkten platzieren
>
> Quelle: DSGV/DSV

Anders als beim Commerzbank-Konzept kann die „Dialogfiliale" auf jeden der sechs generellen Filialtypen zugeschnitten werden. So wird beispielsweise aktuell in Bielefeld die City-Filiale der Sparkasse unter der Regie von Wincor Nixdorf und dem Architekturbüro Kranz zu einem Flagshipstore umgebaut. Ein ausgeklügeltes Lichtkonzept im Eingangsbereich soll Passanten ansprechen. Der Umbau soll jedoch auch die bestehenden Kunden des angeschlossenen Immobiliencenters verstärkt als Bankkunden gewinnen. Dazu sagt Michael Strümpfler, Marketing Manager bei Wincor Nixdorf: „Hier steht ganz klar auch im Fokus, die Immobilienkompetenz der Sparkasse zu demonstrieren."

Ähnlich ist die Stuttgarter Filiale der Südwestbank ausgerichtet: Ein innovatives Architekturkonzept mit moderner Lichttechnik, organischen Formen, außergewöhnlichen Materialien und Naturelementen, beispielsweise Wasserwanden, soll Kundenemotionen wecken.

Augmented Reality & Co.

Auch technisch kommt aktuell einiges in Bewegung: „Neben einer erheblichen Aufrüstung der SB-Bereiche sehen wir einen Trend zur Nutzung von neuen Werkzeugen für den Beratungsdialog, zum Beispiel in Form von Tablet-PCs, Microsoft Surface Tables und anderem", erläutert Christof Innig, Partner im Bereich Banken bei Accenture. Ein Beratertisch mit MS Surface wird beispielsweise in Q 110, der Erlebnisfiliale der Deutschen Bank in Berlin, seit November 2009 angeboten. Die Finanz Informatik stellte den interaktiven Tisch im Mai 2011 auf dem Sparkassentag vor und pilotiert derzeit eine diesbezügliche Lösung. „Die Kunden reagieren sehr positiv auf Microsoft Surface und schätzen dabei besonders die anschauliche Darstellung finanzieller Themen", so Frank-Rainer Nitschke, im Privatkundengeschäft der Deutschen Bank verantwortlich für den Bereich Kundenerlebnisse und Prozesse.

Auch mit der Zukunftstechnologie „Augmented Reality" (AR) beginnen Banken derzeit zu experimentieren. Der genossenschaftliche IT-Dienstleister GAD setzt in seinem Innovationsforum in Munster zunächst auf den spielerischen Charakter: Mit den Bewegungen des Smartphones steuert der Betrachter ein blaues Sparschwein auf dem Bildschirm im Schaufenster. Vom oberen Bildschirmrand regnen Euro-Münzen – das virtuelle Sparschwein soll sie auffangen.

Auch in den Technology Labs der Unternehmensberatung Accenture steht Virtualisierung im Fokus: Ein virtueller Berater erklärt dem Kunden komplexe Sachverhalte, ohne dass dieser in eine Filiale gehen muss. Videoconferencing zwischen Hauptstelle und Filialen werde sich künftig im Bankenbereich etablieren, glaubt Praeg vom Fraunhofer IAO. Touchscreens oder interaktive Displays in den Filialen wurden aufgrund ihrer derzeitigen Kosten für viele Banken in naher Zukunft nicht flächendeckend verbreitet. „Jedoch gehört mobilen Endgeräten und deren Interaktion mit intelligenten Umgebungen, die sich an die jeweiligen Nutzer anpassen können, die Zukunft."

Fazit

Bei allem Enthusiasmus für neue Technologien lebt das Finanzgeschäft weiterhin von der persönlichen Beratung: „Das Vertrauen zwischen den Menschen darf durch die Technologie nicht ausgehebelt werden. Technologie muss dazu dienen, den Kundendialog und damit auch die Qualität der Bankdienstleistung zu verbessern", betont Accenture-Partner Christof Innig.

„Der Kunde nimmt eine Bank mit allen Sinnen wahr"

Michael Allen ist Gründer und Chef von Allen International. Sein Unternehmen ist Weltmarktführer im Bereich Filialdesign für Banken und hat seit 1992 weltweit insgesamt 210 Banken beraten und umgestaltet.

BANKMAGAZIN: *Was unterscheidet deutsche Bankfilialen im internationalen Vergleich?*
Allen: Ich bin immer wieder überrascht, wie gut ausgestattet deutsche Bankfilialen sind. Trotzdem schaffen sie es nicht, den Kunden im Fokus zu haben. Am fortschrittlichsten sind derzeit Banken in Brasilien, Indien oder China. In ganz Europa sind deutsche Filialen am wenigsten in der Lage, Kunden ein gutes Erlebnis zu verschaffen.

BANKMAGAZIN: *Was müssten deutsche Banken ändern?*
Allen: Den Banken fehlt Persönlichkeit. Die Filialen unterscheiden sich oft nur durch ein wenig Farbe. Das macht die Bank austauschbar. Hier liegt großes Potenzial ungenutzt brach. Unsere größte Herausforderung ist immer wieder, Bank-Managern klar zu machen, dass nicht Sicherheitsaspekte oder Verkaufsgesichtspunkte im Vordergrund stehen, sondern allein das Kundenerlebnis zählt.

BANKMAGAZIN: *Wie sollten sich die Filialen ändern?*
Allen: Es gibt nicht mehr „die eine" Filiale, sondern insgesamt sechs verschiedene Filialtypen, vom Flagship-Store über die soziale Begegnungsstätte bis zur SB-Filiale. Welcher Typ infrage kommt, hängt nicht nur vom Fokus der Bank ab, sondern auch von der Lage: Es ist ein Unterschied, ob die Filiale in einer Groß- oder Kleinstadt ist, im Wohnviertel oder auf der Nobel-Einkaufsstraße. Jeder Typ verfolgt einen anderen Zweck. Das neueste ist das „Innovative Lab", wo Banken neue Techniken wie Touch-Screens, interaktive Tische und Wände und iPads ausprobieren. Solche Techniken flächendeckend einzuführen ist aber teuer. Und man sollte es nicht übertreiben: Wenn ein Kunde in der Filiale ist, dann will er mit einem Menschen über ein Produkt oder einen Service reden, keine Download-Möglichkeiten für Informationen nutzen. Daher sollte der Berater immer sichtbar sein, sich nicht verstecken. Allein seine Sichtbarkeit ermöglicht eine proaktive Beratung. Im konkreten Beratungsgespräch sind die Deutschen aber mehr auf ihre Privatsphäre bedacht als beispielsweise die Spanier.

BANKMAGAZIN: *Sie sehen also vor allem mehr Technik in die Filialen einziehen?*
Allen: Der Technik-Trend ist nicht aufzuhalten, aber ein Avantgarde-Design würde die deutsche Kundschaft nicht goutieren. Auch ohne viel neue Technik hat die Bank an sechs Punkten die Chance, mit ihren Kunden zu kommunizieren: Schaufenster, Be-

grüßungstisch, SB-Bereich, aktive Wartezone, Kasse oder Schalter und Beratung. Die Umgestaltung muss nicht teuer sein: Schon für 30.000 Euro kann man eine Filiale an wesentlichen Punkten kundengerechter gestalten. Es müsste ein wenig Einzelhandels-Erlebnis in die Filialen einziehen, so dass man sich auf den Bankbesuch freut. Manchmal spricht man in der Bank miteinander im Flüsterton wie in einem Beerdigungsinstitut. Das ist doch nicht die Atmosphäre, in der sich ein Kunde wohlfühlt.

BANKMAGAZIN: *Wie kann eine Bank alle Sinne der Kunden ansprechen?*
Allen: Kein Bankkunde schaltet seine Sinne aus, wenn er in eine Filiale kommt. Um unverwechselbar zu sein, kann und sollte die Bank gezielt steuern, was der Kunde wahrnimmt. In Bogotá/Kolumbien realisieren wir gerade ein neues Konzept mit der Helm Bank. Dort berücksichtigen wir den Hörsinn durch Musik ebenso wie den Geruchssinn, indem wir ein speziell riechendes Putzmittel verwenden und einen Duftstoff über die Klimaanlage verteilen. Außerdem bieten wir Süßigkeiten und Getränke mit einer besonderen Geschmacksrichtung im Wartebereich an. So nimmt ein Kunde die Bank mit allen Sinnen als unverwechselbar wahr.

BANKMAGAZIN: *Aber das Produkt „Geld" bleibt abstrakt ...*
Allen: Ja und nein. Im Moment gibt es viele Experimente in Richtung dreidimensionaler Verpackung. Natürlich kann man nicht das Finanzprodukt an sich greifbar machen. Trotzdem ist es möglich, kleine Give-aways beispielsweise in Kartons oder Dosen zu packen, die unverwechselbar für ein Produkt stehen.

Innovationsforum GAD:

Kleine Änderung, große Wirkung

Was das Q110 für die Deutsche Bank ist, ist das Innovationsforum der GAD in Münster für den genossenschaftlichen Bereich: ein Ort, um strategisch und losgelöst vom Tagesgeschäft in die Zukunft zu denken. Eine Reportage.

Anja Kühner
erschienen im Juni 2011

Wie ein Hochsicherheitstrakt ist das Gelände der GAD gesichert: Dicke Eisentore versperren die Einfahrt. Dahinter ragen rote münsterländische Backsteinbauten auf. Zwei Stufen geht es nach oben, drinnen öffnet sich ein weites Foyer. Linker Hand befindet sich das Innovationsforum. Dessen gläserner Eingangsbereich stellt die Schaufensterfront einer Bankfiliale dar. „Hell und licht soll die Straßenseite sein, keine dunkle und verschlossene Fassade, wie sie heute noch vielfach üblich ist und den Passanten eher abschreckt als zum Eintritt einlädt", sagt Kay Siemund, Leiter des Innovationsforums. Auf dem simulierten Bürgersteig steht eine Aufladesäule für Elektroautos. Dieser Störer sei wichtig, um die vorbeilaufenden Passanten zum Aufblicken zu veranlassen – Siemund zufolge muss es nicht immer ein aufgestelltes Plakat sein.

Im September 2010 eröffnete die GAD, IT-Dienstleister der Genossenschaftsbanken, das Innovationsforum. Seither haben mehr als 1.500 Mitgliedsbanker, Kunden und Partner der Trendwerkstatt einen Besuch abgestattet. Wie verändert sich die Kommunikation in der Zukunftsfiliale? Das sollte laut Siemund die wichtigste Frage für Banken sein angesichts der Tatsache, dass derzeit rund zwei Drittel aller Kontakte in der Filiale über SB-Terminals und Geldautomaten motiviert sind, wobei auch hier die Besuchsfrequenz sinkt. Und sie werde künftig weiter abnehmen – durch Online-Banking und Online-Postfächer, mit denen Bankkunden Kontoauszüge empfangen können.

Ab in den Altersanzug

Höhepunkt des Besuchs im Innovationsforum ist zweifelsohne, den so genannten Altersanzug auszuprobieren. Zuerst legen hilfreiche Hände Manschetten um Knie und Ellenbogen – sie mindern die Beweglichkeit und simulieren den eingeschränkten Bewegungsumfang älterer Menschen. Darüber wird die mit Gewichten beschwerte Hose gezogen. So ausstaffiert soll das Kleidungsstück die Mühsal des Bewegens verdeutlichen. Im ersten Moment fühlt sich das an wie im Fitness-Studio, in dem ja auch oft mit Gewichten trainiert wird. Diese Assoziation verschwindet aber mit dem Anlegen der Jacke: Vor dem Zuknöpfen werden Klickverbindungen zwischen Jacke und Hose eingerastet – es entsteht das Gefühl, in einer Zwangsjacke zu stecken. Das Heben der Arme über den Kopf ist damit fast unmöglich.

Im GAD-Innovationsforum: Die Sessel mit den hohen Armlehnen sehen gut aus, sind preiswerter als Designer-Modelle und bieten älteren Kunden Sicherheit beim Hinsetzen und Aufstehen. (Foto: GAD)

Einfache Dinge erfordern viel Konzentration

Die Handschuhe, die zum Altersanzug gehören, sind innen mit dem pieksenden Teil eines Klettverschlusses ausgestattet – so werden Arthritis und die nachlassende Feinmotorik simuliert. Das Zuknöpfen der Jacke dauert entsprechend lang und erfordert jede Menge Konzentration. Es folgt der geräuschdämpfende Ohrschutz – im Alter lässt schließlich das Gehör nach. Zuletzt wird eine Art Helm aufgesetzt, der nur ein kleines Sichtfeld mit gelber Scheibe zum Durchschauen besitzt – in zwei Minuten bin ich um rund 40 Jahre gealtert.

Zuerst setzen wir uns hin. Ich ertappe mich dabei, wie ich bei einem Stuhl ganz vorsichtig nach dessen Rand taste aus Sorge, den Sitz zu verfehlen. Immerhin schaffe ich das Aufstehen, ohne mich abstützen zu müssen. Für Beratungsräumlichkeiten in einer Bank mit vielen älteren Kunden sind daher Stühle mit Armlehnen zu empfehlen. „Die Sessel mit hoher Lehne für 29 Euro vom Billig-Möbelmarkt haben sich im Innovationsforum als deutlich praktischer erwiesen als die Tausend-Euro-Sitzmöbel vom Designer", erzählt Siemund. Mein Vergleichssitzen bestätigt dies.

Dann darf ich andere alltägliche Dinge ausprobieren, Zeitunglesen zum Beispiel. Ob das Papier der Börsen-Zeitung schon immer so glitschig durch die Finger gerutscht ist, frage ich mich, als ich erst im fünften Anlauf das Umblättern schaffe. Den Kursteil zu lesen spare ich mir – einzig die Überschriften erkenne ich ohne Mühe, für den Rest bräuchte ich eine Lupe. Das Design einer Firmen-Broschüre gefällt mir nicht, die Farben sehen verwaschen aus. „Zu wenig Kontrast", wird mir erklärt. Nur mit äußerster Konzentration kann ich einen Überweisungsträger ausfüllen. Wer kam bloß auf die Idee, auf den Vordrucken mit roter Schrift auf orangefarbenem Hintergrund zu arbeiten?

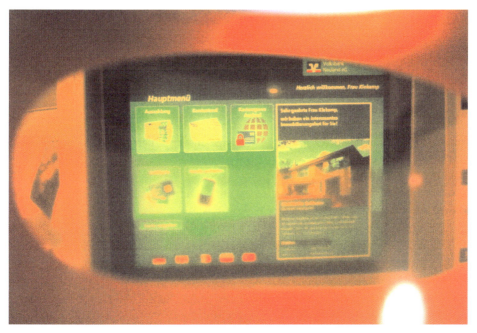

Blick durch den Helm des Altersanzugs auf das Display eines SB-Automaten: Die Farbwahrnehmung ändert sich im Alter, außerdem ist das Blickfeld eingeschränkt. (Foto: Anja Kühner)

Allein schon das Bewusstsein für den beschwerlichen Alltag der Senioren kann in Beratungsgesprächen nützlich sein. Ein zu kräftiger Händedruck des Bankberaters zur Begrüßung ist unangenehm oder verursacht einem älteren Menschen sogar Schmerzen.

Werde ich im Altersanzug von der Seite angesprochen, muss ich mich dem Gesprächspartner erst zuwenden und habe damit die ersten Worte nicht verstanden. Da helfen eine direkte Ansprache, eine gute Artikulation sowie deutliche Lippenbewegungen. Im SB-Bereich ist das eingeschränkte Sehvermögen ein Manko. Nicht nur, dass einige hübsche Filmchen nur schlecht zu erkennen sind. Vor allem sollte zwischen den einzelnen Geldautomaten ausreichend Abstand bestehen oder gar eine räumliche Barriere, denn ein Experiment im GAD-Labor beweist: Eine kleine Ablenkung, ein Drehen des Kopfes in Richtung des Nachbarn genügt, und ein Komplize hat einige der soeben abgehobenen Geldscheine so schnell an sich genommen, dass der Kollege im Altersanzug es gar nicht mitbekommen hat.

Erste Erkenntnisse aus dem Innovationsforum nutzt die GAD bereits für Verbesserungen. Nach dem nächsten Release haben Kunden beim Online-Banking beispielsweise die Möglichkeit, eine größere Schrift einzustellen. Und die Bildschirme der Geldautomaten zeigen stärkere Kontraste an.

Fazit

Ich lasse mich wieder aus dem Altersanzug schälen und bin froh, dass mir nun das Hören und Sehen wieder wie gewohnt gelingt. Angst macht das Älterwerden nicht: Wenn man Geduld mit sich selbst hat, dann schafft man auch im Alter alles, es dauert nur länger und kostet mehr Anstrengung. Die halbe Stunde im Altersanzug hat jedenfalls mein Verständnis erhöht für die Seniorin, die immer so lange nach den Münzen in ihrem Portemonnaie kramt und für die lange Schlange an der Supermarkt-Kasse verantwortlich ist ...

GAD Innovationsforum

„Das Innovationsforum will Megatrends aufzeigen, das heißt, bereits Existierendes logisch in die Zukunft fortdenken", beschreibt Innovationsforumsleiter Kay Siemund. Aus Sicht des Bankkunden betrachtet die GAD die Bank, Kommunikationsphasen, bankfachliche Prozesse und moderne Technologien. „Es geht nicht um die ausgestellte Technik, sondern eher um einen Perspektivwechsel hin zur Kundensicht, um das Anstoßen eines Strategieprozesses", so Siemund.

- **Bank21** Seit 2012 stellt die GAD das gesamte Kernbankverfahren in einem Browser als Cloud-Computing-Anwendung all ihren Kunden zur Verfügung. Vorteil für die Kreditinstitute: Es ist keine teure IT-Infrastruktur in der Bank mehr nötig, jedes browserfähige Endgerät reicht für die Anwendungen aus – auch ein Tablet-PC wie das iPad.

- **Silver Revolution** Der demografische Wandel stellt neue Anforderungen an die Filiale.
- **Augmented Reality (AR)** AR ist eine Visualisierungstechnologie, die zusätzliche digitale Informationen am Bildschirm sichtbar macht. Der Nutzer fühlt sich in ein 3D-Umfeld versetzt und erhält Informationen, die beispielsweise das von ihm betrachtete Objekt in einer Stadt betreffen, also etwa ein Immobilien-Angebot mit Detail-Infos.
- **Individualisierte Werbebotschaften** Eine Kamera erkennt Geschlecht und Alter des Passanten und blendet passende Werbung auf den Bildschirm im Schaufenster ein. Ausführliche Informationen lassen sich per QR-Code aufs Smartphone laden und zu Hause in Ruhe anschauen.

Weitere Megatrends nennen sich „Connectivity" (die zunehmende digitale Vernetzung), „New Work" (das Aufkommen neuer, meist flexibler Arbeitsformen) und fortschreitende „Individualisierung" (insbesondere die weitere Verlagerung von Entscheidungen in den Lebensbereich des Einzelnen).

Schaufenstergestaltung:

Emotionen durch visuelle Eindrücke beeinflussen

Für Banken ist es nicht leicht, virtuelle Produkte wie Kredite oder Anlageprodukte in den Schaufenstern reizvoll für die Kunden anzubieten. Filme, Bewegtbilder und Themenwelten sollen die Passanten in den Fußgängerzonen zum Stehenbleiben und Verweilen verlocken.

Anja Kühner
erschienen im Januar 2011

„Auch virtuelle Produkte und Leistungen können ideal und emotional im Schaufenster präsentiert werden", weiß Klaus Lach, Vizepräsident und Geschäftsstellenleiter des Europäischen Zentralverbands für visuelles Marketing/Merchandising BDS und geschäftsführender Gesellschafter der OWD Agentur für visuelles Marketing. Doch leider werde Passanten vor allem von Banken die Laune mit sachlichen, emotionslosen Botschaften verdorben. „Wo sind Charme, Eleganz, Grazie, Liebreiz, Ästhetik, Humor und nicht zuletzt das Stilgefühl geblieben?", fragt Lach in Richtung Geldinstitute. Der Seher, Hörer und Leser werde jeden Tag mit circa 3.000 Werbebotschaften konfrontiert, erläutert der Verbandspräsident. Seine primäre Empfehlung: „Bilder sagen mehr als tausend Worte." Grundsätzlich gelte: Je weniger Schrift, umso schneller kann der Passant die Information aufnehmen. Denn laut Lach haben ausführliche Untersuchungen ergeben, dass ein Schaufenster in der Regel nur 2,5 bis drei Sekunden Zeit hat, um bei einem Passanten Interesse zu wecken.

Banken bleibt sogar noch weniger Zeit, um ihre Werbebotschaften anzubringen. Studien belegen, dass Passanten vor Banken ihre Schritte beschleunigen. Unter Immobilienmaklern gelten Ladenlokale in Fußgängerzonen in unmittelbarer Nachbarschaft zu einer Bank als schwierig zu vermitteln. Denn bis ein Schaufensterbummler wieder auf allgemeine Bummelgeschwindigkeit verlangsamt hat, ist er am Nachbargeschäft bereits vorbeigeeilt.

Schaufenster als Aushängeschild

Wie wichtig Schaufenster sind, weiß man auch beim Deutschen Sparkassen- und Giroverband (DSGV): „Schaufenster und Filialen sind für die Wahrnehmung der Sparkassen in der Öffentlichkeit deutlich wichtiger als TV- und sonstige Werbung", sagt DSGV-Sprecherin Michaela Roth. „60 bis 70 % der Werbeerinnerung läuft über die Filialen."

Die Kunden nähmen die Sparkasse über die Geschäftsstellen wahr. „Das Schaufenster ist ein Teil der Filialgestaltung", heißt es vom DSGV. Vor etlichen Jahren hat der Verband das Projekt „Dialogfiliale" angestoßen. Heraus kamen damals Empfehlungen zur Filialgestaltung. Darunter fällt beispielsweise die Kommunikationsempfehlung „Reduktion und Konzentration". Die Richtschnur des DSGV lautet dabei: „Im Schaufenster sollte möglichst nur ein Thema dargestellt werden und höchstens noch ein Verbundthema dazukommen."

Die Modeszene macht es vor: Irritierende Blickwinkel veranlassen die Passanten zum näheren Hinsehen. Hier Tommy Hilfiger. (Foto: Klaus Lach)

Innerhalb der bundesweiten Werbekampagne entwickelt der Bundesverband der Deutschen Volksbanken und Raiffeisenbanken (BVR) regelmäßig Materialien, die die Mitgliedsinstitute bei der Schaufensterdekoration einsetzen können. Aktuell können die Volks- und Raiffeisenbanken ihre Schaufenster mit verschiedenen Materialien zur Kampagne „Jeder Mensch hat etwas, das ihn antreibt. Wir machen den Weg frei." bestücken. Die dezentrale Aufstellung der genossenschaftlichen Bankengruppe habe aber den Vorteil, dass die Häuser bei der Gestaltung flexibel auf die vor Ort gegebenen Faktoren, beispielsweise Standort, Kunden- und Passantenstruktur, Wettbewerbssituation und Beschaffenheit des Gebäudes, eingehen können, gibt der BVR zu Protokoll.

Volks- und Raiffeisenbanken arbeiten in ihren Schaufenstern zum Beispiel mit Aufklebern zum Kampagnenmotto „Jeder Mensch hat etwas, das ihn antreibt". (Foto: Bundesverband der Deutschen Volksbanken und Raiffeisenbanken). (Foto: Bundesverband der Deutschen Volksbanken und Raiffeisenbanken)

„Eine gewisse Magie vermitteln"

„Bankprodukte sind keine Impulskaufprodukte", betont Frank Korbach, Leiter Impulsmarketing bei der Commerzbank. Man gehe nicht an einem Schaufenster vorbei und beschließe: „Ach, jetzt mach ich mal eben eine Altersvorsorge." Daher seien Bankenschaufenster seiner Ansicht nach nicht mit denen des Einzelhandels vergleichbar. Dem widerspricht Klaus Lach vom Verband für visuelle Kommunikation. „Die Emotionen des Kunden und somit auch der Kommunikationserfolg können bewusst durch visuelle

Eindrücke beeinflusst werden. Ein Schaufenster muss eine gewisse Magie vermitteln, damit sich der Kunde die Nase an der Scheibe platt drückt, um von der Auslage und ihrer Botschaft fasziniert zu sein – und sich anschließend als begeisterter Kunde einfangen zu lassen."

Damit stellt Lach hohe Ansprüche an die Schaufenstergestalter der Geldinstitute. Denn Bankprodukte kann man nicht auf eine Puppe hängen, ein Kredit lässt sich nicht in ein Regal stellen. Virtuelle Produkte benötigen immer eine Interpretation und Inszenierung, beispielsweise in Form von Themenwelten. Zur Illustration eines Kreditwunsches wird das Traumauto dargestellt, eine Immobilie wird im gleichen bildlichen Kontext wie die Hypothekenkonditionen gezeigt.

Doch selbst wenn sich ein Bankprodukt in einer Erlebniswelt darstellen lässt, bleibt eine große Schwierigkeit gegenüber herkömmlichen Einzelhandelsschaufenstern: Banken haben fast immer nur eine Scheibe, hinter der direkt die Geschäftsstelle beginnt.,, Die Schaufenster haben keine Tiefe, da kann man vom Platz her quasi nichts reinstellen", gibt Markus Vogtmann, Bereichsleiter Marketing der Kreissparkasse Böblingen, zu bedenken. Alles stehe somit mitten im Raum der Zweigstelle. „Für die Gestaltung von Filialen ist es beispielsweise möglich, beim Thema private Krankenversicherung ein Krankenbett mitten in der Schalterhalle aufzustellen. Doch ins Schaufenster passt es beim besten Willen nicht rein", so Vogtmann.

„Dynamische Gestaltungen und Lichtkonzepte werden in Zukunft verstärkt Schaufenster und somit Banken zu einem Erlebnis machen", prophezeit Lach. Eine ideale Gelegenheit, mit der neuen Marke auch die Schaufenster neu zu gestalten, bietet sich bei der Commerzbank durch die Integration der Dresdner Bank. „Der Bereich ‚Digital Signage' gewinnt an Gewicht", sagt Impulsmarketing-Leiter Korbach. Im Juni sei ein neues Schaufensterkommunikationssystem eingeführt worden. „In einem Wechselrahmen, der mit einem Leuchtrahmen hinterlegt ist, wird das Produkt attraktiver in Szene gesetzt", so Korbach. Der Verkaufsförderungszyklus umfasse zwei Monate, so dass bisher alle zwei Monate die Schaufenster umgestaltet werden. „Das bindet Arbeitszeit, in der die Filialmitarbeiter nicht ihrer eigentlichen Aufgabe, nämlich der Beratung, nachgehen können", weiß Korbach. Daher erhielten im Oktober die ersten 20 Filialen im Rahmen eines Pilotprojektes Monitore für ihre Schaufenster. „Deren Inhalte lassen sich zentral steuern, sodass der Mitarbeiter vor Ort entlastet ist", so Korbach.

Was auf diesen Monitoren gezeigt wird, kann deutlich von der bislang vorherrschenden Plakatierung abweichen. Grundsätzlich läuft bei der Commerzbank eine Content-Schleife mit sich wiederholenden Inhalten. Diese seien jedoch viel abwechslungsreicher, erklärt Korbach: „Wir können unsere Werbefilme abspielen, einzelne Inhalte animieren, lassen beispielsweise Überschriften ins Bild einfliegen, können ein Poster layern, also quasi eine Kamerafahrt hin zum zentralen Inhalt machen."

Bluetooth am Schaufenster für Kunden unattraktiv

Die Deutsche Bank hat das Thema Bluetooth-Marketing, das im Zusammenhang mit Schaufenstergestaltung immer wieder aufgebracht wird, bereits in ihrer Filiale der Zukunft im Berliner Q110 ausprobiert. „Das Ergebnis war, dass es für Finanzprodukte nicht passend ist", resümiert Michael Tirpitz, Direktor Marketing für Privat- und Geschäftskunden der Deutschen Bank. Grundsätzlich ist es auch möglich, die Schaufenster mit Touchscreens auszustatten und damit Passanten zu aktivieren. „Doch Touchscreens sehen nie sauber aus", sagt Markus Vogtmann von der Kreissparkasse Böblingen. Außerdem könne man keine interaktiven Tools für Produkte dort präsentieren, mit denen der Kunde „herumspielen" könne. Einen Grund dafür nennt Michael Tirpitz: „Niemand möchte auf der Straße seine Daten eingeben, um beispielsweise die Konditionen eines Kredites ausrechnen zu lassen." Diese Informationen seien viel zu sensibel für die Straßenfront und gehörten sichtgeschützt in die Filiale oder in deren Vorraum. „Die Akzeptanz für Interaktivität ist recht gering, denn man überschreitet Distanzgrenzen im Hinblick auf die gewünschte Diskretion", so Tirpitz.

Um dennoch mehr Abwechslung in die Schaufenster-Deko zu bringen, wird seit rund zehn Jahren das „interaktive Schaufenster" propagiert. Per Knopfdruck oder Tippen auf den Touchscreen wird dem Kunden eine SMS mit einem Film oder dem Link zu den gewünschten Informationen aufs Handy gesendet. Hierbei kann beispielsweise die Near Field Communication-, kurz NFC-Technik, zum Einsatz kommen, damit wirklich nur der direkt vor dem Schaufenster stehende Interessent die Informationen erhält. NFC ist ein Übertragungsstandard zum kontaktlosen Austausch über kurze Strecken, also etwa zehn Zentimeter.

Das Beratungshaus Accenture geht bei seinem Schaufenster im Banking Future Lab im südfranzösischen Sophia Antipolis noch einen Schritt weiter: Darin steht, wie ein weiterer Spaziergänger, ein Avatar ständig im Blickfeld. Er dreht sich in Richtung des Passanten, wenn dieser mit seinen Augen die Schaufensterscheibe abtastet. Möglich wird dies durch Kamerasensoren, die die Bewegung des Interessenten registrieren. Es bleibt abzuwarten, ob sich diese lebensgroßen Avatare wirklich durchsetzen, denn wenn ständig Augenpaare den Passanten folgen, kann auch das unangenehme Gefühl entstehen, beobachtet zu werden.

Überhaupt: Humorvolle Themen und Gestaltungsideen stellen für die Banken generell eher kein Problem dar. „Wir wählen durchaus augenzwinkernde Motive aus", sagt Commerzbanker Korbach. Geld an sich ist seiner Meinung nach jedoch keine lustige Sache: „Wir wollen hin zu einer gewissen Leichtigkeit, aber es ist ein schmaler Grat von Seriosität, Standfestigkeit und Ernsthaftigkeit, die keinesfalls in die Lächerlichkeit abgleiten darf."

Schaufenstergestaltung: Emotionen durch visuelle Eindrücke beeinflussen   63

Innovativ sind im Schaufenster virtuelle Avatare, die Passanten direkt ansprechen. Hier eine Demonstration von Accenture Future Lab in Sophia Antipolis bei Cannes. (Foto: Anja Kühner)

Fazit

Der Weg zu moderner Kommunikation ist in erster Linie eine technische und finanzielle Herausforderung, der die Banken mit innovativen Ideen und Konzepten begegnen müssen. Denn nur dann ziehen Schaufenster – und damit die Filiale – auch wirklich Kunden an.

Beratungstisch:

Interaktives Touchpad für das Beratungsgespräch

Barbara Bocks / Stefanie Hüthig
erschienen im April 2012

Bei der CeBIT 2012 hatte Samsung seinen 2011 vorgestellten Tablet-PC „SUR 40" mit der Benutzeroberfläche Microsoft Surface 2.0 im Gepäck, der unter anderem in Bankfilialen eingesetzt werden kann. So soll das Gerät dazu dienen, Beratungsgespräche mit Kunden in der Filiale interaktiver zu gestalten. Ursprünglich im Hause Microsoft konzipiert und hergestellt, hatte der „Beratungstisch 1.0" (oder die „Kiste", wie man sie bei Samsung liebevoll nennt) die Form eines gedrungenen Wohnzimmertisches. Für die „Version 2.0" entschloss sich Microsoft dann zu einer Partnerschaft mit dem Hardware-Hersteller Samsung – das Ergebnis: der SUR 40. Microsoft selbst liefert dazu die Software.

Der Tablet-PC „SUR 40" von Samsung. (Foto: Samsung)

Testen konnten CeBIT-Besucher unter anderem eine Beratungsapplikation (App) der Royal Bank of Canada. Das neue Display kann in Form eines Tisches verwendet werden – dann mit vier zusätzlichen Beinen versehen – oder an der Wand aufgehängt werden. Berater und Kunden können sich die Informationen, die auf dem 40-Zoll-Bildschirm abgebildet sind, durch Berührung der Oberfläche mit dem Finger selbst zusammenstellen – ähnlich wie bei einem Smartphone. Infrarotsensoren in dem Pixel-LCD-Bildschirm sorgen dafür, dass sich der Kunde auch mithilfe von Gegenständen auf der Geräteoberfläche durch das Menü bewegen kann. Laut Herstellerangaben können bis zu 50 Berührungen gleichzeitig verarbeitet werden.

Mobiler Vertrieb mit Tablet-PCs:

Rein ins Kundenwohnzimmer

Tablet-PCs könnten die neuen Begleiter von Kunden, Vertriebskräften und allen Bankmitarbeitern werden. BANKMAGAZIN beleuchtet den Hype und befragt Experten, welche Chancen und Risiken Mobile-Banking-Apps mit sich bringen.

Anita Mosch
erschienen im Dezember 2010, gekürzte Fassung

Laut einer repräsentativen Umfrage von BITKOM/Forsa erwägten Ende 2010 drei Millionen Deutsche, sich „in nächster Zeit" einen Tablet-Computer zu kaufen. Diese Wachstumsaussichten waren nur einem Gerät zu verdanken: dem seit Frühjahr 2010 in Deutschland erhältlichen iPad des Trendsetters Apple. Zum Vergleich: 2009 waren nur 20.000 Tablet-PCs über den Ladentisch gegangen.

Wachsende Sympathie für Mobile Banking

Für Kunden stellte das iPad nach den Smartphones ein weiterer Anreiz dar, ihre bisher verhaltene Einstellung zum Mobile Banking zu überdenken. Die Bankenbranche hat Standard-Anwendungen daher zügig auf das neue Gerät übertragen. So verkündete die comdirect bank am 14. September 2010 stolz, das erste deutsche Finanzinstitut mit einer Mobile-Banking-Applikation (App) für das iPad zu sein, gefolgt vom genossenschaftlichen Bankensektor mit einem Tool der Fiducia am 15. September und den Sparkassen am 22. September 2010. Auch MLP legte eine dem iPad angepasste Version des bestehenden Kundenportals „Finance Pilot" vor.

Helge Fobbe, Leiter des comdirect Web Managements, zeigte sich mit dem Erfolg der App in seinem Haus zufrieden: „In den ersten drei Wochen konnten wir mehr als 40.000 Downloads für die iPhone- und iPad-Versionen verzeichnen, davon waren bereits 10.000 Downloads für das iPad." Jörg Schwitalla, Abteilungsleiter Marketing und Unternehmenskommunikation der Star Finanz-Software Entwicklung und Vertriebs GmbH, erklärte: „Durch das große, hochauflösende Display sind andere Nutzungsszenarien denkbar." Insbesondere die Gestaltungsmöglichkeiten der grafischen Bedienoberfläche seien durch das größere Display wesentlich umfangreicher, sagt Gudrun Hesch, Produktmanagerin eBanking und Portale, Fiducia IT.

DVAG-Berater konnten schon 2010 ihren Kunden das Unternehmen über eine spezielle App auf dem iPad vorstellen. (Foto: DVAG)

iPad: Anlageberaters Liebling

„Bei Tablet-PCs handeln die Anbieter derzeit nach dem Motto ‚Alle wollen ins Wohnzimmer des Kunden'", so Gudrun Hesch. Bei der Vertriebsunterstützung besonders schnell am Start war die Deutsche Vermögensberatung DVAG. Bereits zum deutschen Verkaufsstart de iPads orderte das Unternehmen 1.000 Geräte, so dass schon Mitte Juni 2010 die ersten Apple-Tablets an die Vermögensberater ausgehändigt werden konnten. Synchronisieren konnten die iPads zunächst die Kontakt-, E-Mail- und Termindaten der Vermögensberater aus dem DVAG-Online-System. Zur Unterstützung der Vermögensberater hatte die DVAG spezielle Apps entwickelt, etwa ein Tool zur Ermittlung des Rentenbedarfs.

Andere befanden sich in diesem Zeitraum noch in der Beobachtungshaltung: Die Private-Banking-Einheit der Commerzbank arbeitete mit Testgeräten, hieß es aus Anbieterkreisen. Das Gros der Finanzbranche schlug sich außerdem statt mit strategischen Vertriebsinnovationen noch mit der Einbindung der Geräte in die IT- und CRM-Umgebung herum.

Mobile IT-Sicherheit:

Datenlecks lauern überall

Deutsche Banken kümmern sich zu wenig um Sicherheitsrisiken beim Einsatz mobiler Geräte der Bankberater. Sieben von zehn Finanzinstituten haben zwar ein Bewusstsein für die Risiken von Smartphones und Tablet-PCs, aber keine Maßnahmen zum mobilen Datenschutz. Eine IT-Security-Studie von Steria Mummert Consulting deckt die Datenlecks auf.

Wolfram Funk
erschienen im Mai 2012

Diese Situation kennt jeder: Auf der Fahrt im ICE wird noch schnell vor dem nächsten Termin die Präsentation auf dem iPad angesehen, am Flughafen werden E-Mails vom BlackBerry aus beantwortet und die Wartezeit mit einem kurzen Anruf beim Kunden überbrückt. Gerade von Vertriebsmitarbeitern wird verlangt, immer und überall auf Kundendaten zugreifen zu können und jederzeit erreichbar zu sein. Der Trend zum mobilen Arbeiten setzt sich auch in Banken dynamisch fort. Doch die mobilen Endgeräte stellen für Banken eine permanente Sicherheitslücke dar. Die Praxis zeigt zum Beispiel, dass die Konzepte zum Schutz gegen Schadcodes oftmals unzureichend sind.

Ein weiteres Problem: Viele Nutzer behandeln die Multifunktions-Geräte weiterhin wie Telefone und nicht wie einen Mini-Computer – mit den damit verbundenen Datenrisiken. Dabei sind Trojaner und Viren für Smartphones auf dem Vormarsch. Neue Trojaner verstecken sich beispielsweise in heruntergeladenen Apps und können so brisante Informationen auslesen.

Mobile IT-Sicherheit: Datenlecks lauern überall

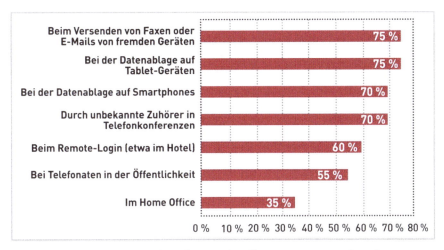

Die größten Datenlecks durch mobiles Arbeiten*. (Quelle: Steria Mummert Consulting 2011.
* %-Anteil bei Banken, Basis: 10 % der Gesamtstudienteilnehmer)

Datenschutz durch mobiles Arbeiten bedroht

Gerade Bankmitarbeiter haben neben dem Zugriff auf Firmeninterna auch häufig besonders umfassende und sensible Kundendaten im mobilen Datenzugriff. Businesspläne und Daten über die Kreditwürdigkeit von Kunden sind jedoch nicht für fremde Augen und Ohren bestimmt. Daher wundert es nicht, dass vor allem die Banken fürchten, dass die Vertraulichkeit von Informationen durch das mobile Arbeiten gefährdet ist: Denn 75 % der Befragten sehen beispielsweise eine Bedrohung durch die Datenablage auf Tablets sowie beim E-Mail-Versand von fremden Geräten. Und 70 % der Befragten ist eine frei zugängliche Datenablage auf den beliebten Smartphones ein Dorn im Auge. Schließlich können die handlichen Mini-Computer schnell unbemerkt im Taxi oder Restaurant liegen bleiben. Damit wären dann auch sämtliche sicherheitsrelevante Daten verloren.

Sicherheitslücke Smartphone

Doch obwohl den Entscheidern in den Finanzunternehmen die Gefahr bewusst ist, sind die aktuellen Gegenmaßnahmen oftmals unzureichend. Das zeigen folgende Beispiele aus einer Studie zur IT-Sicherheit bei Banken und Unternehmen von Steria Mummert Consulting. Dabei wurden 205 IT-Leiter, Vorstände, Geschäftsführer und CIOs aus Unternehmen (Bankenanteil: 10 %) und Behörden ab 100 Mitarbeitern online befragt.

Danach

- verzichten 40 % der Banken auf die einfachste Sicherung mit einer PIN;
- lässt mehr als die Hälfte der Finanzunternehmen sensible Daten unverschlüsselt auf dem mobilen Gerät liegen. Versierte Dritte könnten so mit Leichtigkeit alles lesen, wozu sonst nur der Mitarbeiter Zugang hatte;
- kann bei Diebstahl oder Verlust nur jede fünfte Bank eine Fernlöschung der Daten veranlassen;
- ist selbst die Netzwerk- und Nachrichtenverschlüsselung, zum Beispiel für E-Mails, bei 45 % der Banken nicht konsequent implementiert.

Zu wenig Regeln und Kontrolle

Jede zweite Bank ist auch unzufrieden mit dem Maß an Kontrolle und Absicherung. Von allen Branchen bemängeln besonders viele Bankberater die fehlende Überwachungsfunktion in ihrem eigenen Unternehmen. Immerhin 30 % der Banken glauben, dass zu wenig kontrolliert wird. Im Schnitt über alle Branchen glaubt dies hingegen nur jedes siebte Unternehmen.

Ein Problem ist, dass der Umgang mit mobiler Technologie in jedem zweiten Kreditinstitut nur unzureichend geregelt ist. Jede zehnte Bank verzichtet sogar vollständig auf eine dezidierte Richtlinie zum Umgang mit mobilen Geräten. Bei 40 % der Befragten besteht trotz einer teilweise vorhandenen Regelung noch Verbesserungsbedarf. Vor allem die Unternehmen ohne Richtlinie vernachlässigen massiv ihre Datensicherheit. Kein einziges Unternehmen aus dieser Gruppe nutzt beispielsweise eine Sprachverschlüsselung bei Telefonaten. Diese wäre vor allem in der Vorstandsebene sinnvoll. Nur 14 % verschlüsseln die Daten bei der Ablage auf einem mobilen Gerät und rund sieben von zehn Unternehmen verzichten auf eine einfache PIN-Sperre.

Maßnahmen gegen Datenklau

Einige wichtige Schritte sind nötig, damit mobile Bankberater im Sinne der Datensicherheit kein Risiko darstellen. Unerlässlich ist eine maßgeschneiderte Richtlinie. Es muss ein gerätespezifisches Sicherheitskonzept erstellt werden, das den mit dem Gerät genutzten Informationen Rechnung trägt. So fallen etwa die Anforderungen an Nutzungsregeln und Konfiguration bei iPhones anders aus als bei Android-Geräten. Dies betrifft etwa die Verschlüsselung, die Nutzung von Apps und den Schutz vor Schadcodes.

Es sollte außerdem eine standardisierte Vorgehensweise für den Verlustfall vorhanden sein. Ein Passwort, das nach einiger Zeit erneut abgefragt wird, ist Pflicht; eine Option für die ferngesteuerte Datenlöschung gehört zum Basisschutz. Idealerweise sollten nur registrierte Geräte Zugang zum Unternehmensnetzwerk erhalten.

Auch wenn die Mehrheit der Unternehmen nur einem ausgewählten Personenkreis ein mobiles Gerät zur Verfügung stellt, zahlt es sich oft aus, Mitarbeiter mit Firmengeräten auszustatten. Aspekte sind hier die Gerätesicherheit, der Verwaltungsaufwand, aber auch rechtliche Punkte dieser „BYOD"-Szenarien („Bring Your Own Device").

Außerdem zahlt sich eine gute Informationspolitik innerhalb der Bank aus, um bei der mobilen Gerätenutzung über die Risiken aufzuklären. Oft lohnen sich zur Risikovermeidung die Einstellung speziell auf mobile Geräte geschulter IT-Mitarbeiter und Trainingsseminare für die Anwender.

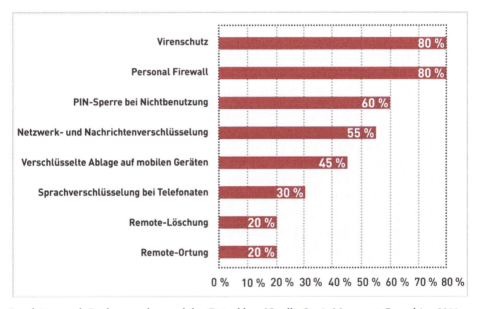

So schützen sich Banken vor dem mobilen Datenklau. (Quelle: Steria Mummert Consulting 2011.
* %-Anteil bei Banken, Basis: 10 % der Studienteilnehmer)

Filialgestaltung:

Renaissance der Beratungszimmer

Der Kostenblock Filiale muss sich rechnen. Immer mehr Banken überlegen daher, wie das Filialnetz rentabler werden kann. Die Gedanken reichen von Filialschließungen über Umgestaltung bis zu mehr Interaktion im Selbstbedienungsbereich.

Anja Kühner
erschienen im Januar 2013

Die Mehrzahl der Kunden nutzt die Filialen nicht mehr", sagt Stephan Vomhoff provokativ. Der Direktor der Schweizer Beratungsgesellschaft Confidum untermauert diese Aussage mit Zahlen: Nur noch 5 % aller Transaktionen werden in der Filiale im persönlichen Kontakt zwischen Kunde und Mitarbeiter abgewickelt, 80 % online oder am Telefon, die restlichen 15 % im Selbstbedienungsbereich (SB-Bereich). Hinzu komme die demografische Entwicklung in Deutschland, wonach die für Banken interessante Gruppe der Kunden im Alter zwischen 18 und 65 Jahren in den kommenden 20 Jahren um bis zu einem Drittel zurückgehen wird. Für Vomhoff ist es daher „logisch, dass der große Kostenblock Filialnetz ausgedünnt wird – der Kunde hat dies schon lange entschieden". Bis zum Jahr 2025 sieht er das Filialnetz um 30 bis 50 % schrumpfen. Es werde überwiegend die kleinen, örtlichen Filialen treffen. Die großen Filialen hingegen werden durch den Ausbau des Beratungsangebots gestärkt werden.

Mit Widerstand seitens der Kunden rechnet Vomhoff nicht: „Wenn die Vorbereitung der Filialschließungen gut ist und mit einer schlüssigen Argumentation nach innen und außen einhergeht, dann wird es zu keinen Aufständen bei den Kunden kommen."

Die IM Privatkundenstudie 2012 rollte Mitte vergangenen Jahres diesen Aspekt von der Kundenperspektive auf: Immerhin 40 % der Bankkunden können sich laut der Erkenntnisse von Investors Marketing vorstellen, komplett auf Filialen zu verzichten.

Keine Filiale ohne Beratungszimmer

Doch statt mit dem eisernen Besen das Filialnetz aufzukehren, setzt ein Großteil der Geldinstitute derzeit auf eine Intensivierung der Kundenkontakte in der Filiale und eine „Renaissance des Menschen". Dazu zählt, dass die Filialen neu gestaltet werden. „Mehr Beratungsleistung in höherer Qualität, wie dies die Banken anpeilen, wird mit einer größeren Anzahl von Beratungszimmern einhergehen," sagt Michael Ulmer, Geschäftsführer von Lindner|Entwickler. Planer.Ingenieure, die als Generalplaner unter anderem bei der Commerzbank seit dem Jahr 2004 mehr als 1.200 Filialen geplant und umgebaut haben. „Viele Filialen werden bald keine Beratungszimmer mehr haben, vor allem im ländlichen Bereich wird in Filialen ohne Beratungsraum auf die Hauptstelle verwiesen."

Insgesamt werde nach Ulmers Ansicht die Einrichtung der Filialen wieder gemütlicher. „Eine offene Architektur wirkt zwar sehr schick, stößt im Alltag aber an ihre Grenzen." Bei delikaten Finanzthemen gehe vielen Kunden die Offenheit zu weit und sie vermissen ihre Privatsphäre. Transparenz stehe derzeit in Konkurrenz zur Diskretion.

Finden Sie Geldautomaten schön?

Wohl eher nicht. Meistens ist es ein grauer Kasten, der irgendwo an einer Wand steht. Doch immer wieder gibt es Ansätze, die Bargeldversorgungs-Pflicht zur optischen Lust werden lassen.

Beispielsweise die Commerzbank nutzt den temporären Sommerstandort ihres Geldautomaten auf dem Grünen Hügel hinter dem Bayreuther Festspielhaus, um mit dem Konterfei Richard Wagners und Noten aus einer seiner Opern ihre Sympathie für das Festspielpublikum zu demonstrieren. Von viel Humor zeugt die Bemalung eines Automaten, den die Volksbank Düsseldorf-Neuss mitten in der Kneipen-Meile am Altstadt-Rheinufer in die Hochwasser-Kaimauer eingebaut hat. Der Düsseldorfer Jacques Tilly, bekannt für seine pointiert-satirische Gestaltung der politischen Wagen des Rosenmontagszugs, durfte sich künstlerisch austoben. Er adaptierte das Thema des Standortes, malte viel blaues Rheinwasser, in dem zwei Rheintöchter schwimmen: eine junge hübsche mit der Düsseldorfer Krone, eine alte runzelige mit der Kölner. Da am Geldautomaten der häufigste direkte Kundenkontakt stattfindet, sollten Banken deren Image- und Werbewirkung nicht unterschätzen, sagen Experten.

Lounge-Feeling gewinnt Raum

Auch vor Banken und Sparkassen mache der Cocooning-Ansatz nicht halt. „Die Kunden sollen sich gut aufgehoben fühlen, die Bank als ihr finanzielles Zuhause erleben", beschreibt Ulmer. Daher gehe der Trend hin zu Lounge-Feeling. Konsequent weitergedacht, werden nicht nur in den Wartebereich schicke Club-Sessel gestellt, sondern auch die SB-Zone wird loungemäßig ausgestattet. „Sie wird größer, mehr Quadratmeter bekommen, aber auch mehr Technik und sogar Sitzmöglichkeiten werden im SB-Bereich aufgestellt", beschreibt Ulmer den neuesten Trend. Denn: Ein Zuhause ohne Stuhl oder Sitzgelegenheit sei schließlich nicht vorstellbar. „Es gibt frechere Konzepte hin zu mehr

Wohnzimmer-Atmosphäre, die problemlos vom Büro-Design auf Bankfilialen übertragen werden können", ist Ulmer überzeugt. In diesem Zusammenhang werde auch die Grenze zwischen Schalterhalle und SB-Zone verschwimmen. Der Übergang werde fließender gestaltet. „Die Grenze dabei bilden die sicherheitstechnischen Aspekte", so Ulmer.

Lindner|Entwickler.Planer.Ingenieure haben unter anderem für die Commerzbank auf der Düsseldorfer Königsallee (siehe Fotos auf der folgenden Seite) das neue Filialdesign entwickelt. (Fotos: Commerzbank)

Bereits jetzt haben viele Banken ihre einstmals kleinen Vorräume in große Foyers mit viel Platz umgestaltet, um dort ausreichend SB-Systeme unterbringen zu können. Doch reichen nach Überzeugung des Geldautomatenherstellers NCR die bisherigen SB-Terminals nicht aus, um dem gestiegenen Bedarf der Kunden an Beratung rund um die Uhr zufriedenzustellen. Da die Filialen nicht 24 Stunden an sieben Tagen besetzt sind, hat NCR die Techniken von SB-Geldautomaten und Online-Videokonferenzen verbunden. Heraus kam ein so genannter „interaktiver Geldautomat". Auf Wunsch wird der Kunde per Videokonferenzschaltung auf dem Bildschirm des Geldautomaten mit einem Bankmitarbeiter verbunden. Dabei kann es sich um einen Experten aus einer anderen Filiale, aus der Zentrale oder dem Call Center handeln. „Der Bankkunde muss weder einen festen Gesprächstermin vereinbaren, noch zu einer bestimmten Filiale anreisen noch muss der Bankexperte in die Filiale des Kunden fahren", wirbt NCR für den „Interactive Teller". Sogar zur Neukundengewinnung diene dieser SB-Automat, denn der neue Kunde könne Dokumente, beispielsweise seinen Personalausweis, vorzeigen, und da der Bankmitarbeiter einen persönlichen Sichtkontakt hat, sei eine Kontoeröffnung möglich.

Filialgestaltung: Renaissance der Beratungszimmer 75

Lounge-ähnliches Mobiliar bei der Commerzbank Düsseldorf. (Foto: Commerzbank)

Automat warnt vor nahen Personen

Ein neuer mit Videotechnik ausgestatteter Geldautomat von Wincor Nixdorf nutzt die Kamera, um die Sicherheit bei der Geldausgabe zu erhöhen. Auf der Hausmesse Wincor World 2012 stellte das Unternehmen im Oktober einen SB-Automaten vor, der mittels Personenerkennungs-Software erfasst, ob hinter dem Kunden, der das Gerät bedient, weitere Personen stehen. Sind deren Gesichter zu nah am Kunden, warnt der Automat seinen Nutzer per Bildschirm-Nachricht. „Achten Sie auf Ihre Privatsphäre", ist dann zu lesen. So soll verhindert werden, dass Fremde dem Bediener des Geldautomaten unbemerkt über die Schulter schauen und so dessen PIN ausspionieren oder diesen bedrängen.

Derart intelligente Software erkennt auch, ob ein Mann oder eine Frau vor der Kamera steht und ob es sich um eine junge oder alte Person handelt. Wird ein Monitor mit Kamera und dieser Software ausgestattet, ist es möglich, gezielt für diese Zielgruppe Werbung anzuzeigen. Seit selbst großflächige Bildschirme bezahlbar sind, setzt deren Einsatz in den Filialen ein. Dabei dekorieren diese Screens nicht nur den SB-Bereich oder hellen Gänge auf. „Wichtig ist, dass diese Monitore mehr anzeigen als den aktuellen Tagesgeld-Zinssatz", betont Michael Ulmer. Die neue Technik müsse einen Mehrwert im Vergleich zum herkömmlichen Plakat bieten. Dazu kämen sowohl mehr oder personalisierte Informationen infrage als auch die Möglichkeit, Wartezeiten spielerisch zu überbrücken.

Touchscreens fördern die Interaktion mit den Kunden. Daher evaluiert Wincor Nixdorf derzeit ein bewegliches Bedienelement für automatische Kassentresore. „An Tagen mit vielen Einzahlungen, beispielsweise zum Weltspartag, können diese zum Kunden gedreht werden, sodass dieser mittels Touchpad selbst einzahlen kann", beschreibt Anja Lindner, die Wincor Nixdorf-Verantwortliche für Bank-Marketing. Dem Berater bleibe so mehr Zeit für seine eigentliche Aufgabe, nämlich die Beratung.

Die Stadtsparkasse Düsseldorf (siehe Fotos auf dieser Seite) setzt bei der Gestaltung ihrer Hauptstelle auf interaktive Mediawände. Die hellen Bildschirme leuchten Gänge aus. (Foto: Stadtsparkasse Düsseldorf)

Generell verändert die zunehmende Verbreitung von Smartphones und Tablets nach und nach die Gewohnheiten der Kunden hinsichtlich der Bedienung von technischen Geräten über Touchscreens. „Wischtechnologien, wie sie etwa beim iPhone Anwendung finden, stärken die intuitive Bedienbarkeit und werden auch auf die Eingabemasken der in Banksystemen eingesetzten Touchscreens Einfluss nehmen", so Wincor Nixdorf-Expertin Lindner.

Touchscreens führen durch das Haus

„In größeren Häusern werden die Führung und Information des Kunden im Gebäude künftig vermehrt über interaktive Touch-Monitore gesteuert", sagt Martin Schulz von Kranz InnenArchitekten. Diese zeigten den jeweiligen Standort an, gäben einen ersten Überblick über Angebote oder Aktionen und unterstützten den Kunden beim Weg durch das Haus als Wegweiser.

Schulz propagiert „interaktives Design für Mediawände". Solche großflächigen, in die Wand eingebauten Monitore verleihen einem Unternehmen eine moderne Anmutung und schaffen Gesprächsanlässe mit dem Servicepersonal. Mit ihrer Hilfe könnten zum Beispiel die Anforderungen an Beratungsräume leichter erfüllt werden. Denn diese sollen sich an die jeweilige Kundengruppe anpassen. „Wird beispielsweise ein Kunde im gesetzteren Alter beraten, zeigen sie eine Bibliothek", beschreibt Schulz. „Für junge Familien bilde die wohnliche Küche den Hintergrund und Funsportler werden mit dem Windsurfing-Screen begrüßt."

Ständig wechselnde Immobilienangebote im Publikumsbereich. (Foto: Stadtsparkasse Düsseldorf)

Nicht zuletzt böten Monitore durch eine zentrale Steuerung eine deutlich höhere Flexibilität in der Werbung. „Es müssen nicht ständig Großplakate auf- und abgehängt werden, um auf dem aktuellsten Stand zu sein", so Schulz. Ein Klick im Hintergrund reiche, und die Werbung ändere sich, etwa wenn eine Immobilie verkauft sei. Auch Mitarbeiter ohne Programmierkenntnisse aus den Fachabteilungen könnten durch entsprechende Programme inhaltliche oder Layout-Änderungen vornehmen, was zeitnahe Aktionen erlaube, die zugleich budgetsensibel sind. Als Vorreiter solcher Mediawände gelten beispielsweise die Hauptstelle der Stadtsparkasse Düsseldorf (siehe Fotos auf diesen Seiten) und der Berührungspunkt „extend" der Anfang 2012 neu eröffneten Filiale der BW-Bank im Breuningerland Sindelfingen.

Corporate Identity gewinnt an Bedeutung

Selbst die fortschrittlichste Technik wird jedoch von den Wettbewerbern rasch adaptiert und der „Modernitäts-Vorsprung" des Instituts ist schnell dahin. „Daher gewinnt die individuelle Positionierung der Bank an sich und damit die Corporate Identity gerade wieder an Bedeutung", sagt der Planungs- und Bauexperte Michael Ulmer von Lindner. Jedes Unternehmen müsse sich noch mehr als bisher überlegen, wofür es stehe, und erst im zweiten Schritt die Filialen dementsprechend gestalten.

Kundenevents:

Schwer verdauliche Kost schmackhaft machen

In einer Welt voller Informationen und flüchtiger Eindrücke hebt sich der persönliche Kontakt zum Kunden positiv ab. Daher spielen trotz Marketing 2.0 gut geplante Kundenevents in vielen Banken und Sparkassen eine wachsende Rolle.

Elke Pohl
erschienen im Februar 2013

Wer heutzutage seine Kunden beeindrucken, Produkte sowie Services zielgruppengerecht anbieten oder das eigene Image aufpolieren möchte, kommt um den persönlichen Kontakt kaum noch herum. In einer zunehmend virtuellen Welt mit praktisch unendlichen Informationsmöglichkeiten wächst das Bedürfnis von Kunden nach menschlichem Kontakt, bei dem sie Geschäftspartner persönlich kennenlernen, Fragen stellen und Produkte „anfassen" können.

Das trifft für Bestandskunden ebenso zu wie für Interessenten, die man vom eigenen Angebot überzeugen möchte. Wobei Marketing 2.0 und Kundenevents keine Gegensätze darstellen, wie Wolfgang Altenstrasser, Pressesprecher der Wuppertaler Live-Marketing-Agentur Vok Dams Gesellschaft für Kommunikation mbH, erklärt: „Man kann zum Beispiel ein geplantes Kundenevent in sozialen Netzwerken ankündigen und Teilnehmer so frühzeitig in die Planung einbeziehen. Wer sich vorher mit dem Event beschäftigt, geht dann auch eher hin." Die tägliche Informationsflut, ist Altenstrasser überzeugt, verhindert, dass man sich intensiv mit einem Thema beschäftigt. „Mails an Kunden, das wissen wir, haben hohe Streuverluste. Kundenevents hingegen haben zwar nicht dieselbe Reichweite, aber sie bieten Raum und Zeit, um sich auf ein Thema zu fokussieren", macht er deutlich.

Anlässe dafür, Kunden ins Unternehmen oder zu einer externen Veranstaltung einzuladen, gibt es viele: Tage der offenen Tür, Produkteinführungen, eine Neuausrichtung des Instituts oder Jubiläen können dafür genutzt werden, sich bei Kunden nachdrücklich in Erinnerung zu rufen. Nicht immer müssen dabei eine exklusive Location gemietet und teure Moderatoren gebucht werden. Gerade kleine Banken oder Filialen, die vielleicht nicht über entsprechende Budgets verfügen, nutzen eigene Ressourcen und lassen sich in bestimmten Fragen von einer Eventagentur oder einem kompetenten Freelancer helfen. Beliebt sind dabei auch inhaltliche Formate wie Vortragsveranstaltungen, bei denen Experten über ein aktuelles Thema referieren, das in engem Zusammenhang zum eigenen Unternehmen steht.

"Gerade Filialen wollen mit solchen Events, bei denen neben Geschäftspartnern und Kunden auch Regionalpolitiker eingeladen werden, ihre enge Verbundenheit mit der Region, in der sie tätig sind, ausdrücken", ist Altenstrasser überzeugt.

Berater wählen Eventgäste selbst aus

Die Commerzbank beschäftigt nach Aussage ihres Sprechers Stefan Zech in allen Geschäftsfeldern bankintern zentrale und regionale Eventmanager, die Kundenveranstaltungen organisieren. Dazu gehören die inhaltliche Konzeption, die organisatorische Vorbereitung, der Einladungsprozess, die Durchführung und die Nachbereitung des Events. Typische Formate seien einerseits Repräsentations- und andererseits Vortragsveranstaltungen zu Bankthemen oder Produkten. "Externe Unterstützung durch Eventagenturen benötigen wir nur ganz selten und vor allem bei großen Veranstaltungen", erklärt Zech.

Foto:©CandyBox Images/Fotolia.com

Die betreffenden Berater wählen die infrage kommenden Gäste selbst aus und laden diese auch persönlich ein. "Beispielsweise berücksichtigen die Berater bei einem Vortragsabend mit Professor Rürup zum Bürgerentlastungsgesetz sinnvollerweise einen Berufseinsteiger und keinen Senior", macht Zech deutlich. Inhaltlich ist eine Vielzahl von Themen denkbar, unter deren Überschrift die Zusammenkunft steht. "Das reicht von Informationen zu allgemeinen Wirtschafts- und Finanzthemen bis hin zu konkreten Produktinformationen etwa zu geschlossenen Fonds. Darüber hinaus lädt die Commerzbank auch zu Repräsentationsveranstaltungen ohne Fachbezug, etwa Vernissagen, ein", so der Sprecher weiter. Bei der Nachbearbeitung spiele eine Rolle, welche Informationen und Erfahrungen die Kunden mitgenommen haben und ob eventuell weiterer Informations- und Beratungsbedarf vorliege. Insgesamt müssten sich Aufwand und Nutzen natürlich die Waage halten – immer in Abhängigkeit von der Zielgruppe.

So gelingt ein Kundenevent

Die Auswahl der Kunden spielt bei der Vorbereitung eine wichtige Rolle. Nicht nur die Endkunden, sondern zum Beispiel auch Kooperationspartner kommen als Zielgruppe in Betracht. Auch eigene Mitarbeiter, Stakeholder wie Verbände, Parteien oder Kirchen und nicht zuletzt die Presse können eingeladen werden. Das hängt vom Ziel ab, das man verfolgt und das möglichst genau definiert werden sollte. Daraus entwickelt sich die Grundidee, die in ein passendes Konzept mündet. Wer hier selbst nicht weiterkommt, sollte an dieser Stelle externe Unterstützung einkaufen. In der Regel bestehen Events aus den Elementen Rede(n), Medieneinspielungen, PerformanceKünstler, etwa Kabarettisten, sowie Musik. „Wichtig ist, dass das Konzept zur Grundidee passt, sonst geht das Ganze schnell am Ziel vorbei", so Berater Altenstrasser.

Häufige Fehler bei Events sind:
- falsche Termine – etwa parallel zu einem Fußball-Europapokal-Finale –,
- schlecht erreichbare Orte und fehlende Parkplätze,
- nichtssagende Einladungen, die die Gäste nicht ansprechen,
- inhaltlich überfrachtete Programme, etwa mit zu vielen Reden oder unpassenden Einlagen,
- logistische Probleme wie Stau am Einlass, und – last but not least –
- Essen, das nicht schmeckt oder nicht zum Publikum passt.

Angenehmer Rahmen zum Kennenlernen

In erster Linie nutzen die Sparkassen und Volksbanken, mit denen seine Firma Dr. Neuhaus Consult GmbH zusammengearbeitet hat, Events als Möglichkeit, Kunden miteinander bekannt zu machen, meint Berater Dr. Rolf Neuhaus. Sie bieten den angenehmen Rahmen, in dem sich Gewerbetreibende und Firmen kennenlernen können, die sich ansonsten nie über den Weg gelaufen wären. „Wenn meine Kunden gut zusammenarbeiten, dann unternehmen sie etwas Neues und brauchen dafür Geld, das sie von ihrer

Bank bekommen. Damit haben alle Beteiligten gute Laune", fasst Neuhaus den Ansatz zusammen.

Wenn man an die Organisation einer solchen Zusammenkunft geht, sollte man auch die Bedürfnisse der Zielgruppe berücksichtigen. „Viele Mittelständler sitzen morgens beizeiten am Schreibtisch. Wenn man sich mit denen um 7 Uhr trifft und sie wissen, spätestens um 10 Uhr können sie an die Arbeit gehen, dann kommen sie gern. Lädt man sie dagegen abends ein, dann bekommen sie Ärger mit ihren Frauen und bleiben vielleicht weg", erklärt Neuhaus mit einem Augenzwinkern.

Bei der Auswahl der Gäste sind Banken in der lukrativen Situation, aus einem riesigen Fundus schöpfen zu können. Selbst Wettbewerber kann man laut Berater Neuhaus zusammenführen, wenn es zum Beispiel um große Projekte geht, die eine Firma nicht allein stemmen kann. Wenn dann auch noch Leute aus Politik und Verwaltung bei einem solchen Event dabei sind, dann kann man als Regionalbank zum Beispiel die Entwicklung eines ganzen Gewerbegebietes voranbringen. Der Vorteil für die Gäste: Sie können sicher sein, dass ihre Bank alle Teilnehmer vorher gecheckt hat und sie hier nicht auf Firmen treffen, die kurz vor der Insolvenz stehen. „Und schließlich macht das Ganze auch noch Spaß, was auch nicht zu verachten ist", macht Neuhaus deutlich.

Ausflüge in die Welt des Weins

Spaß stand auch für Dirk Behrens im Vordergrund, als er während seiner Tätigkeit als Filialleiter einer großen Geschäftsbank Kundenevents unter dem Motto „Money & Wine" organisierte. Als nebenberuflicher Weinreferent lag ihm das Thema am Herzen. Und durch seine Verbindung zur Weinschule Berlin, mit deren Chefsommelier Bernhard Moser er das Konzept von „Money & Wine" entwickelte, hatte er auch die Experten in Weindingen an seiner Seite. „Das Thema Geld ist schwierig und lockt kaum einen interessanten Kunden zu einer Veranstaltung", weiß der Sommelier. „Das Thema Wein hingegen ist geeignet, auch schwer verdauliche Kost wie die Geldanlage schmackhaft zu machen."

Aus dieser Grundidee wurde die Veranstaltungsreihe geboren, mit der man vor allem gehobenen Privatkunden Bankthemen in einem entspannten Rahmen näherbringen möchte. „Wir haben unsere Botschaften häppchenweise an den Mann oder die Frau gebracht, immer unterbrochen oder veredelt

durch Ausflüge in die Welt des Weins", verdeutlicht Behrens. „Wenn es im Bankvortrag zum Beispiel um international aufgestellte Portfolios ging, dann hat der Weinfachmann über Rebsorten aus unterschiedlichen Regionen der Welt referiert. Sprach der Banker über langfristige Performance, dann ging es im Weinteil um alte Rebsorten." Zwischendurch wurde Wein verkostet. Für die rund 20 bis 25 Gäste standen nach den Vorträgen sechs oder sieben Berater für weitergehende Gespräche zur Verfügung.

Auch wenn es nicht zu unmittelbaren Geschäftsabschlüssen kam, erinnert sich Behrens, gingen die Kunden doch nach einem netten Abend meist mit einem Lächeln nach Hause. Und das, ist er sicher, tut Kunden und Banken gut und führt zumindest dazu, dass die Gefahr der Abwanderung geringer wird. „Ich denke, dass man mit Veranstaltungen dieser Art Kunden wieder mehr in die Filialen bekommt und dass alle Arten von Banken damit Erfolg haben können", schließt Weinexperte Moser.

Beispiel: Veranstaltung „Money & Wine"

Die Veranstaltung wird von der Eventfirma Holley Events angeboten und besteht aus drei Teilen, die jeweils in einen Finanzinfo-Block und einen Wein-Block mit Verkostung unterteilt sind:

- Nachhaltigkeit und Langfristigkeit: Fachvortrag Finanzwesen zum Thema „Wie langfristig sollte ich investieren und lockt das schnelle Geld?"; Fachvortrag Wein mit Verkostung „alte Reben" und Einführung in die Bedeutung alter und langsam gewachsener Weinreben für die Weinqualität.
- Regional oder international? Fachvortrag Finanzwesen zum Thema „Risikostreuung durch internationales Investment"; Fachvortrag Wein über Merlot (in der kalten Jahreszeit) und Sauvignon blanc (in der warmen) weltweit. Welchen Einfluss hat die Herkunft?
- Mischen oder reinsortig? Fachvortrag Finanzwesen zum Thema „Setz nicht alles auf ein Pferd – die Mischung macht's"; Fachvortrag Wein über Cuvée besser als reinsortig abgefüllt.

Der Fachreferent für Finanzen wird in aller Regel vom Kunden gestellt. Beim Fachvortrag Wein arbeitet die Eventfirma mit dem Diplom-Sommelier Bernhard Moser zusammen.

SB-Banking

SB-Geräte:

Von Automaten, die immer mehr können

Geldautomaten und SB-Terminals: Jeder Kunde nutzt sie. Die Geräte entlasten die Bankmitarbeiter von Routineaufgaben.

Anja Kühner
erschienen im November/Dezember 2011

Seit Jahren schon soll der SB-Automat zum Werbemedium und Verkäufer werden, im Innovationsforum der GAD ist er es bereits. Dort verkaufen die Automaten Konzert-Tickets und bieten Immobilienexposés passend zu Kontostand und Standort an. Nutzt der Kunde an seinem Geburtstag den Automaten, gratuliert ihm die Bank über den Startbildschirm. Möglich ist sogar, dass der Berater in Echtzeit eine Nachricht dazu erhält, so dass er dem Kunden persönlich gratulieren kann. Sogar Lottoscheine könnte der Kunde am SB-Terminal ausfüllen. Letzteres ist aufgrund der gesetzlichen Rahmenbedingungen jedoch nicht erlaubt. Die öffentlich zugänglichen Automaten sollen die Spielsucht nicht fördern.

Auch der Geldautomatenhersteller NCR testet derzeit ein neues Konzept. „My favourite ATM" bietet eine personalisierte Kundenansprache: „Der Kunde wird gefragt, ob er entsprechend seinen Gewohnheiten den üblichen Betrag von 200 Euro abheben möchte oder heute eine andere Summe wünscht", sagt Wolfgang Kneilmann, Managing Director Central Europe von NCR. Und eine gesetzliche Regelung gibt der europäischen Geldautomaten-Infrastruktur einen kräftigen Schub: Anfang 2012 startet ein Pilotprojekt, mit dem die Europäische Kommission die Nutzung von Geld- und Fahrkarten-Automaten für Behinderte, Senioren und der Landessprache nicht mächtige Bürger erleichtern will. In Europa sind nach Angaben der EU-Kommission nur 38 % der Geldautomaten mit speziellen Optionen für Sehbehinderte ausgestattet. Damit hinkt Europa weit hinter den USA mit 61 % her. In Kanada wurden inzwischen fast alle SB-Terminals behindertengerecht umgestaltet.

Zahl der Nutzer mit Handicap wird weiter steigen

Der Markt für derartige Geldautomaten ist laut EU-Kommission groß. 87 Millionen Europäer sind derzeit älter als 65 Jahre und jeder sechste EU-Bürger hat eine Behinderung. Insgesamt 65 Geldautomaten wird die spanische CaixaBank in Barcelona für das Projekt behindertengerecht umrüsten. Die aus diesem Test gewonnenen Erkenntnisse sollen zusammengeführt werden mit denen des in Deutschland stattfindenden Pilotprojekts von Fahrkartenautomaten. In Paderborn werden 24 von Höft & Wessel hergestellte behindertenfreundliche Ticketautomaten seit 1. Januar 2012 getestet. Insgesamt stellt die EU-Kommission 3,4 Mio. Euro für das Projekt zur Verfügung.

Bereits jetzt sind viele Geldautomaten mit Blindenschrift-Tasten oder Lautsprechern ausgestattet. Doch die EU-Behörde klagt, sie würden nur selten genutzt, da sie schwierig zu aktivieren seien. Das soll der Einsatz der kontaktlosen NFC-Technologie ändern. Für das Pilotprojekt erhalten rund 3.000 Bürger spezielle Chipkarten, auf denen ihre persönlichen Daten ebenso wie ihre Bedürfnisse gespeichert sind. Wird diese Karte vor die Schnittstelle eines Geldautomaten gehalten, erkennt das Terminal kontaktlos diese Informationen und kann so etwa bei Sehbehinderten die Schriftgröße auf dem Bildschirm extragroß anzeigen. Stammt die Karte aus dem Ausland, wird der Kunde in seiner Muttersprache begrüßt.

Schnappschuss: Plakat der SB-Banking-Dachkampagne der Bundesregierung zur Umsetzung der UN-Behindertenrechtskonvention. (Foto: Anja Kühner)

„Das kann die Software für unsere Geldautomaten schon längst", sagt Udo Pape-Kampmeier, Produktmanager Client-Software von Wincor Nixdorf. Da das Unternehmen weltweit tätig ist, seien seine Produkte auch in der Lage, die Anforderungen des US-Behinderten-Unterstützungs-Gesetzes ADA zu erfüllen. Zudem gebe es für Blinde neben der Braille-Schrift auch die Möglichkeit des Vorlesens. „Es gibt bereits Geldautomaten mit Buchsen zum Einstöpseln des eigenen Kopfhörers", beschreibt der Paderborner Experte. Schließlich soll auch für Sehbehinderte die Vertraulichkeit gewahrt bleiben.

Gutes tun durch Spenden

Diskutiert wird momentan, inwieweit Geldautomaten und SB-Terminals Orte zum Sammeln von Spenden für Hilfsprojekte oder gemeinnützige Organisationen sind. Während beispielsweise ein Auszahlungswunsch bearbeitet wird und der Nutzer den Geldautomaten beim Warten ansieht, wird zumeist Werbung für andere Produkte des Instituts gezeigt. Diese Zeitspanne könnte statt für Cross-Selling-Maßnahmen auch für wohltätige Zwecke genutzt werden. Mit einem Klick wäre es möglich, im Rahmen der Automaten-Transaktion eine bestimmte Summe für ein Projekt zu spenden und die Summe sogleich vom Konto abzubuchen. Infrage kommen sowohl aktuelle Hilfsprojekte, etwa nach Naturkatastrophen, als auch die Unterstützung örtlicher Vereine und Initiativen, womit Regionalbanken ihre lokale Verbundenheit unter Beweis stellen könnten.

Hohe Aufmerksamkeit genießt momentan auch eine mögliche Integration des neuen maschinenlesbaren Personalausweises in die SB-Geräte. „Damit kann man erstmals rechtsverbindliche Geschäfte mit unbekannten Kunden machen", beschreibt Thomas Vogel, Leiter des Geschäftsbereichs Bargeldlösungen des IT-Dienstleisters S&N. Allerdings sei es technisch enorm herausfordernd, die beiden Infrastrukturen „zu verheiraten".

Neuer Personalausweis kann bald von SB-Terminals gelesen werden

BANKMAGAZIN sprach mit **Thomas Vogel**, Leiter des Geschäftsbereichs Bargeldlösungen des IT-Dienstleisters S&N AG, über die Verknüpfung von Geldautomaten mit dem elektronischen Personalausweis und die daraus resultierenden Vorteile.

BANKMAGAZIN: *Wie ist der Stand der Dinge beim elektronischen Personalausweis im Hinblick auf seine Lesbarkeit in SB-Automaten?*
Vogel: Das Thema genießt momentan hohe Aufmerksamkeit. Hinter den Kulissen wird viel diskutiert über eine mögliche Integration des neuen maschinenlesbaren Personalausweises in die SB-Terminals der Banken. Damit könnte man erstmals rechtsverbindliche Geschäfte mit unbekannten Kunden machen, also mit Menschen, die bisher keine Kunden des eigenen Instituts sind. Da bieten sich Geschäftschancen – vor allem im Bereich Neukundengewinnung.

BANKMAGAZIN: *Für welche Banken wäre das denn besonders interessant?*
Vogel: Vor allem sind das die Institute mit dem größten Geldautomaten-Netz. Sie haben die meisten Kontakte zu den Kunden anderer Banken. Aber auch Online-Banken versprechen sich viel davon. Denn durch eine verlässliche Authentifizierung an einem Geldautomaten würde die lästige Hürde des Post-Ident-Verfahrens wegfallen.

BANKMAGAZIN: *Und wo liegen die größten Schwierigkeiten?*
Vogel: Es geht nicht nur darum, die Daten des neuen Personalausweises auszulesen. Vor allem ist es wichtig, die beiden IT-Infrastrukturen „zu verheiraten". Das ist technisch enorm herausfordernd, schließlich sind hier bisher noch nie dagewesene Geschäftsprozesse abzubilden. Von daher wird eine solche Integration wohl noch einige Zeit auf sich warten lassen.
Die technische Marktreife ließe sich in einem halben bis dreiviertel Jahr herstellen. Noch ist allerdings die Einbettung in bankenrechtliche Prozesse, zum Beispiel die ZKA-Vorgaben, nicht festgelegt. Und nicht zuletzt ist die wichtigste Einflussgröße die Antwort auf die Frage, worin denn die Killer-Applikation liegt. Denn speziell nach den Erfahrungen mit größtenteils vergeblichen Investitionen in die elektronische Gesundheitskarte wollen die Banken natürlich nicht Geld in dieser Größenordnung in den Sand setzen.

Auch Kinder sollen sich frühzeitig an die Nutzung von SB-Geräten gewöhnen. Dazu hat Wincor Nixdorf spezielle Geldautomaten vorgestellt: Der Bildschirm ist auf niedriger Höhe angebracht, so dass die Kleinen ihn bequem erkennen und den Touch-Screen bedienen können. Die Vorgänge sind kindgerecht und spielerisch dargestellt. Ein extragroßes Einzahl-Fach ermöglicht es, den gesamten Spardosen-Inhalt einfach zu entleeren.

Kinder beim Ausprobieren eines auf ihre Bedürfnisse abgestimmten SB-Automaten. (Foto: Wincor Nixdorf)

Ein robuster Sortier-Mechanismus filtert Knöpfe, Büroklammern oder Bonbons heraus, die sich möglicherweise in der Spardose befinden, und gibt diese wieder zurück. Wincor Nixdorf hat diesen Geldautomaten erstmals Anfang 2011 auf der Wincor World vorgestellt.

Das Thema Sicherheit treibt die Branche weiter um

Zudem treibt der Sicherheitsaspekt die Banken weiterhin kräftig um. Obwohl die Anzahl der Skimmingfälle an Geldautomaten im Jahr 2011 nach vorläufigen Statistiken nicht weiter angestiegen ist, ist dies nicht als Entwarnung zu sehen.

Der herstellerunabhängige Geldautomaten-Reparateur banqtec aus Wedemark bei Hannover bringt derzeit erstmals eine Karte auf den Markt, mit der Bankmitarbeiter einfach, schnell und zuverlässig testen können, ob ein Automat mit Skimming-Aufsätzen versehen wurde. „Die von uns entwickelte Karte ähnelt äußerlich einer ec-Karte", beschreibt Uwe Merker, Leiter Marketing und Business Development von banqtec, die Lösung. „Ihre mechanischen Eigenschaften verhindern jedoch, dass sie in den Kartenleser passt, wenn dieser manipuliert wurde." Eine Herausforderung sei es gewesen, die Mechanik so zu gestalten, dass alle bekannten Geldautomaten mit dieser Karte getestet werden können. „Werden die Geldautomaten mit dieser Karte regelmäßig überprüft, können Bankmitarbeiter verhindern, dass Skimming über längere Zeit unentdeckt bleibt", sagt Merker.

Da bei einem typischen Skimming-Fall in Deutschland die Kartendaten ausgelesen, diese jedoch meist im Ausland eingesetzt werden, haben einige Banken vorsorglich ihre ec-Karten für Auslandsverfügungen gesperrt. Teilweise bekommen deren Kunden im Ausland am Automaten nur dann Bargeld, wenn sie sich vorher bei ihrer Bank gemeldet und ihre ec-Karte haben freischalten lassen. „Viele Kunden nutzen die Auslandsverfügung mit ihrer ec-Karte nur ein- oder zweimal im Jahr im Urlaub", erklärt Matthias Nagel, SB-Produktmanager bei der GAD. Der genossenschaftliche IT-Dienstleister hat daher eine Funktion in seinem Bankenverfahren bank21 entwickelt, mit der der Bankkunde selbst über die Sperrung oder Freischaltung seiner ec-Karte für Geldabhebungen im Ausland entscheiden kann. „Standardmäßig ist die Auslandsverfügung freigeschaltet. Bei Volksbanken und Raiffeisenbanken nördlich der Mainlinie können die Kunden eine solche Sperrung aber sowohl in der Online-Filiale als auch am Geldautomaten der Heimatbank durchführen", so Nagel. Am Geldautomaten ist die Auslandssperre über den Menüpunkt „Auslandssperre" aufrufbar, ebenso am SB-Terminal. Über eine Anzeige wird der Kunde informiert, ob seine Karte derzeit für den Gebrauch im Ausland aktiviert oder deaktiviert ist.

Alles Roger hinter den Kulissen

Doch auch hinter den Kulissen tut sich so einiges, was dem Nutzer nicht ins Auge springt. Beispielsweise hat der Berliner SB-Spezialist SARROS einen Testroboter für Geldautomaten entwickelt. Mit seinem Stahlfinger simuliert „Roger" die Alltagssituationen der Terminals, vom Tippfehler bis zu extremen Dauerbelastungen. Er ist jedoch kein „Tipp-Geselle", sondern zählt auch das ausgegebene Geld vollautomatisch nach, ohne dabei den Bildschirm des Geldautomaten aus dem Kamera-Auge zu lassen. Dank Rogers Herz-und-Nieren-Test sinkt die Ausfallwahrscheinlichkeit eines Geldautomaten. Da so langfristig Kosten reduziert werden, hat sich auch die Finanz Informatik für seinen Einsatz im Sparkassenbereich entschieden.

Dauerbrenner: Cash-Recycling und Green-IT

Cash-Recycling
Bei Neuinstallationen setzt sich der Trend zu Cash-Recycling-Systemen fort. Ende 2011 wurden doppelt so viele Cash-Recycling-Systeme aufgestellt wie noch drei Jahre zuvor. Cash-Recycling-Systeme werden mittlerweile von Geschäftskunden als Ersatz für den Nachttresor akzeptiert und angenommen, weil die Gutschriften umgehend erfolgen.

Green-IT
Geldautomaten der neuesten Generation verbrauchen rund 150 Watt, zehn Jahre alte Systeme rund das Doppelte. Mit moderner Technologie sind Einsparungen von mehr als 20 % möglich. Einzelne Komponenten eines Geldautomaten können beispielsweise in einen Schlummer-Modus versetzt werden. Der Bildschirm allerdings wird nicht ausgeschaltet, denn dann denken die Kunden, der Automat sei kaputt. Dieser Schlummer-Modus muss in die SB-Anwendungssoftware integriert werden. Die ersten Pilotprojekte von Wincor Nixdorf laufen bereits.

Quelle: Wolfgang Greichgauer, Leiter Vertrieb für Sparkassen von Wincor Nixdorf

Touch Screens:

Siegeszug bei SB-Geräten erwartet

Barbara Bocks / Stefanie Hüthig
erschienen im Juli und September 2011

Einen Blick in die Zukunft der Filiale warf im Jahr 2011 Mark Grossi. Bei einer Veranstaltung des SB-Geräteherstellers NCR erklärte der Verantwortliche der Forschungsabteilung für Konsumentenverhalten, dass aus seiner Sicht die Selbstbedienungsterminals in der Filiale künftig immer stärker durch Touch-Screen-Geräte abgelöst werden.

Der Kunde wird sein persönliches Profil mithilfe seines Mobiltelefons über eine NFC-Kontaktstelle am Bildschirm aufrufen. Dort wird er neben seinen Bankinformationen auf sein Profil zugeschnittene Werbung erhalten.

Geldautomat als Exponat im Museum of Modern Art

Nach New York ins Museum of Modern Art hat es ein Geldautomat mit Touch-Screen bereits geschafft – als Exponat im Rahmen der Ausstellung „Talk to me: Design and the Communication between People and Objects". Das Gerät hat die Innovationsberatung Ideo für die spanische Großbank BBVA entwickelt. Nutzer des Geldautomaten sollen alle Transaktionen einschließlich der PIN-Eingabe auf dem 19 Zoll großen Touch-Screen erledigen. Nach Erkennung des Kunden zeigt das Gerät eine individuelle Benutzeroberfläche mit den am häufigsten genutzten Funktionen und Aktionen an. Um alle Prozesse transparent zu machen und Zwischenschritte zu erläutern, werden Grafiken eingesetzt.

Skimming:

Wie Hase und Igel

Kriminellen fallen immer neue Maschen ein, um die Sicherheitsvorkehrungen an Geldautomaten zu umgehen. Worauf Finanzinstitute gefasst sein sollten.

Anja Kühner
erschienen im Juli 2011

„Skimming ist ein wachsendes Problem im Bankenmarkt. Doch solange die Bank nicht selbst für entstandene Schaden aufkommt, die den Bankkunden durch Skimming an Geldautomaten entstanden sind, sondern diese Ausfälle gar nicht oder über einen Schadenausgleichsfonds gedeckt sind, erkennen manche Banken für sich keinen unmittelbaren Handlungsbedarf", meint Roland Vogel, Präsident des Bundesverbands öffentlich bestellter Sachverständiger (BVS). Die EDV- und Sicherheits-Spezialisten verweisen auf ausgefeilte Anti-Skimming-Module, die es schon seit Jahren gibt. Auch verbesserte Software unterstützt die Betrugserkennung. Doch bisher sind nur wenige Geldautomaten mit ihr ausgestattet, denn für die Geldinstitute lohnt sich die Investition in diese teure Technik vielfach nicht.

Dabei steigt der Leidensdruck der Banken mit zunehmenden Fallzahlen und Schadenshöhen: Im ersten Halbjahr 2010 registrierte das Bundeskriminalamt 1.927 Attacken auf 1.073 Geldautomaten. Damit wurden in den sechs Monaten schon fast die Fallzahlen des gesamten Vorjahres erreicht: Im Jahr 2009 wurden 2.058 Attacken registriert. Pro erfolgreicher Skimming-Attacke werden etwa 60 Kartendaten und PINs kopiert. Laut BKA waren 2009 mehr als 100.000 Kartenkunden von Skimming-Übergriffen betroffen. Der Schaden betrug rund 40 Mio. Euro. Die Skimming-Täter stammen zumeist aus Rumänien und Bulgarien. Sie arbeiten europaweit vernetzt nach dem immer gleichen Muster zusammen: Kartendaten werden in Deutschland ausgespäht und mittels kopierter Karten wird anschließend im Ausland Geld abgehoben.

Schon an der Filialtür lauert die Gefahr

Doch es kann auch passieren, dass bereits vor der Benutzung des Geldautomaten die Kontonummer eines Bankkunden mitsamt der Geheimzahl ausgespäht wird. Bei vielen Banken muss der Kunde außerhalb der regulären Öffnungszeiten den Türöffner mit seiner ec-Karte betätigen, um Zugang zum Filialvorraum zu erhalten. Dabei wird niemals die Geheimnummer abgefragt. Geldbetrüger installieren an den Türöffnern kleine aufgesetzte Module, die zur Eingabe der Geheimnummer auffordern.

Selbst dort, wo die neuesten Sicherheitsmechanismen eingesetzt werden, finden die Kriminellen einen anderen Weg, um an die Kartendaten heranzukommen und die PIN aufzuzeichnen. Mit der technischen Entwicklung sind die Kameras immer kleiner geworden. Heute reichen weniger als Stecknadelkopf-kleine Löcher im Gehäuse des Geldautomaten aus, um dahinter eine Kamera zu verbergen.

Um Betrugsfalle zu verhindern, haben die Geldautomaten-Hersteller spezielle Anti-Skimming-Module entwickelt. Diese erkennen beispielsweise Metalle, wie sie etwa in mit Batterien ausgestatteten Auslese-Einrichtungen an den Automaten vorkommen. Sobald Metall am Automaten angebracht wird, wird ein elektromagnetisches Störfeld aufgebaut. Damit wird das Auslesen und Versenden der ausgespähten Daten per SMS unmöglich.

Ein auf der Wincor World 2011 erstmals vorgestellter Geldautomat enthält eine eingebaute Kamera. Diese bemerkt optische Manipulationen, indem sie regelmäßig Fotos des Tastaturfeldes aufnimmt und es mit einem gespeicherten Foto vergleicht. Anhand der Größenverhältnisse können so Aufsätze erkannt werden, denn sie sitzen einige Millimeter näher an der Kamera und erscheinen auf den Fotos daher größer. Wird eine Manipulation erkannt, sperrt eine Software das Gerät automatisch. Intelligente Software der neuen Generation erkennt betrugsverdächtige Transaktionen und verhindert sie.

Manipulierte Einschubhilfen. (Foto: Polizei Offenbach)

Angriff auf Geldautomaten mit USB-Sticks

Manchmal haben es auch eigene Mitarbeiter oder Partner der Bank, etwa Werttransportunternehmen, auf das Bargeld aus den Geldautomaten abgesehen. Einer der Tricks ist der Einsatz von präparierten USB-Sticks. Quasi jeder Geldautomat ist heute mit einem USB-Slot ausgestattet, über den Servicetechniker des Herstellers zum Beispiel Software-Updates aufspielen. Gelingt es einem Unbefugten, einen mit einem Betrugsprogramm ausgestatteten USB-Stick in ein SB-Terminal einzuführen, kann diese Malware alles Mögliche veranlassen: von der sofortigen Bargeld-Auszahlung über weitergeleitete Überweisungen an das eigene Konto bis zum Ausspähen und Aufzeichnen der PIN. Intelligente Geldautomaten allerdings geben den USB-Slot erst nach einer Identifizierung frei.

Die Netzwerke der Zahlungsverkehrsdienstleister gelten als besonders sicher, denn sie nutzen Hardware-Sicherheitsmodule (HSM) in den Sicherheits-Prozessoren. Dabei dient ein internes oder externes Peripheriegerät der sicheren Ausführung von kryptografischen Operationen. Dazu gehört ein sicheres Management des Gerätes und der Schlüssel sowie die Authentisierung der Operatoren und Administratoren durch Hardware-Komponenten wie Chipkarten etc.

Rechenzentren unterliegen zwar höchsten Sicherheitsstufen, haben aber auch ihre Schwachstellen. Das zeigen einige Betrugsfälle: So kam es bereits vor, dass ein Mitglied einer Putzkolonne direkt am Netzwerkknoten per USB-Stick ein Programm installierte, das in einer Sekunde tausende Kontodaten inklusive Geheimnummer auslas. Bereits ab Werk waren etwa in China Kreditkartenleser von MasterCard manipuliert worden. Und im Sommer 2011 berichtete das Computertechnik-Magazin Heise darüber, dass diese Geräte mit eingebauten Zusatzplatinen zu Hunderten in Europa ausgeliefert wurden. Die gesammelten Daten wurden per Mobilfunk an einen Kriminellen direkt nach Pakistan geschickt. MasterCard schickte mehrere Teams los, die mittels einer Waage die Plagiate identifizieren sollten.

Anfällig für Skimming sind auch die Kartenlesegeräte in Tankstellen: Eine Masche sind so genannte „Tank-Partys", bei denen Betrüger innerhalb weniger Stunden reihenweise LKW und Privatwagen auftanken.

So beugen Sie Skimming vor

Roland R. Vogel, Präsident des Bundesverbands öffentlich bestellter und vereidigter sowie qualifizierter Sachverständiger e.V. (BVS), gibt Tipps für Banken und ihre Mitarbeiter, um Manipulationen am Geldautomaten zu verhindern bzw. zu entdecken:

- Auf Veränderungen bzw. Farbunterschiede am Geldautomaten achten, insbesondere im Bereich des Karteneinzugsschlitzes und der Tastatur.
- Originalbauteile des Geldautomaten in Nahaufnahmen fotografieren. Fotos bei Zweifeln zum Vergleich heranziehen.
- Kleine Markierungen anbringen, die durch Skimming-Aufsätze verdeckt würden.
- Keine Prospektständer, Pflanzen oder sonstige Dinge im Vorraum aufstellen, in denen Kameras versteckt werden könnten.
- Geldautomaten gut sichtbar aufstellen, keine „versteckten Ecken".
- Geldautomaten sollten glatte Flächen haben, an denen sich Kameras oder sonstige Geräte nicht befestigen oder verstecken lassen.
- Sichtbare Video-Überwachung: Kameras des Geldinstituts sollten so angebracht sein, dass sie den Raum total erfassen, nicht ohne Leitern erreichbar sind und erkennbar zur Bank gehören. Dabei dürfen die Kameras nicht die Tastaturbereiche der Geldautomaten erfassen, weil sie sich sonst selbst zum Ausspähen von PIN-Nummern eignen würden.

Banken im Web

■ Banken-Webangebote fit für den Vertrieb machen

Online-Marketing:

(K)Ein Buch mit sieben Siegeln

SEO, Landingpage, Affiliates – wenn Dienstleister mit diesen Begriffen um sich werfen, kann es auch gestandenen Marketing-Experten schwindlig werden. Ja, die Materie ist komplex, aber der gekonnte Einsatz von Online-Marketing-Instrumenten verspricht großen Vertriebserfolg.

Stefanie Hüthig
erschienen im März 2011

Jochen hat sich verliebt. BMW K 1200 heißt seine Neue, kostet 8.999 Euro und hat 7.500 Kilometer auf dem Buckel. Den Sporttourer Baujahr 2006 hat Jochen im Internet entdeckt. Nach einer Probefahrt muss er nur noch dem Privatverkäufer den gewünschten Betrag zahlen und braucht dafür einen Kredit. Dazu gibt er in Google – für viele der Platzhirsch unter den Suchmaschinen – die Begriffe „Kredit" und „billig" ein. „2,99 % eff. p.a." steht da bei einem der Treffer in einem farblich hinterlegten Feld oben auf der Seite. Jochen klickt.

Jochen hat einen bezahlten Link geklickt, genauer gesagt eine Google-AdWords-Anzeige. Search Engine Advertising, kurz SEA, lautet der Begriff für diese Art der Online-Werbung. Die Bank, auf deren Website sich Jochen nun befindet, hat bei der Suchmaschine eine Anzeige geschaltet. Diese besteht aus einem Link und einem Kurz-Text. Außerdem hat der Finanzdienstleister so genannte Keywords definiert – also „Wörter oder Wortgruppen, die sich auf ihr Unternehmensangebot beziehen", wie es auf der Google-AdWords-Seite heißt. Gibt ein User ein Keyword in das Suchfeld ein, kann die Anzeige über oder neben den Suchergebnissen erscheinen. „Kann" heißt: "Das hängt auch vom Gebot der Bank für das jeweilige Suchwort ab. Wobei die Auktion bei jeder Suchanfrage stattfindet", erklärt Bernd Stieber, Vorstand der Online-Agentur Zieltraffic in München. Die Bank zahlt nämlich nur, wenn auf ihre Anzeige auch geklickt wird. Cost per Click (CPC) nennt sich dieses Prinzip, und das Kreditinstitut hat im Vorhinein

"Bid Management" betreiben, sprich, ein maximales Tagesbudget und einen Maximalbetrag pro Klick festgelegt.

Der CPC hängt von diversen Faktoren ab. „Allgemein gilt: Je größer der zu erwartende wirtschaftliche Erfolg der Anzeige, umso höher ist im Normalfall der CPC", sagt Stieber. Für Keywords wie „Kredit" oder „Lebensversicherung" müssten Finanzdienstleister im Normalfall deutlich mehr zahlen als für „Tagesgeld" oder „Festgeld", da die Bank bei Abschluss der Letzteren eine deutlich geringere Provision erzielen kann. Cortal Consors, Direktbank und Online-Broker, gibt jährlich über 1 Mio. Euro für SEA aus. „Das entspricht etwa 25 bis 30 % unseres Marketing-Budgets", erklärt Stefanie Nordemann, Leiterin Online-Marketing, und ergänzt: „Wir nehmen aber keine starre Budget-Planung vor, sondern entscheiden flexibel, etwa in Abhängigkeit der Conversions und Keyword-Performance." Cortal Consors investiert das Geld hauptsächlich in Neukunden-Programme. „Unsere Schmerzgrenze liegt bei einem CPC von 4 bis 5 Euro über alle Produkte hinweg", sagt Nordemann. Wirklich umkämpft in der Cortal-Consors-Keyword-Palette sei aber aktuell ohnehin nur der Begriff „Tagesgeld".

„Das Gebot ist jedoch nur ein Kriterium für die Platzierung. Ein weiteres Kriterium ist die Relevanz der Seite für das Schlagwort", ergänzt Zieltraffic-Vorstand Stieber. Je relevanter die beworbene Seite nach den Kriterien von Google, desto günstiger erhält der Werbende den Zuschlag auf das gewünschte Keyword. Die Relevanz wird von Google eingestuft. „Die Merkmale, an denen die Relevanz gemessen wird, werden allerdings von Google nicht veröffentlicht. Letztlich wird man damit wahrscheinlich einer Manipulation von Seiten der Werbetreibenden vorbeugen wollen", meint Stieber. Tendenziell gelte: Wenn Google die Anzeige dauerhaft rechts ausspielt, werde die Anzeige, das Keyword oder die Landingpage als relevant betrachtet. Steht die Werbung auf einer Top-Position, also über den organischen Ergebnissen, wird sie als sehr relevant angesehen.

SEO: Keywords, Links und Inhalt im Mittelpunkt

Quasi das Gegenstück zu SEA ist die so genannte Search Engine Optimization (SEO). Hier geht es darum, die Banken-Website in der organischen Trefferliste der Suchmaschine möglichst weit oben zu platzieren. Im Mittelpunkt stehen dabei wieder die Keywords, Links und der Inhalt der Website. Die Möglichkeit, Schlüsselwörter auf die Zahl der Suchanfragen zu untersuchen, gibt es mit dem Google AdWords Keyword-Tool.

Wie bei den klassischen Marketing-Formen gilt: Die einzelnen Online-Werbekanäle beeinflussen sich gegenseitig. Eine Google-Studie ergab, dass Anbieter mit der Kombination „Top-Position SEO" und „Top-Position SEA" den maximalen Such-Traffic erzielen können. Das heißt auch: Durch eine Top-Position in SEO werden die Klickkosten bei SEA reduziert. Und wirken SEA, SEO sowie ein Offline-Marketingkanal wie TV-Spots zusammen, multiplizieren sich die Effekte auf den Bekanntheitsgrad, wie eine Untersuchung des Bundesverbands Digitale Wirtschaft e.V. (BVDW) zeigte.

> **SEO: Kriterien für ein gutes Google-Ranking**
>
> 1 Suchworte (Keywords) im Text externer Links (für 73 % sehr wichtig)
> 2 Quantität und Qualität externer Links (71 %*)
> 3 Vielfalt der Linkquellen (67 %*)
> 4 Suchworte im Title Tag (66 %*)
> 5 Vertrauenswürdigkeit der verlinkenden Seite (66 %*)
> 6 Einzigartiger Content auf der Bankenwebsite (65 %*)
> 7 Links von „Autoritäten" im Themenbereich (64 %*)
> 8 Globale Linkpopularität der Seite (63 %*)
> 9 Suchwort als erstes Wort im Title Tag (63 %*)
> 10 Suchwort in der Domain der verlinkenden Seite (60 %*)
>
> * sehr wichtig
>
> Quelle: Thomas Kilian, Sascha Langner: Online-Kommunikation, Wiesbaden, Gabler 2010, Seite 107

Laut Mischa Rürup, Geschäftsführer und Chief Operating Officer der intelliAd Media GmbH, kommen zwischen 30 und 40 % der Produktabschlüsse (Conversions) durch die Zusammenarbeit mehrerer Kanäle zustande. Dies ist eine Herausforderung an das Tracking, sprich an das Messen des Erfolgsbeitrags, den die Werbeinstrumente etwa im Rahmen einer Verkaufskampagne haben. Denn die Klickketten, so der Experte in seinem Vortrag im Rahmen der Fachmesse Internetworld im April 2011 in München, zögen sich häufig über Tage hin. Gemäß einer branchenübergreifenden intelliAd-Studie über 300.000 Conversions dauert es im Schnitt zwei Werbekanäle, drei Klicks und 6,5 Tage, bis es zum Produktabschluss kommt. Oft stehe SEA am Anfang, SEO am Ende. Je teurer das angebotene Produkt, desto länger wird die Kette: teilweise bis zu zehn Klicks bzw. 20 Tage.

Mindestens wöchentlich: Abgleich der SEA- und SEO-Daten

Zwischen den einzelnen Klicks sollten die Kunden mit Remarketing-Maßnahmen angegangen werden, so Rürup. Selbst bei kurzen Ketten von nur einem Klick seien Vorab-Incentivierungsmaßnahmen möglich, da zwischen letztem Klick und Conversion oft noch rund zwei Tage liegen. Nicht nur deshalb empfiehlt Rürup einen mindestens wöchentlichen Abgleich der SEA- und SEO-Daten. Ein weiterer Tipp des Experten lautet, regelmäßig neue Keywords aus SEO in SEA auf ihre Performance zu testen. Denn nur wer die wechselseitigen Wirkungen der Werbekanäle kennt, könne korrektes Bid Management betreiben und damit sinnvolle Budgetentscheidungen treffen.

Eins steht fest: Online-Marketing ist alles andere als trivial. Bei Cortal Consors sind nach Angaben von Stefanie Nordemann fünf Vollzeitmitarbeiter und zwei Werkstudenten für das Online-Marketing in den verschiedenen Bereichen – SEA/SEO, Communities und Social Media, Affiliate Marketing sowie Online-Media- und Kooperationen – zuständig. Überdies arbeitet das Institut mit vier Agenturen zusammen – spezialisierten Häusern, wie Nordemann betont. „Die Dienstleister müssen zu Cortal Consors passen. Sie müssen unser Geschäft und den Markt verstehen", erläutert sie. „Wir haben inhouse sehr viel Know-how im Bereich Online-Marketing angesammelt. Nicht zuletzt deshalb haben wir einen sehr hohen Anspruch an unsere Agenturen. Aber auch das Vergütungssystem spielt eine große Rolle."

Kreditinteressent Jochen verschlägt es nach seinem Klick auf die Informationsseite einer Bank. Die Frage, die sich Finanzinstituten in diesem Zusammenhang stellt: Wie muss der Online-Auftritt aussehen, damit der Nutzer das Produkt möglichst abschließt? Aufschluss gibt eine Eyetracking-Studie, ein Gemeinschaftsprojekt von Zieltraffic und Mindfacts. Dabei wurde untersucht, wie der User Bankwebseiten zum Thema Girokonto wahrnimmt – etwa, wann der Kunde wohin schaut und welche Elemente er anklickt. Die Ergebnisse: Insbesondere bei SEA- oder SEO-Kampagnen sollte die verlinkte Website inhaltlich auf das beworbene Thema reduziert sein, also den Charakter einer so genannten Landingpage haben. Angesteuerte Unterseiten der Bankenwebsite erreichen die positiven Bewertungen der Landingpages nicht. Prämien und Zusatzleistungen sind zwar ein Anreiz, im Vordergrund des User-Interesses stehen aber die Produktkonditionen. Deshalb sollten zum Beispiel Störer besser zur Verdeutlichung von Konditionen eingesetzt werden. Die Präsentation der wichtigsten Konditionen in einer Grafik wertet die Website auf und erleichtert das Verständnis. Dennoch sollten Banken auf ein ausgewogenes Bild-Text-Verhältnis achten: Zu viele Abbildungen führen schnell zur Ablehnung. Skepsis lösen auch Sternchen und die dazugehörigen Fußnoten aus. Diese lassen sich mit Info-Buttons inklusive Mouse-Over-Layer – wenn der Nutzer darauf verweilt, wird ein Fenster eingeblendet – vermeiden. Antragsbutton und Gütesiegel sollten innerhalb des sichtbaren Browserfensters platziert sein. Und die Nennung eines Ansprechpartners oder einer Kontaktmöglichkeit wird als positiv eingestuft.

Was eine gute Landingpage ausmacht

Die Commerzbank lancierte im Herbst 2008 eine Girokonto-Kampagne. Die Agentur Zieltraffic in München bewertet die Google-Anzeige und die Landingpage des Finanzinstituts.

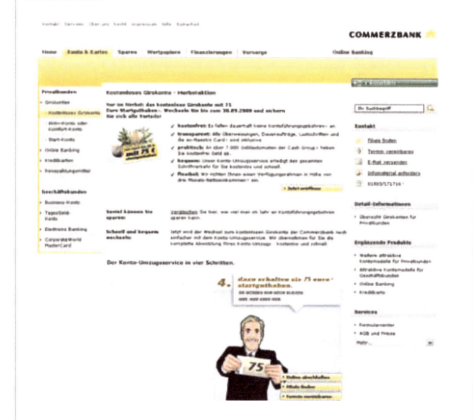

1. Adword: Ein attraktives Adword gibt ein Versprechen ab: Girokonto kostenlos mit 75 Euro Guthaben. Die zeitliche Limitierung ist ein strategisches Verkaufsargument, das hier sehr gut eingesetzt wird. Der Name der Bank genießt hohes Vertrauen und es ist klug, ihn auch hier anzuführen.
2. Direkt beim Sprung auf die Seite wird Versprechen Nummer 1 eingelöst. Der User kann diesen Punkt mental abhaken. Im Lead-Text stehen 75 Euro Guthaben an prominenter Stelle, der mentale Haken Nummer 2 wird gesetzt. Somit ist der Kopf des Kunden frei für neue Informationen.
3. In einer übersichtlichen Aufzählungsliste werden alle Vorteile des Produkts dargestellt. Das wichtigste Wort ist fett geschrieben und wird dann erklärt. Das schafft Vertrauen und baut sukzessive ein Szenario im Gehirn auf. Die Fettschreibung hat noch einen weiteren Vorteil: Sie unterstützt das rasche Lesen im Internet. Ein weite-

res wichtiges Mittel wird hier eingesetzt: grüne Häkchen als Listensymbole. Das verstärkt und unterstützt das „Mentale Abhaken". Der so genannte Hero Shot (Kastanien mit Schild) hat etwas wenig Aussagekraft und auch wenig persönliche Wärme – hier gibt es noch Chancen zur Optimierung.

4. Für die bereits jetzt überzeugten User ist der Call to Action richtig platziert, obwohl er im Hinblick auf die Lesbarkeit des Buttontextes ein paar Pixel größer sein könnte.

5. Die wenigsten Websitebesucher sind innerhalb weniger Sekunden und kurzer Übersichtslisten vom Produkt oder vom Angebot überzeugt. Für diese Besucher müssen weitere Elements of Conversion angeführt werden, um sie auf der Seite zu halten. Die Commerzbank macht das auf ihrer Seite sehr gut. Für Kunden, die skeptisch sind, gibt es sofort ein Auffangnetz, damit der User prüfen kann, ob das Angebot einem Vergleich standhält. Ein Klick auf den Vergleichslink führt zu einem Bild, in dem die Angebote anderer Banken dargestellt sind.

6. Ein Wechsel der Bankverbindung bringt gewisse Schwierigkeiten und Unsicherheiten mit sich. Diese Unsicherheiten werden ausgeräumt, indem ein unbürokratischer Umzugsservice versprochen wird. Unternehmen, insbesondere Finanzdienstleister, sollten Versprechen, die sie einfach einlösen können, unbedingt halten. Das schafft Kundenvertrauen.

7. Eine kurzweilige, aber auch inhaltsschwache Animation verstärkt noch einmal den Call to Action und bereitet die Conversion – den Abschluss eines Girokontos – vor. Animationen „zwingen" den Websurfer in eine passive Situation, in der er nicht klicken kann und zum passiven Konsumieren „verpflichtet" ist. Dazu muss die Animation aber unterhaltsam und kurzweilig sein.

Fazit: Dieser Auftritt der Commerzbank ist eine starke Landingpage, die auf Conversion ausgerichtet ist, mit einem durchdachten Adword als gutem Traffic-Lieferanten. Auf der Website wird das beworbene Produkt systematisch verstärkt und Ängste potenzieller Kunden werden geschickt abgefangen.

Quelle: Broschüre „Die Landingpage – Turbo oder Bremse?", Zieltraffic AG

Affiliates: Pro und Contra

Auch Jochen gefallen die Informationen auf „seiner" Landingpage, aber er möchte das Angebot vor dem Abschluss noch vergleichen. Deshalb tippt er in Google „Kredit" und „Vergleich" ein. Gerald Helminger, Head of Affiliate Marketing bei Zieltraffic, bezeichnet dieses so genannte Affiliate Marketing, also den Vertrieb über Vergleichsplattformen im Internet, als charmante Alternative für Banken. Der Vorteil: Anders als bei SEA, bei dem jeder Klick Geld kostet, fallen beim Marketing über Affiliate-Partner nur Kosten bei Conversion an. Diese provisionsbasierte Vergütung des Partners sorgt dafür, dass dieser selbst Interesse an einer erfolgreichen Produktkampagne hat. Weiteres Plus: „Die Portale sind teilweise Meinungsführer", sagt Helminger. Sie haben selbst einen guten Namen, veröffentlichen oft umfassende Informationen über die Finanzdienstleister und deren Produkte, womöglich Gütesiegel – das sei attraktiv gerade für Institute, die über SEA aufgrund ihres geringeren Bekanntheitsgrads relativ wenig Vertriebserfolg hätten. Beim Kauf über einen Affiliate-Partner hat der Kunde das gute Gefühl, verglichen zu haben.

Und genau hier setzt Wolfgang Schütz, Vorstand des Versicherungsvergleichsportals Aspect Online (www.aspect-online.de), mit seiner Kritik an der eigenen Branche an. In einem Interview mit dem Handelsblatt erklärte Schütz – der das Portal FinanceScout als „ähnlich vollständig aufgestellt" sieht wie das seine –, dass bei anderen einige jener Versicherer fehlten, „die häufig vorne in den Ranglisten liegen und günstig sind". Der Vergleich sei daher, anders, als vom Kunden erwartet, nicht vollständig. „Wer kennt schon alle wichtigen Autoversicherer und weiß dazu noch, wer die besten und häufig günstigsten Angebote gerade hat? Deshalb gehen die Leute ja im Internet auf ein Vergleichsportal, um genau dies rauszufinden", moniert er.

Diese Kritik kann Affiliate-Experte Helminger nicht unterschreiben, insbesondere für die Bankenlandschaft nicht. Eine Einschätzung, wie umfassend der Vergleich auf Affiliate-Portalen ausfällt, könne nur im Zusammenhang mit der Abgrenzung des relevanten Marktes getroffen werden. Streng genommen gehörten beispielsweise Angebote rein regional agierender Banken auch in einen Vergleich. Allerdings hätten diese Finanzinstitute oft gar kein Interesse an der Online-Vermarktung ihrer Produkte. „In der Online-Praxis hat sich das Verständnis des relevanten Marktes als Summe aller online-abschlussfähigen, bundesweit angebotenen Finanzprodukte etabliert. Setzt man diesen Marktbegriff an, so bieten die aktuellen Vergleiche auf den Affiliate-Websites einen erstaunlich objektiven Überblick über die Produkte am Markt", resümiert Helminger. Aber: Wer nun meint, dass der Affiliate seine eigenen finanziellen Interessen aus Gründen der Vergleichs-Objektivität in allen Fällen hinten anstellt, der irre. Selbst umfassende Vergleiche böten die Möglichkeit, die Produkte mit den besten Margen im Vergleichs-Ranking besser zu stellen.

Motorradkäufer Jochen strahlt: Er hat seinen Kreditantrag an die Bank mit dem seines Erachtens günstigsten Angebot abgeschickt und schnell eine Zusage erhalten. Der ersten Spritztour mit seinem neuen fahrbaren Untersatz steht jetzt nichts mehr im Wege.

Webseiten-Optimierung:

Kleine Änderungen haben oft große Wirkung

Alle Banken haben eine Webseite im Internet. Viele jedoch sehen ihren Webauftritt eher als Online-Visitenkarte und Marketing-Kanal und behandeln ihn nicht als veritablen Vertriebsweg – trotz oft anderslautender Aussagen.

Anja Kühner
erschienen im März 2012

„Viele Banken sehen in ihrer Internetpräsenz vorrangig ein Marketing-Tool", sagt André Morys, Vorstand von Web Arts, der nach eigenen Aussagen führenden Agentur für Konversionsoptimierung in Deutschland. Dies sei vor allem daran zu sehen, dass die Marketingverantwortlichen ihre Ausgaben für Google Adwords mit dem dadurch erzielten Erfolg gegenrechnen – und sich damit zufriedengäben. Morys fordert Banken stattdessen zu einem konsequenten Umdenken hin zum Vertrieb auf. Es fehle ihnen die Erkenntnis, dass sie durch eine konsequente Optimierung der Webseite im Verhältnis deutlich erfolgreicher sein könnten. „Fünf- bis zehnmal mehr Leads und Anträge dürften drin sein", weiß Morys aus seiner Beratererfahrung. Dieses Potenzial verschenken die allermeisten Banken seiner Meinung nach. „900 % liegen zwischen einer durchschnittlichen Konversionsrate und der Best Practice", beschreibt Morys. Für ihn heißt Konversionsoptimierung, mehr Leute zum Kaufen, Registrieren, Ausfüllen, Klicken oder „Wozu-auch-immer" zu bewegen. Ziel sei es nicht, die Kunden möglichst lange auf der Webseite zu halten, sondern im optimalen Fall möglichst schnell zum Abschließen eines Kaufs zu bringen. „Am Ende des Tages geht es immer darum, die Performance einer Webseite im Hinblick auf das Generieren von Abschlüssen zu beurteilen und zu verbessern", bestätigt auch Wolfgang Vogt, Vorstand der auf digitalen Vertrieb spezialisierten Agentur Zieltraffic.

Auf die Text-Bild-Mischung kommt es an

Dazu sind vor allem Struktur und Aussehen der Webseite wichtig. „Die Nutzer sind bei der Benutzung von Websites an bestimmte Verhaltensmuster gewöhnt", sagt Vogt. Wiederkehrende Elemente, wie Navigation, Buttons oder Suchfunktion, würden an gewohnten Positionen erwartet. „Es zählt nicht nur die künstlerische Schönheit und Kreativität. Was zählt, ist die Usability – dem User das zu bieten, was er erwartet und womit er umgehen kann." Dazu gehöre auch die richtige Mischung von Text und Bild. Bilder würden vom Nutzer schnell aufgenommen, doch der Text sei wichtig für Suchmaschinen wie Google und Bing.

Die Mehrzahl der Kunden scheut den Aufwand, die unterschiedlichen Banken-Webseiten nach den gewünschten Angeboten abzusuchen. Stattdessen geben sie Suchbegriffe wie „Girokonto" und „kostenlos" bei Google ein und klicken sich durch die Ergebnisse. „In einem solchen Fall ist es das Beste, wenn man den Kunden auf einer speziell für diesen Suchbegriff passenden Landingpage empfängt und nicht auf der allgemeinen Unternehmens-Webseite", rät Vogt. Der vom Nutzer eingegebene Suchbegriff, der Text der Suchmaschinen-Anzeige und die darauffolgende Landingpage sollten eine Einheit darstellen. „Der Suchbegriff sollte sowohl im Anzeigentext als auch auf der Landingpage aufgegriffen werden", erklärt der Zieltraffic-Vorstand. „So zeigt die Bank dem Nutzer, dass er gefunden hat, was er gesucht hat, und dass er auf dieser Webseite gut aufgehoben ist." Allerdings nütze die schönste Landingpage nichts, wenn der nachgeschaltete Prozess veraltet oder umständlich sei.

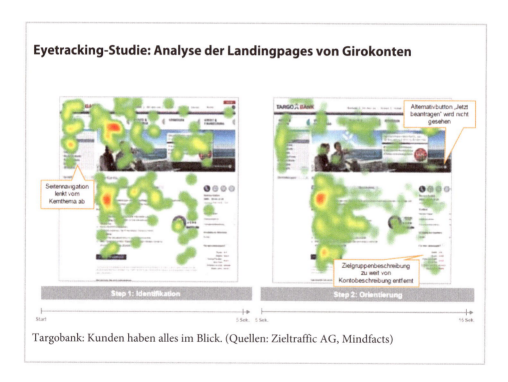

Targobank: Kunden haben alles im Blick. (Quellen: Zieltraffic AG, Mindfacts)

Webseiten-Optimierung: Kleine Änderungen haben oft große Wirkung 103

ING DiBa: Werbung interessiert die Kunden hier nicht.
(Quellen: Zieltraffic AG, Mindfacts)

comdirect: Weiterführende Links werden nicht geklickt.
(Quellen: Zieltraffic AG, Mindfacts)

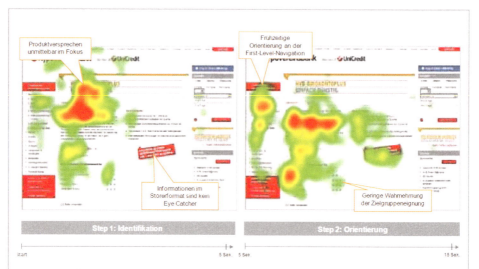

HypoVereinsbank: Klare Navigationsspalte hilft bei der Orientierung.
(Quellen: Zieltraffic AG, Mindfacts)

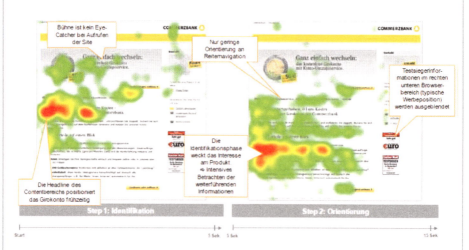

Commerzbank: Gütesiegel auf Werbeplatzen werden ignoriert.
(Quellen: Zieltraffic AG, Mindfacts)

Webseiten-Optimierung: Kleine Änderungen haben oft große Wirkung

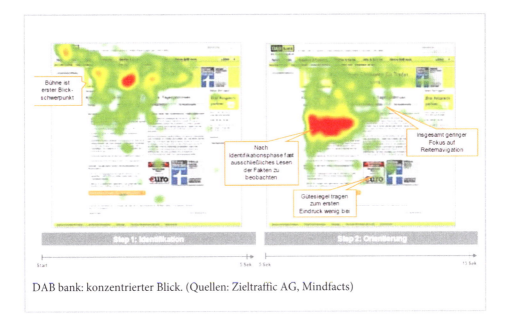

DAB bank: konzentrierter Blick. (Quellen: Zieltraffic AG, Mindfacts)

Kunden geben nicht gerne Daten heraus

„Wenn beim Ausfüllen des Antragsformulars vom Kunden als überflüssig empfundene Informationen abgefragt werden oder Ungereimtheiten beim Formular-Aufbau vorkommen, dann bricht er den Prozess ab", bestätigt auch Martin Nitsche, der bis 2011 Leiter Marketing für Privat-und Geschäftskunden bei der Commerzbank war. Seit einigen Monaten ist er Geschäftsführer des Informationsdienstleisters Solveta. Überhaupt rücke der Kunde nur dann eine Information heraus, wenn er versteht, wozu diese nötig ist. Schätzt er beispielsweise die abgefragte Information als unnötig ein, dann lasse er ein freiwilliges Feld leer oder trage in ein Pflichtfeld Nonsens ein. Wenn Informationen für das Unternehmen notwendig sind, dann sei eine Erklärung in Form eines Mouse-over oder eines hinter dem Feld anklickbaren Info-Buttons erforderlich.

Künftig wird sich etwas tun im Bereich Hilfestellung für Kunden, sind Web-Experten überzeugt. „Keine Bank sollte das Informationsbedürfnis ihrer Kunden unterschätzen", sagt Vogt. So sei ein Live-Chat mit einem Mitarbeiter zwar derzeit noch keine Pflicht. Trotzdem sollte der Nutzer direkt im Prozess Antwort auf seine Fragen finden, sei es per Infobox, FAQs oder Hotline-Nummer für Rückfragen. Wer nicht gut sichtbar seine Telefonnummer für Nachfragen platziert, zeige damit, dass er den Kunden nicht ernst nehme. Es nütze ja nichts, wenn ein interessierter Kunde den Prozess abbreche, weil er mit dem Begriff „Haushaltsnettoeinkommen" nichts anfangen und auch nirgends nachfragen kann.

Eyetracking-Studie entlarvt Blickfänger

Der Online-Vertriebsexperte Zieltraffic und das Research-Unternehmen Mindfacts veröffentlichten im vergangenen Sommer eine Studie zur Analyse von Landingpages und Onlineprozessen von Girokonten. Dabei lag der Fokus darauf, wie die Landingpages und die darauf folgenden Antragsprozesse von Usern angenommen und bewertet wurden. Untersucht wurden insgesamt zehn Anbieter von Girokonten in der stationären PC-Untersuchung und vier Anbieter in der „mobile"-Studie.

Das wichtigste Studienergebnis ist im Grunde eine Binsenweisheit: Sowohl Blickführung als auch Interessenlage der User müssen beim Aufbau von Landingpage und Webseite berücksichtigt werden. Eyetracking-Untersuchungen belegen, dass grafische Elemente, Vorteilsversprechen und Siegel eine zentrale Rolle spielen. Bei der Eyetracking-Studie haben Zieltraffic und Mindfacts die Augenbewegungen der Nutzer auf der Webseite aufgezeichnet und konnten dadurch feststellen, an welchem Element die Blicke hängen blieben und welche Elemente von den Betrachtern einer Webseite schlichtweg übersehen wurden. Die Macher der Studie folgern daraus: „Diese Elemente, an denen die Blicke hängen bleiben, sollten durchdacht eingesetzt werden." Zusammenfassend folgern sie aus der Untersuchung, dass „der User Informationen zu seiner Interessenlage auf einen Blick erwartet – nicht mehr und nicht weniger".

Generell werden die Banken-Webseiten immer besser, lautet ein Ergebnis des Website-Rankings, mit dem ibi research an der Universität Regensburg seit 1997 die Internetpräsenzen von Geldinstituten auf ihre Beratungsqualität und Usability hin bewertet. Bei der Untersuchung des Jahres 2011 erlangte die Sparkasse KölnBonn den ersten Platz mit 82 % Zielerreichungsgrad der insgesamt 330 ausgewerteten Kriterien. Damit verdrängte sie die Postbank von der Spitzenposition, die mit 78 % auf dem zweiten Platz landete. Den dritten Platz belegt die Sparkasse Aachen mit 75 %. Alle anderen Geldinstitute erfüllten mit ihren Webseiten weniger als 70 % der Kriterien. „Viele Institute sind gut – nur wenige sind exzellent", schlussfolgert ibi research in seiner Auswertung.

Top 10 ibi Website Rating

Rang	Institut
1	Sparkasse KölnBonn
2	Deutsche Postbank
3	Sparkasse Aachen
4	Sparkasse Hannover
5	Deutsche Bank
6	SEB
7	Kreissparkasse Köln
8	Targobank
9	Hamburger Sparkasse
10	Kreissparkasse Ludwigsburg

Quelle: ibi research 2011

Auf Sternchen im Text besser verzichten

Oft entscheiden Details über den Erfolg einer Webseiten-Umgestaltung. „Manchmal erreicht man mit klitzekleinen Unterschieden messbare Erfolge oder macht diese auch wieder zunichte", so Morys. Statt bei Angeboten mit Sternchen zu arbeiten und zeitliche oder sonstige Einschränkungen dann unten auf der Webseite zu erläutern, könne es sinnvoller sein, wenn man diese direkt ausführlich benennt, beispielsweise in einer zweiten Spalte daneben. „Sternchen sind ein Konversionskiller, denn sie verunsichern den Kunden", beschreibt der Vorstand von Web Arts. Durch den offenen Umgang mit den Einschränkungen und indem man es den Kunden erspare, bis ans untere Ende der Seite zu scrollen, ergäbe sich ein Uplift, also ein Mehr an Abschlüssen, von 20 bis 25 %.

Auch der offene Umgang mit Kleingedrucktem sei ein Plus. „Problematisch ist jedoch, dass solche zusätzlichen Spalten auf einer Webseite häufig dem Corporate Design oder dem Styleguide der Bank zuwiderlaufen", weiß Morys. Dagegen könne nur mit Zahlen argumentiert werden. „Wenn ich belegen kann, dass beispielsweise ein authentischeres Bild statt eines Themen Fotos 100 % Uplift bringt, dann wird doch über den Zwang des bestehenden Styleguides geredet." Dem pflichtet auch Zieltraffic-Chef Vogt bei: „Wer Konversionsoptimierung betreibt, sollte offen sein für Neues. So bietet es sich beispielsweise an, auf Landingpages mit Bildern zu experimentieren, auch wenn die Guidelines der Corporate Website keine Bildwelten vorsehen. Denn häufig kann durch die Emotionalisierung der Ansprache das Produktinteresse und die Abschlussbereitschaft gesteigert werden."

Mobile Weichen werden immer wichtiger

In Zeiten von wachsendem Internetzugriff über mobile Endgeräte wie Smartphones und Tablet-PCs sollte auch der Einsatz mobiler Landingpages in die Webseiten-Optimierung mit einbezogen werden. „Auch dies zeigt unsere Eyetracking-Studie: Der User verlangt nach unterschiedlichen Landingpages und Prozessen, je nachdem, ob er von einem mobilen oder stationären Endgerät darauf zugreift", sagt Vogt. Die Suchmaschine erkenne, ob eine Anfrage von einem mobilen Endgerät komme, und werfe daher eine Liste mit den für die kleinen Displays optimierten Ergebnissen aus. „Eine schlanke Webseite für mobiles Internet zu programmieren und eine Weiche zu erstellen, die diese gezielt ausliefert, wird immer wichtiger und noch lange nicht alle Banken haben das auf dem Schirm", erklärt Vogt weiter.

Filialen haben kein Interesse an Online-Abschlüssen

Auch die interne Ertragsverrechnung hindere viele Banken daran, in ihre Webseite zu investieren, ist Martin Nitsche überzeugt. Solange Filialen den Kunden als „ihren" ansehen, hätten sie kein Interesse daran, dass dieser Kunde auch online für Umsatz sorge, der der Filiale nicht zugutekomme. „Die meisten Banken sehen das Web nicht als Profit-Center, sondern als Cost-Center", umreißt er den seiner Ansicht nach falschen Ansatz. Zudem sei für das Gros der Geldinstitute im Internet ausschließlich der reine Transaktionsteil des Online Bankings wichtig. Da dort hohe Kosteneinsparungen realisiert werden, blieben „nur geringe Investitionssummen für andere Online-Investitionen übrig". Und viele Banken denken laut Nitsche nicht intensiv genug über das Thema Digitalisierung nach. Es sei traurig, dass es bei den meisten Banken für identifizierte Kunden im eingeloggten Bereich immer noch keine Möglichkeiten zum Abschluss weiterer Produkte gebe.

Online Banking:

Transaktions- statt Vertriebskanal

Viele Kunden lieben Online-Banking, veranlassen nachts ihre Überweisungen oder fragen täglich ihre Konto- und Depotstände ab. Nirgends ist der Kontakt zwischen Bank und Kunde so eng. Doch selbst im eingeloggten Bereich bietet kaum ein Bankinstitut den Abschluss eines neuen Produkts an. Das Web als Vertriebskanal lässt auf sich warten.

Anja Kühner
erschienen im August 2012

„Ein Großteil des Geldes, das Banken in ihren Internetauftritt investieren, wird nicht in die allgemein zugängliche Webseite investiert", sagt Martin Nitsche, bis 2011 Leiter Marketing für Privat- und Geschäftskunden bei der Commerzbank. Seit einigen Monaten ist er Geschäftsführer von Solveta, dem Herausgeber von „Online-Quintessenzen", und beobachtet das Geschehen in der Bankenwelt intensiv. „Der Transaktionsteil, also Online-Banking und -Brokerage, ist für Banken Kerngeschäft und steht damit im Fokus", so Nitsche. Die Nutzung einmal erworbener Produkte über den Online-Kanal funktioniere recht gut – Kunden konnten ihre Kontostände und Depotbestände abfragen, Überweisungen aufgeben und Daueraufträge einrichten.

Online-Vertriebskanal hat noch Potenzial

Doch ein Produkt zu nutzen oder eines zu kaufen sind zweierlei Dinge. „Ich verstehe nicht, dass bei den meisten Banken selbst der identifizierte Kunde im eingeloggten Bereich keine neuen Produkte kaufen kann", sagt Nitsche dazu. Einerseits sei die Fokussierung auf Investitionen im eingeloggten Bereich eines Banking-Portals statt im allgemeinen Webseiten-Bereich, wie sie viele Institute leben, durchaus sinnvoll. Denn, merkt Nitsche dazu an: „Im Transaktionsbereich spart die Bank eine Menge Kosten." Doch gleichzeitig verschenke sie enormes Potenzial, indem sie den Online-Kanal auf die Funktion Transaktion beschränke und nicht zu einem wahrhaftigen Vertriebskanal ausbaue.

Auf dieses Potenzial blicken auch die Genossenschaftsbanken. „Wir wollen die Produkt- und Informationsangebote, die wir Online-Banking-Kunden im Log-in-Bereich bieten, weiter ausbauen", bestätigt Thorsten Sandfort, Projektmanager Vertriebswege beim genossenschaftlichen IT-Dienstleister GAD aus Münster.

Alte Systeme bremsen

Hinter vorgehaltener Hand nennen viele Experten als Grund für die Vernachlässigung des Online-Kanals im Bereich Vertrieb vor allem die in vielen Instituten vorhandenen recht alten Kernbanksysteme. Bei diesen ist es nur mit immensem Aufwand möglich, den Transaktionsbereich des Online Bankings aufzubohren und Schnittstellen zum Produktabschluss einzurichten. Wer sich komplett neu aufstelle, habe es da deutlich einfacher.

Online-Vertrieb lohnt sich für Banken

Laut Nitsche werde in Deutschland zu sehr in Richtung Perfektion gedacht. Wer sich Gedanken über Online-Produktabschlüsse mache, sehe stets die automatische Anbindung und Bearbeitung innerhalb der Computersysteme als Ziel. Das sei zwar als Wunschdenken richtig. Durch den implizierten Aufwand verhindere es jedoch das Aktivwerden in diese Richtung. Übergangsszenarien und zur Not sogar händisches Bearbeiten von Produktabschlüssen seien erst gar kein Thema. Dabei sei dies zwar keine elegante Lösung, „würde sich aber mit ziemlicher Sicherheit lohnen", ist Martin Nitsche überzeugt. „Denn Online-Vertrieb klappt, das zeigen fast alle anderen Branchen. Da wäre es sehr verwunderlich, wenn es ausgerechnet bei Bankprodukten nicht funktionieren würde." Zumal einige Institute Abschlusse im Internet bereits erfolgreich praktizieren.

> ### Mehrsprachiges Online-Banking als Option
>
> Seit Anfang April 2012 läuft ein Pilotprojekt des genossenschaftlichen IT-Dienstleisters GAD, Online-Banking mehrsprachig anzubieten. Der Grund: „Volks- und Raiffeisenbanken betreuen immer mehr Kunden, deren Muttersprache nicht Deutsch ist. Besonders wichtig ist es, diesen Kunden neben den Services auch Informationen rund um das Thema Sicherheit beim Online Banking geben zu können", sagt Thorsten Sandfort, Produktmanager Vertriebswege bei der GAD. Seit April testet zum Beispiel die Pax Bank eine Version in englischer Sprache. Vor allem für Banken im grenznahen Bereich zu den Niederlanden oder zu Polen und in Ballungsräumen haben Institute Interesse am multilingualen Online Banking. „Daher werden Niederländisch, Türkisch und Polnisch noch im Laufe des Jahres 2012 dazukommen", so Sandfort. Die Einbindung des fremdsprachigen Internet-Banking geschieht über die Webseite der jeweiligen Bank. „Für den Kunden gibt es keinen Klick mehr, er wählt lediglich einen anderen Log-in-Button", erklärt der IT-Experte aus Münster. „Zunächst liegt der Fokus auf den Privatkunden und hier insbesondere in den Bereichen Umsatzabfrage und Zahlungsverkehr", beschreibt Sandfort. Zudem sei es selbstverständlich, den kompletten Auslandszahlungsverkehr für diese Kundengruppe abzubilden.

Bei der Direktbank ING-DiBa ist es für Bestandskunden beispielsweise möglich, mit wenigen Klicks und ohne Ausdrucken, händisches Unterschreiben oder PostIdent-Verfahren von dem Geld auf dem eigenen Girokonto mit einer frei wählbaren Summe ein „Extra-Konto" genanntes Festgeldprodukt zu erwerben. Das Online-Institut nutzt den Banking-Bereich bereits heute dazu, die Aufmerksamkeit der Kunden zielgerichtet auf diejenigen Produkte des Hauses zu lenken, die diese noch nicht abgeschlossen haben, und platziert dazu mitten auf der Webseite das passende Werbebanner.

Online-Daten gezielt für SEO-Kampagnen nutzen

Der Vorteil für die Bank: „Ist der Kunde einmal im Online Banking eingeloggt, dann weiß die Bank alles über ihn und kann ihm individuelle Informationen zur Verfügung stellen. Die Bank, die die Erkenntnisse aus professioneller SEO intelligent in ihr Online-Banking-Angebot einbaut, wird mit großer Sicherheit mehr Produkte an den Mann bringen als die Konkurrenz", sagt Christof Roßbroich, Leiter Vertrieb beim Willicher IT-Dienstleister XCOM.

Generell versuchen Bankstrategen momentan, den Online-Kanal stärker zum Produktverkauf zu nutzen. Das belegt der Bericht „How German Banking Customers use different online channels 2011" von Forrester Research. Da die Kunden über immer mehr Kontaktpunkte mit ihrer Bank kommunizieren, raten die Forrester-Experten den Banken dazu, die Integration der einzelnen Kontakt-Kanäle stärker in den Mittelpunkt zu rücken. Ihre Empfehlung: Insbesondere der gesicherte Bereich einer Banken-Webseite sollte für Marketing- und Sales-Aktivitäten genutzt werden. Schließlich wurden immer mehr Routine-Transaktionen in den Online-Kanal verlegt, die Kunden seien dort also häufiger eingeloggt. Daher sei es nun attraktiver und auch realistischer, Kunden über diesen Kanal mit Produktofferten auch wirklich zu erreichen.

Damit Kunden problemlos an Informationen zu Produkten kommen, die derzeit im rein auf Transaktionen beschränkten eingeloggten Bereich nicht zu finden sind, geht ein Trend beim Online Banking dahin, beide Bereiche der Webseite zu vereinheitlichen.

Einheitlichkeit von sicherem und offenem Bereich

Die Commerzbank beispielsweise hat die Zusammenführung ihrer öffentlichen und geschlossenen Online-Bereiche im Internet bereits im Jahr 2001 vollzogen. „Durch die Konsistenz des Gesamtauftritts finden sich Interessenten, Neukunden und auch langjährige Kunden problemlos im Online-Angebot für Privat- und Geschäftskunden zurecht", erklärt David Kreuzinger, Leiter Online und Mobile Banking bei der Commerzbank. „Der Zugriff auf das komplette Informations- und Serviceangebot ist jederzeit erreichbar, auch ohne sich dazu erst ausloggen zu müssen", so Kreuzinger weiter. Das Institut bietet seinen Kunden im geschlossenen Online-Bereich auf ihren jeweiligen personalisierten Startseiten beispielsweise individualisierte Kampagnen, persönliche Finanzinformationen und stellt elektronische Dokumente sowie Termine bereit.

Die Erwartungen der Commerzbank an die nahtlose Einbindung von öffentlichem und geschlossenem Bereich im Internet haben sich laut Kreuzinger vollständig erfüllt. „Wir glauben weiterhin an die nahtlose Integration aller Online-Angebote für ein positives Kundenerlebnis", so der Online-Banking-Spezialist. Dies spiegelten verschiedene Marktforschungsergebnisse der letzten Jahre deutlich wider.

Die HypoVereinsbank (HVB) hat ihre geschlossenen und offenen Webbereiche ebenfalls integriert. Auch hier können Kunden, die sich im geschlossenen Bereich eingeloggt haben, zwischen dem geschützten und dem offenen Bereich der Webseite wechseln, ohne dass dies für den Internetnutzer noch zu bemerken ist. „Trennt eine Bank ihre Webseite funktional und meist auch grafisch vom Online Banking, so verschenkt sie ganz klar Cross-Selling-Potenzial", ist Roßbroich von XCOM überzeugt.

Kunden erwarten Multibankfähigkeit

Er sieht eine weitere Entwicklung im Online-Banking auf die Branche zukommen: „Im Zeitalter von Mobile-Banking-Apps, bei denen die Nutzer mit einer App ihre gesamten Finanzen steuern wollen, ist es nur eine Frage der Zeit, bis sich die Online-Banking-Plattformen der Banken auch für Fremdbanken öffnen und multibankfähig werden müssen." Denn in puncto Mehrbankfähigkeit hat das Smartphone- und iPad-Banking das klassische Internet hinter sich gelassen. Bei der Multibankfähigkeit für das stationäre Online Banking hapere es noch an den technischen Voraussetzungen, beklagen Branchenspezialisten.

Grundsätzlich existiert ein Standard, auf den die Banksysteme aufsetzen können: HBCI, das Home Banking Computer Interface. Diesen nationalen Standard, der sicheres, multibankfähiges Online-Banking zwischen Kundensystemen und Bankrechnern definiert, hat der Zentrale Kreditausschuss (heute Deutsche Kreditwirtschaft) entwickelt. Aufgrund fehlender Schnittstellen hat bisher allerdings keine der Bankengruppen die echte Multibankfähigkeit im Internet-Banking umgesetzt. „Es ist aber sicherlich bei allen als strategisches Thema auf der Agenda", vermutet ein Verantwortlicher aus dem Bereich genossenschaftlicher Banken.

Die Postbank kann laut Forrester-Studie die gesicherte Inbox für individualisierte Marketing-Kampagnen benutzen. Andere Banken, wie die Deutsche Bank, nutzen einen „Online-Shop"-Bereich auf der geschlossenen Seite, um Produkte vorzustellen und sie mittels dem vom Online-Handel bekannten Warenkorb auch erwerben zu können.

Online Banking: Transaktions- statt Vertriebskanal 113

Sessions gehen verloren

Doch nutzen die tollsten Features nichts, wenn die Technik nicht funktioniert. Die Sampo Bank, eines der größten Privatkunden-Institute Finnlands, verlor wegen andauernder technischer Probleme vor rund vier Jahren laut Experten mehrere Zehntausend Kunden. Und selbst wenn das Online Banking grundsätzlich stabil läuft, bleibt das Abfedern von Lastspitzen eine technische Herausforderung: „Wenn die Peak Hour von Privatkunden eher in den Abendstunden nach Feierabend ist sowie am Ersten und am Letzten des Monats, wenn das Gehalt aufs Konto gekommen ist, kann es häufig zu Problemen kommen", weiß Kristian Sköld, Online-Banking-Experte bei Compuware. „Erhalt das System zu viele gleichzeitige Anfragen, kickt es einige aus der Session heraus." Seit Sköld aufs Land zog, erlebt er ein eigentlich schon lange bekanntes Problem am eigenen Leibe: Die Banken gingen anscheinend davon aus, dass in Deutschland jeder DSL habe. „Ich leide unter der geringen Bandbreite und hohen Latenz und muss teilweise 20 bis 30 Sekunden darauf warten, bis ich den Log-in-Button überhaupt sehe", beschreibt er die Hindernisse im Online-Bereich von Banking-Plattformen. Daher plädiert er für Angebote abgespeckter Versionen.

**Stringente User-
führung bis zum
Click&Buy:**

Die Deutsche Bank nutzt einen Online-Shop im geschlossenen Bereich ihrer Website, um ihre Finanzprodukte vorzustellen. Kunden der Bank können diese direkt in einen virtuellen Warenkorb ablegen und auch erwerben.

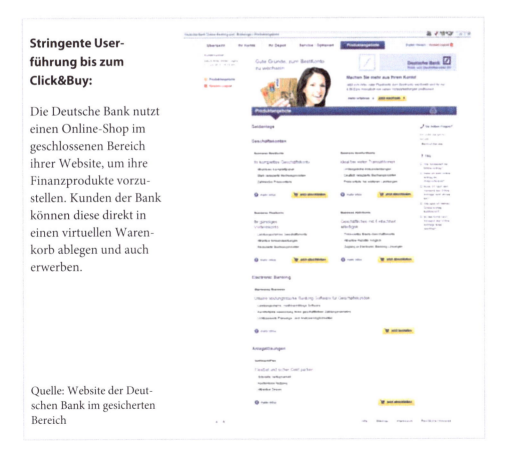

Quelle: Website der Deutschen Bank im gesicherten Bereich

Innovationskonzepte hinken

„Viele Banken beschäftigen sich derzeit mit innovativen Features im Online-Banking, wie zum Beispiel individuellen Produktangeboten oder der Einbindung regionaler Informationen", weiß Roßbroich von XCOM. Momentan seien jedoch andere Themen wie Liquidität, die sich weiter verschärfenden regulatorischen Anforderungen oder die Umstellung auf SEPA dringlicher: „Die Investitionen in innovative Konzepte werden daher vielfach zurückgestellt", so Roßbroich aus Erfahrung. „Bevor ich auf den Online-Umsatz verzichte, lohnt es sich allemal, ein paar Leute anzustellen und die übers Internet generierten Abschlusse händisch ins System einzugeben", ist Martin Nitsche von Solveta überzeugt. Er glaubt, der Medienbruch durch das manuelle Bearbeiten von online erzielten Produktabschlüssen sei in jedem Fall besser, als Umsatzpotenziale von Bankkunden zu verschenken.

Vergleichsportale und ROPO-Effekt:

Intransparenz in der Online-Welt

Bis zu 70 % aller Bankenumsätze gehen nach Expertenschätzungen bereits auf Online-Recherchen von Kunden zurück, Tendenz steigend. Die Erträge werden derzeit allerdings meist noch in den Filialen generiert. Am Beispiel der Vergleichsportale lässt sich jedoch bereits ablesen, welche Bedeutung der Faktor Internet gewinnen wird.

Anja Kühner / Anita Mosch
erschienen im Mai 2012

Experten schätzen, dass heute schon jedem zweiten Vertragsabschluss in der Bankenfiliale ein Online-Informationsprozess beim Kunden vorausgeht. Doch viele Institute vernachlässigen die Überleitung der Kunden aus der virtuellen Welt in die konkrete Filialberatung – und zurück. Viele Banker reden von Filiale und Web wie von verschiedenen Welten, dabei können sich immer mehr Kunden vorstellen, bei weiterführenden Fragen während ihrer Internet-Recherche in ein Gespräch mit einem Berater zu wechseln – und sich anschließend ohne Abschlussdruck noch einmal die Online-Informationen anzusehen.

Dieses veränderte Verhalten, das die Schranken zwischen Online und Filiale ignoriert, wird von Dauer sein. Damit rechnet das auf Banken spezialisierte Beratungshaus zeb/ in seiner Privatkundenstudie 2012. Wurden in der Vergangenheit rund 20 % aller Erträge online erwirtschaftet, so wird sich dieser Anteil bis zum Jahr 2020 verdoppeln. Diese Verschiebung geht zu Lasten der Ertragsanteile aus dem klassischen Filialgeschäft, das auf einen Anteil von rund 60 % sinken wird, prognostizieren die Berater. Ihrer Einschätzung zufolge werden bis 2020 rund 95 % der Erträge online induziert und 65 % der Finanzprodukte offline abgeschlossen. Dieser „Research Online Purchase Offline"-Effekt (ROPO) wird sich in den kommenden Jahren zwar vermindern – dennoch aber nicht völlig ausschalten lassen.

„Bei Finanzprodukten ist der ROPO-Effekt sehr stark", weiß auch Martin Nitsche, bis Mitte 2011 Leiter Marketing für Privat- und Geschäftskunden bei der Commerzbank. Beziehe ein Institut diesen Effekt nicht in die Ertragsrechnung mit ein, so sehe der Ertrag einer Online-Kampagne häufig nicht so gut aus. Eine derartige trennende interne Ertragsverrechnung hindere viele Banken daran, in Online-Kampagnen zu investieren, ist Nitsche überzeugt. Solange Filialen den Kunden als „ihren" ansehen, hätten sie kein Interesse daran, dass dieser Kunde auch online für Umsatz sorge, der der Filiale nicht zugute komme. „Die meisten Banken führen das Web nicht als Profit-Center, sondern als Cost-Center", umreißt er den seiner Ansicht nach falschen Ansatz.

Internetanteil der Abschlüsse nach Produktkategorie

Tagesgeld	Ratenkredit	Girokonto	Baufinanzierung	Fonds
87 %	81 %	60 %	50 %	40 %

Quelle: GfK, DB Research, Google, 2010

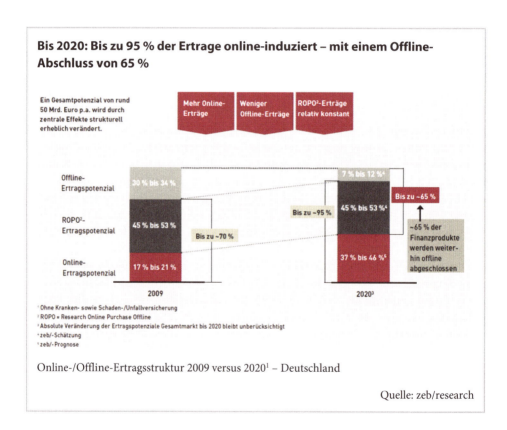

Online-/Offline-Ertragsstruktur 2009 versus 2020[1] – Deutschland

Quelle: zeb/research

Nachholbedarf bei Digitalisierung und Social Media

Zudem sei für das Gros der Geldinstitute im Internet ausschließlich der reine Transaktionsteil des Online Bankings wichtig. Da dort hohe Kosteneinsparungen realisiert werden, blieben „nur geringe Investitionssummen für andere Online-Investitionen übrig", und viele Banken denken laut Nitsche nicht intensiv genug über das Thema Digitalisierung und Social Media nach. So sei es traurig, dass es bei den meisten Banken für identifizierte Kunden im eingeloggten Bereich immer noch keine Möglichkeiten zum Abschluss weiterer Produkte gebe. Forrester Research, spezialisiert auf Research und Analyse im IT-Bereich, sieht hier auch keine Trendumkehr. „Dank der Anstrengungen der Banken, Kunden auf die richtigen Kanäle weiterzuleiten, wird die Zahl der Online-Banking-Nutzer künftig weiter steigen", heißt es im Bericht „How German Banking Customers Use Different Channels" vom vergangenen September. Mobile Banking werde dabei das Online Banking im Laufe der Jahre ersetzen. „Obwohl deutsche Banken zunächst bei der Entwicklung von Mobile-Banking-Funktionalitäten etwas langsam waren, wird jetzt investiert und Institute wie Commerzbank, Deutsche Bank, Postbank und die Sparkassen bieten bereits eine breite Palette von Mobile-Banking- und Location-Based-Services an", so die Experten von Forrester.

Bereits heute sind laut der Forrester-Analyse 41 % der Besucher einer Webseite daran interessiert, Informationen zu Produkten zu erhalten. 16 % wollten diese direkt kaufen. „Der Anteil der Kunden, die selbstständig im Web recherchieren und Finanzprodukte kaufen, ist in Deutschland signifikant höher als in anderen Ländern und wird vermutlich noch wachsen", heißt es bei Forrester. Das Fazit der Forscher ist, dass Multichannel die Norm werden wird – und zwar sehr bald.

Filiale macht jeden dritten webgenerierten Abschluss

Die TeamBank hat gemessen, wie viele Kunden nach einer Kreditanfrage für easyCredit per Internet anschließend in die Filialen gegangen sind, um sich dort beraten zu lassen, und einen Kredit abgeschlossen haben. „Tatsächlich werden nur 72 % der Abschlüsse, die über AdWords-Anzeigen generiert wurden, direkt im Internet erzielt", berichtet Christopher Selke, Abteilungsleiter Direktkunden bei der TeamBank. Die restlichen 28 % kommen in den Filialen zustande und bilden den so genannten ROPO-Effekt. „Diese 28 % des stationären Kredits sind mehr wert", so Selke. Denn in den Filialen werden die Kredite mit einem größeren Volumen und durch den Wegfall des Internet-Zinsvorteils von 1 % zu anderen Konditionen abgeschlossen. „Der wertmäßige Effekt ist somit größer als der gemessene mengenmäßige ROPO-Effekt, denn die durchschnittliche Losgröße liegt gegenüber dem Onlinevertrieb im Beratungsgeschäft um 33,8 % höher", berichtet Selke. Er verweist darauf, dass sich online gegebenes und offline gehaltenes Markenversprechen sowie das große Filialnetz hervorragend ergänzen, um ein manchmal erklärungsbedürftiges Produkt wie einen Kredit zu kommunizieren. „Als reine Online-Bank würden wir uns schwerer tun", lautet sein Fazit.

Quelle: TeamBank

Kaum Online-Preistransparenz auf Webseiten von Banken

Dass es mit der Transparenz deutscher Banken und ihrer Produkte jedoch noch ganz grundlegend hapert, ist die Kritik der Zentrale der Verbraucherschutzverbände. „Im Internet sind oft keine Preisaushänge verfügbar, und wenn, dann sind diese oft für den Verbraucher nicht verständlich", kritisiert Frank-Christian Pauli, Bankenreferent des Bundesverbands der Verbraucherzentralen (vzbv).

Die Verbraucherzentrale Hessen wollte es genauer wissen und nahm im März 2012 die Internetseiten von 75 in Hessen tätigen Kreditinstituten unter die Lupe. Ergebnis: Die meisten in Hessen ansässigen Banken agieren im Hinblick auf Preistransparenz kundenunfreundlich, da ihre online zugängliche Preisauszeichnung unzureichend ist. 52 % der untersuchten Banken veröffentlichten auf ihren Homepages keinen Preisaushang. Von diesen Instituten verwiesen knapp 7 % auf den Preisaushang in den Filialen. Selbst wenn der Preisaushang im Web vorhanden war, war dieser nach Angaben der hessischen Verbraucherschützer für den Verbraucher häufig nur schwer auffindbar, entsprechende Hinweise oft kleingedruckt auf der Startseite oder in den Rubriken „Allgemeine Geschäftsbedingungen" (AGB) bzw. „Impressum" versteckt.

Krieg der Versicherungvergleichsportale

Wenn Verbraucher wissen wollen, welche Kfz- oder Hausratversicherung die günstigsten Tarife hat, schauen sie oft auf www.check24.de nach, dem größten Finanzvergleichsportal im Internet. 1999 gegründet, hat es sich auf die Fahnen geschrieben, für mehr Markttransparenz zu sorgen. Mehr als drei Millionen Verträge wurden über dieses Portal bislang abgeschlossen. Es finanziert sich über zwei Quellen:

- Bei jedem Vertragsschluss geht eine Provision an das Portal.
- Jedes Unternehmen zahlt, um gelistet zu werden.

HUK24-Vorstand Detlef Frank ärgerte sich über die Marktmacht von Check24, die sein Unternehmen quasi dazu zwang, vorgegebene Preise zu zahlen, um auf der Liste überhaupt vertreten zu sein. Er kritisierte lautstark die vermeintliche Neutralität und initiierte die Gründung eines Gegengewichts im Markt, Transparo. Im April 2011 stieg ein Konsortium aus HUK-Coburg, HDI Direkt und WGV bei dem Augsburger Vergleichsportal Aspect Online ein, das das Vergleichsportal www.transparo.de betreibt.

Letztlich sind beide Portale kommerziell orientiert, ebenso wie das dritte große Vergleichsportal Scout24, das von dem Streit relativ unbehelligt blieb.

Auf den Internetseiten von knapp 79 % der überprüften Banken sucht man vergeblich nach einem ausführlichen Preis-Leistungs-Verzeichnis. Auch eine europaweite Untersuchung der Webseiten von Banken, die in Deutschland durch die Finanzaufsicht BaFin vorgenommen wurde, ergab, dass 20 von 26 Webseiten deutscher Banken Verstöße gegen die einschlägigen Rechtsvorschriften der notwendigen Angaben zu Privatkrediten beinhalteten. Teilweise war der Anbieter nicht klar erkennbar, das gesetzlich geforderte repräsentative Beispiel war nicht vorhanden, nicht nachvollziehbar oder enthielt einen für die meisten Verbraucher nicht erreichbaren Zinssatz.

Die Verbraucherschützer kommen jedenfalls zu folgendem Schluss: „In Zeiten von Internet und Online Banking ist die fehlende Kostentransparenz nicht akzeptabel." Die Verbraucherzentrale Hessen fordert daher klare Vorgaben, denn „die Preisangabenverordnung hängt dem Online-Zeitalter hinterher".

Intransparenz führt Kunden zu Vergleichsportalen

Diese Intransparenz der Preise und Produkte führt dazu, dass immer mehr Verbraucher Finanzvergleichsseiten aufsuchen, von denen sie sich Klarheit und Entscheidungshilfe versprechen. Die bekanntesten Vergleichsseiten sind Check24, Transparo und Scout24. Etwa 17,5 Millionen Bundesbürger haben schon einmal auf sie zurückgegriffen, rund 1,4 Millionen (2,3 %) taten dies allein zwischen März und Mai 2011. Dies zeigt die Marktstudie „Comparison-Check Finanzen 2011" des Markt- und Beratungsinstituts YouGov. 81 % der Nutzer von Finanzvergleichsseiten haben in den drei Monaten diese Seiten mehr als einmal besucht. 52 % griffen dabei auf Dienste von mindestens drei unterschiedlichen Seiten zurück. Am häufigsten wird auf den Vergleichsseiten nach Tagesgeld-Angeboten, Kfz-Versicherungen, Girokonten und Krediten bzw. Darlehen gesucht.

„Vor allem für vermeintliche Commodity-Produkte, die einfach und vergleichbar erscheinen, greifen Kunden auf Vergleichsrechner zurück. Ein hochwertiges Beratungsangebot für auf den zweiten Blick komplexe Produkte darf dann aber nicht fehlen", interpretiert YouGov-Vorstand Oliver Gaedeke die Studienergebnisse. Immerhin gut ein Drittel der Nutzer wünsche sich eine weiterführende Beratung durch die Vergleichsseiten.

„Es ist zu beobachten, dass die Marken der Vergleichsrechner in den Köpfen der Verbraucher nur mit einzelnen Produktgruppen in Verbindung gebracht werden. Dies ist die Folge dominanter Produktwerbung", gibt Gaedeke zu bedenken. Langfristig könnte dies zum Problem werden, wenn sich die Produktgruppen im Markenkern verfestigten, statt zum Beispiel eine besondere Vergleichsexpertise oder Beratungskompetenz zu platzieren.

Genau dies scheint bereits der Fall zu sein: „Die User-Journey ist oft länger und verläuft über mehrere Vergleichsportale hinweg", berichtet Anke Reuter-Zehelein, Head of Marketing & Communication der Online-Vertriebsexperten Zieltraffic. Das ist ein klares

Zeichen, dass Kunden sich möglichst objektive Hilfestellungen für ihre Entscheidung erhoffen. „Die Wahrscheinlichkeit, dass ein Kunde bei einem Vergleichsportal einen Kredit erhält, ist höher als auf einer einzelnen Banken-Webseite, da dort viele Banken präsent sind", sagt Zieltraffic-Spezialistin Reuter-Zehelein. Vergleichsseiten befänden sich oft in einer echten Vermittlerrolle. „Sie haben meist die Möglichkeit, mit den einmal eingegebenen Kundendaten nach der Ablehnung von der ersten Bank zur nächsten zu gehen und ein alternatives Angebot einzuholen", so die Expertin. Durch diese Maklertätigkeit ergäben sich höhere Abverkauf-Wahrscheinlichkeiten. „Allerdings sollte eine Bank darauf achten, nicht nur auf ein Portal zu setzen, da sie sich sonst abhängig von diesem einen Vermittler und dessen Konditionen macht", rät die Marketing-Fachfrau.

Auf passende Zielgruppe und Traffic achten

Die wichtigste Frage bezüglich ihres Online-Geschäfts sei für Banken zumeist, wo sie die für ihre Produkte passende Zielgruppe im Internet finden und den passenden Traffic einkaufen kann, erklärt die Expertin. „Diesen Traffic gut zu konvertieren, ist ein wichtiges Geschäft", sagt Reuter-Zehelein. In der Regel machten die Banken dies nicht selbst, sondern setzten spezialisierte Online-Vermarkter ein, die nicht nur für die Werbeplatzierung via Google AdWords zuständig sind, sondern beispielsweise auch Affiliate Marketing betreiben.

„Bei Krediten sind die Konvertierungsraten nicht so hoch wie bei Anlageprodukten", weiß die Internet-Spezialistin. Das kann allerdings auch daran liegen, dass die Kunden, die an Online-Krediten interessiert sind, sich lediglich für die Konditionen interessieren, um eine bessere Basis für die Verhandlungen mit ihrer Hausbank zu haben. Doch auch der andere Fall tritt ein: "Wer den x-ten Kredit will, der geht vielleicht nicht mehr so gerne in die Filiale", wissen Experten. „Für den Abschluss im Internet bieten sich die Produkte an, die nicht stark erklärungsbedürftig sind", erklärt Reuter-Zehelein.

Da Verbraucher noch immer verunsichert sind angesichts der Marktlage, gewinnen die Vergleichsportale im Internet an Bedeutung. „Ihr Einfluss auf die Anbieter- und Produktauswahl steigt weiter an", bestätigt YouGov-Geschäftsführer Oliver Gaedeke.

Neuer Personalausweis:

Schluss mit PostIdent für Online-Verträge?

Immer mehr Deutsche besitzen den neuen elektronischen Personalausweis. Jedoch wissen die meisten mit seinen innovativen Funktionen nichts anzufangen. Dabei bietet er gerade für Banken großes Potenzial – und das nicht nur beim Online Banking.

Anja Kühner / Anita Mosch
erschienen im April 2012

„Ein wichtiges Ziel, weshalb sich viele Banken mit den Möglichkeiten des neuen Personalausweises beschäftigen, ist die Neukundengewinnung", ist für Matthias Matuschka klar. Der Manager bei der Unternehmensberatung BearingPoint begleitet das Bundesinnenministerium seit den ersten Tests des neuen Personalausweises und nun in dessen Einführungs- und Anwendungsphase.

Bisher stand einem Online-Vertragsabschluss vor allem das Geldwäschegesetz entgegen. Dieses verlangte zur Identifikation des Kunden ein PostIdent-Verfahren und anschließend noch eine erste Transaktion von einem sicheren Konto. Durch das Ende 2011 verabschiedete „Gesetz zur Optimierung der Geldwäscheprävention" entfallen das PostIdent-Verfahren und die erste Transaktion, wenn die Identifikation mit der elektronischen Ausweisfunktion des neuen Personalausweises (nPA) erfolgt.

Für Online-Banken war der Weg über das PostIdent-Verfahren kritisch. „Viele drucken das entsprechende Formular zwar aus. Doch dann damit zur Post gehen und wirklich das PostIdent-Verfahren durchführen, das machen nicht viele", so Matuschka. Die Konversionsrate sei daher relativ gering. Zudem entstehen beim PostIdent-Verfahren Kosten: „Sobald sich ein Kunde im Online-Geschäft per PostIdent legitimiert, fallen für die Bank nicht nur rund 7 Euro Fremdgebühren an, sondern auch Aufwand im Backoffice für die manuelle Nachbearbeitung. Da kostet selbst eine Online-Kontoeröffnung für die Banken schnell 20 Euro oder mehr", rechnet Matthias Albrecht, Vorstandssprecher des IT-Dienstleisters XCOM, vor.

Bequeme Kontoeröffnung von zu Hause aus

Eine Lösung scheint hier der Einsatz des neuen Personalausweises mit Ausweis-PIN zu bieten: Der Kunde benötigt das kreditkartenkleine Plastik-Dokument, zusätzlich zu seinem Computer zu Hause ein Lesegerät sowie die dazugehörige Software. „Mit dem

Wegfall des PostIdent-Verfahrens spart die Bank nicht nur Fremdkosten, sondern bietet ihren Kunden eine bequeme, vollautomatische Kontoeröffnung von zu Hause aus", sagt Dirk Franzmeyer, Vorstandssprecher der biw Bank für Investments und Wertpapiere. „Der Kunde hat sein neues Konto einfacher und schneller, was ihm eine zeitnahe Handlungsfähigkeit und der Bank eine geringere Abbrecherquote bringt."

Erste Showcases für die Einsatzmöglichkeiten des neuen Personalausweises im Bankgeschäft haben unter anderem die biw Bank und XCOM gemeinsam mit der Bundesdruckerei auf der CeBIT 2012 gezeigt. Die biw hat mit XCOM die Online-Ausweisfunktion des neuen Personalausweises bereits technisch in ihre Bankprozesse integriert, von der jetzt schon möglichen Online-Kontoeröffnung ohne PostIdent über das Online Banking bis zum Geldabheben ohne Bankkarte. „Technologisch sind wir bereits weit über das hinaus, was mit der herkömmlichen Bankkarte geht", sagt XCOM-Chef Albrecht. „Doch obwohl die Technologie quasi fertig ist, wird ein über Insellösungen hinausgehender Einsatz noch etwas Zeit brauchen." Denn zuvor seien noch Abstimmungen mit einigen Gremien erforderlich, unter anderem mit der Deutschen Kreditwirtschaft (DK).

Ebenfalls auf der CeBIT 2012 hat Reiner SCT ein Update seines Chipkartenlesers für den neuen Personalausweis präsentiert. Im „cyberJack RFID komfort" enthalten ist nun unter anderem eine E-Sign-Funktion. Mit dieser Unterschriftenfunktion können Dokumente, etwa Verträge, die eine eigenhändige Unterschrift erfordern, rechtsverbindlich elektronisch signiert und versendet werden.

Die Genossenschaftsbanken halten sich derzeit noch zurück, was eine Verwendung des neuen Personalausweises angeht. Und auch die Sparkassen-Finanzgruppe beobachtet momentan eher die technische Entwicklung. „Derzeit gibt es keinerlei Planungen, den elektronischen Personalausweis einzubinden. Wir werden die zukünftige Entwicklung jedoch im Auge behalten", sagt Michaela Roth, Sprecherin beim Deutschen Sparkassen- und Giroverband (DSGV).

Zu den Vorreitern in puncto nPA gehört die Deutsche Kreditbank (DKB). „Das Institut hat sehr intensiv am Anwendungstest teilgenommen", sagt Jens Fromm, Gruppenleiter für die Forschungsgruppe „Sichere Identitäten" am Fraunhofer Institut für Offene Kommunikationssysteme (Fokus). Doch bereits vor einiger Zeit hat die Bank ein elektronisches Berechtigungszertifikat beim Bundesverwaltungsamt in Köln beantragt – als einzige neben der Teambank. Im Vergleich zu anderen Unternehmen haben die beiden Institute umfangreiche Datenfelder beantragt, was mit den gesetzlichen Anforderungen zusammenhängt, welche Informationen Geldinstitute über ihre Kunden haben müssen, um Geschäfte abschließen zu dürfen.

Auch ausländische Banken sind an den Möglichkeiten interessiert, die der nPA eröffnet. „Der Wettbewerb wird sich verschärfen, wenn man als Kunde nicht mehr ins Ausland reisen muss, um bei einem ausländischen Institut ein Konto zu eröffnen", sagt Matuschka von BearingPoint.

> **Rechtssichere Kommunikation per E-Postbrief**
>
> Auch Banken würden gerne ohne Medienbruch mit ihren Kunden kommunizieren. Bisher schreibt der Mitarbeiter am Computer einen Brief, druckt diesen aus, steckt ihn in ein Kuvert und verschickt ihn. Neben den Material- und Portokosten fallen dabei viele Arbeitsstunden an. Eine rechtssichere Kommunikation aus dem Computer heraus erscheint hier wünschenswert. Mit E-Postbrief und De-Mail gibt es die Produkte, doch kaum jemand nutzt sie. „Neben den etablierten Ausgabekanälen Print, Web und E-Mail werden die Firmen die Vorteile von E-Postbrief und De-Mail zunehmend nutzen", ist Compart-Gründer und Vorstandschef Harald Grumser überzeugt. Vor allem Firmen, die einen hohen Postausgang haben, würden davon profitieren – und dazu zählt er Banken. Den E-Postbrief nutzen derzeit mehr als 100 große und über 10.000 kleinere Unternehmen, auch aus der Finanzbranche. Seit 2011 kooperiert die Deutsche Post mit dem auf die Weiterverarbeitung von elektronischen Dokumenten spezialisierten IT-Unternehmen Compart beim E-Postbrief und im Output-Management.

Neuerungen auch für SB-Geräte

Außer auf die Online-Funktionalitäten schielt die Branche auch auf die Geldautomaten. „Durch eine Integration des neuen maschinenlesbaren Personalausweises in die SB-Terminals könnte eine Bank erstmals rechtsverbindliche Geschäfte mit unbekannten Kunden machen, also mit Menschen, die bisher keine Kunden des eigenen Instituts sind", beschreibt Thomas Vogel, Leiter des Geschäftsbereichs Bargeldlösungen des IT-Dienstleisters S&N AG. Vor allem die Institute mit dem größten Geldautomaten-Netz hätten Interesse daran. „Sie haben die meisten Kontakte zu den Kunden anderer Banken." Doch auch Online-Banken versprächen sich viel davon, „denn durch eine verlässliche Authentifizierung an einem Geldautomaten würde die lästige Hürde des PostIdent-Verfahrens wegfallen", so Vogel.

Zur Verarbeitung des neuen elektronischen Personalausweises sind vom Bundesamt für Sicherheit in der Informationstechnik (BSI) zugelassene Kartenlesegeräte mit Radio Frequency Identification-(RFID, Funk-Frequenz-Identifizierung)-Leseverfahren erforderlich, die im Zusammenwirken mit der Anwendungssoftware, beispielsweise der Ausweis-App, eingesetzt werden. Die heute im Bankenumfeld verwendeten Lesegeräte für ec-Karten, Kunden- und Kreditkarten unterstützen diese Anforderungen nicht. „Daher wäre ein Upgrade erforderlich, etwa durch Integration eines zusätzlichen Kartenlesers für den neuen Personalausweis", sagt Thomas Semme, der das Thema bei Wincor Nixdorf betreut. „Eine in SB-Systemen integrierbare Bauform, die über eine entsprechende BSI-Zulassung verfügt, ist derzeit noch nicht verfügbar, nur Desktop-Lösungen."

Auch die Hersteller von Software für Geldautomaten beschäftigen sich intensiv mit dem nPA. Doch bis zur Einsatzfähigkeit wird noch einige Zeit verstreichen. „Geschäfte mit dem neuen Personalausweis am Geldautomaten werden ihre Praxistauglichkeit erst noch beweisen müssen", so Matuschka von BearingPoint.

Prüfgeräte für die Filiale

Die Bundesdruckerei hat Dokumentenprüfgeräte speziell für den privatwirtschaftlichen Einsatz entwickelt. „Diese Geräte sind für alle Unternehmen interessant, die eine Echtheits-Prüfung von Ausweisdokumenten ihrer Kunden vornehmen müssen", beschreibt Andreas Kalz, bei der Bundesdruckerei verantwortlich für den Produktvertrieb rund um den neuen Personalausweis und Dokumentenprüfgeräte für Unternehmen. Pilotbranche seien die Mobilfunkprovider. Mobilcom setze die Geräte in rund 100 Filialen ein, um zu verhindern, dass man sich mit einem gefälschten Ausweis beispielsweise ein subventioniertes iPhone erschleicht.

Fidor nutzt Alternative

Als erster Finanzdienstleister setzt die Fidor Bank ein vollelektronisches Fernidentifizierungsverfahren ein. Verify-U ist ein komplett online-basiertes Ident-Verfahren, bei dem das Wiesbadener Unternehmen Cybits als Identifikationsbroker agiert. Internet-Anbieter schicken die Daten des zu identifizierenden Kunden an den Verify-U-Betreiber, der dann unter anderem Datenbankabgleiche mit nach dem Signaturgesetz, Geldwäschegesetz und Glücksspielstaatsvertrag zugelassenen Referenzdatenbanken (etwa Meldebehörden) durchführt. So stellt er die Existenz des Kunden eindeutig fest und über weitere Prozessschritte sicher, dass die handelnde Person identisch mit der auf Existenz geprüften ist. „Innerhalb von zehn Minuten ist für rund 22 Millionen Deutsche dieser Identifikationsprozess vom heimischen Sofa aus möglich – und das auch ohne zusätzliches Lesegerät", beschreibt Hansjürgen Keiling, verantwortlich für Vertrieb und Marketing bei Cybits. „Bei den anderen Kunden dauert der Identifikationsprozess rund 24 Stunden. Der Kunde erhält dann ein Verify-U-Konto, mit dem er sich bei allen Unternehmen authentifizieren kann, die dieses System einsetzen."

Erstmals hatte die Bundesanstalt für Finanzdienstleistungsaufsicht (BaFin) im Oktober 2011 einer norddeutschen Bank bestätigt, dass nach dem Geldwäschegesetz keine Bedenken gegen den Einsatz dieses Verfahrens bestehen. Ende Januar 2012 teilte Cybits in einer Ad-hoc-Meldung den ersten Vertragsabschluss im Bankenbereich mit der Fidor Bank mit. Das Geschäftsmodell der Fidor Bank, die über soziale Netzwerke Finanzprodukte als Web-2.0-Mitmach-Bank anbietet, basiert auf ihrer Innovationsgeschwindigkeit.

Nach Keilings Ansicht ist derzeit der Einsatz des neuen Personalausweises zu aufwendig für die Nutzer und hat vor allem nicht die nötige Verbreitung, um in der Kundengewinnung eingesetzt werden zu können. „Mit Verify-U schicken wir diejenigen nicht weg, die die Funktionalitäten des elektronischen Personalausweises nicht freigeschaltet oder kein Lesegerät haben, sondern leiten die Kunden über eine andere Prozess-Schiene zur Identifizierung." Seien alle Voraussetzungen zur Nutzung der eIDFunktion des neuen Personalausweises erfüllt, könne ihn der Kunde auch bei Verify-U einsetzen.

Fazit

„Banken geben jedes Jahr eine Menge Geld für Sicherheitsmaßnahmen aus", beschreibt Fromm vom Fraunhofer Institut Fokus. „Da müsste die Kosten-Nutzen-Rechnung für den neuen Personalausweis sprechen."

CosmosDirekt hat 100.000 Lesegeräte verschickt

CosmosDirekt hat sich bereits früh am zentralen Anwendungstest für den neuen Personalausweis beteiligt. Der Online-Versicherer lässt seine Kunden und Interessenten den Kommunikationskanal wählen – und mehr als jeder Zweite entscheidet sich für das Internet. Kunden können sich mit dem neuen Personalausweis für „meinCosmosDirekt", den persönlichen Kunden-Bereich im Internet, registrieren und anmelden. Sie können sofort darauf zugreifen, müssen nicht auf Zugangsdaten per Post warten. Bei Vertragsabschlüssen können sich Kunden bereits heute mit dem neuen Ausweis online identifizieren, so dass das sonst übliche PostIdent-Verfahren entfällt. „Die Erwartungen, die wir im Rahmen der Pilotisierungsteilnahme zur Begleitung der Einführung des neuen Personalausweises hatten, wurden weitestgehend erfüllt", freut sich CosmosDirekt-Sprecher Stefan Göbel. „Die Integration des Systems sowie die Anwendung verlaufen reibungslos. Der neue Personalausweis hat ein hohes Nutzen-Potenzial für unsere Kunden." Rund 100.000 Kartenlesegeräte hat CosmosDirekt nach eigenen Angaben inzwischen an interessierte Kunden verschickt.

E-Bankenwerbung:

Der Werbebrief ist tot – es lebe der Werbebrief

Durch E-Mail- und Facebook-Marketing werden immer weniger volladressierte Mailings verschickt. Doch die Versandzahlen von Papierbrief-Marketings pendelt sich auf niedrigerem Niveau ein. Denn wo weniger Post ins Haus flattert, gewinnt der einzelne Brief an Wert.

Anja Kühner
erschienen im Oktober 2012

Immer mehr Marketing- und Werbebudget wird in Online-Medien gesteckt. Das ist eines der zentralen Ergebnisse des Dialog Marketing Monitors der Deutschen Post von 2012. Nicht nur hinsichtlich der Nutzeranteile haben die Online-Medien wie die eigene Website, E-Mail-Marketing und externes Online-Marketing die Nase vorn. Auch bei den Gesamtaufwendungen hat der Online-Bereich, der bereits in den vergangenen zwei Jahren deutlich gewachsen ist, mit einem Anstieg um 8 % das größte Plus zu verzeichnen. Damit wenden die Unternehmen für Online-Medien mit 12,1 Mrd. Euro jetzt eine vergleichbare Summe auf wie für den konstanten Markt der Werbesendungen.

Doch laut Marketing-Experten bedeutet diese Entwicklung keinesfalls einen Abgesang auf den papiernen Werbebrief. „Der gesamte Verkaufs- und Marketingprozess orientiert sich gerade neu", beschreibt Kay Peters. Der Professor für Dialogmarketing an der Universität Hamburg sieht den Trend, dass Mailings künftig differenzierter eingesetzt werden. Schon heute steuere weitgehend die EDV, welcher Brief an welchen Kunden versendet werde. „Der Digitaldruck macht personalisierte Kleinstauflage schon ab 5.000 Briefen möglich", sagt der Forscher. Die Zukunft des Papier-Mailings seien kleinere Auflagen und personalisiertere Inhalte. Der aufs Geratewohl ausgesandte Werbebrief mit seinen im Promillebereich liegenden Response-Raten gehöre der Vergangenheit an.

Kunden bespaßen statt binden

Auch der Schweizer Marketing-Profi Friedhelm Lammoth plädiert der für ein Nebeneinander von traditionellen und modernen Marketing-Werkzeugen. „Print ist tot!? Es lebe das Mailing!", ist seine Überzeugung. „Das Mailing wird sich als Alternative, wenn nicht als Gegenpol zum öffentlichen Austausch in den sozialen Netzwerken positionieren." Das Internet habe auch in der Marketingbranche einige Veränderungen bewirkt. „Die Technik fördert die Atomisierung unserer Lebensumstände und damit auch die Auflösung der Medien und Marketinglandschaft", erklärt Lammoth. In unserer Überfluss-Gesellschaft werden nicht die Angebote knapp, sondern die Wünsche. „Das Überangebot an Information und der hohe Sättigungsgrad der Konsumgesellschaft stellen die Marketing-Branche vor neue Herausforderungen", so Lammoth. Traditionelle Marketing-Werkzeuge könnten helfen, zu den Kunden weiterhin durchzudringen: „Alle, die den Offline-Dialog vernachlässigen, werden bald feststellen, dass sie ihre Kunden nicht mehr binden, sondern nur noch bedrängen oder bespaßen können."

Lammoth kritisiert, dass auch Interessenverbände sich zu sehr auf das Online-Thema stürzen und verweist darauf, dass der Deutsche Dialogmarketing Verband DDV beispielsweise in seinem Jahrbuch 2011/12 dem Thema Print nur noch 10 von 110 redaktionellen Seiten widmet. Dabei sei es seiner Meinung nach absehbar, dass die traditionellen Tools automatisch attraktiver werden, sobald Online-Werbung teurer wird. Lammoth prognostiziert, dass sich das Mailing als Alternative zum öffentlichen Austausch der sozialen Netzwerke positionieren wird.

Jeder Dritte reagiert auf PURL

Im Trend liegt laut Lammoth eine Verzahnung von Offline- und Online-Welt. Das Zauberwort heiße hier PURL, „personalisierte URL". Der Kunde erhalte per Postkarte oder Brief eine nur für ihn generierte Internetadresse, beispielsweise www.kunde1.musterfirma.de, die ihn auf eine personalisierte Homepage führt. Beim PURL-Marketing startet der Online-Dialog, sobald die PURL eingetippt wird. Laut Lammoth würden Visitor-Zahlen von 30 % nicht nur aus den USA gemeldet, sondern auch von Anwendern in Europa.

Kunden vertrauen Papier

Dialogmarketing kommt beim Aufbau von Kundenvertrauen eine große Rolle zu. „Gerade die briefliche Kommunikation kann vorteilhaft sein, da sie vertraut ist und für die Empfänger – anders als bei einer E-Mail – keine Risiken, etwa Computerviren, birgt und meist weniger belästigend empfunden wird als Telefonanrufe", sagt Andreas Mann, Inhaber des Stiftungslehrstuhls für Dialogmarketing des 2002 als Tochter der Deutschen Post gegründeten Siegfried Vögele Instituts (SVI) an der Universität Kassel. „Die Ergebnisse einer Pilotstudie zeigen, dass direkte kommunikative Maßnahmen, wie Mailings oder Telefonaktionen, grundsätzlich positiv auf die Wahrnehmung von Wohlwollen, Zuverlässigkeit und Glaubwürdigkeit von Unternehmen wirken."

Menschen mögen Mailings

Andreas Kneiphoff hält die angebliche Schwemme im Briefkasten für ein Märchen. Der Geschäftsführer von Mediadress, Vorsitzender des List Council im Deutschen Dialogmarketing Verband (DDV) und ehemaliger Banker, ist überzeugt, dass das Gefühl, viel Werbung zu erhalten, an den unadressierten Werbesendungen und Anzeigenblättern liege, die je nach Ort sogar mehrmals pro Woche ins Haus flattern. Auch Post von Versandhändlern, bei denen man irgendwann mal etwas bestellt hatte, trage oft zu dem Werbeschwemme-Gefühl bei. Doch meint Kneiphoff: „Ich habe den Eindruck, dass sich viele Menschen darüber freuen, mal wieder ein anständiges Mailing zu erhalten".

Dieser Eindruck wird von einer repräsentativen Umfrage des Bundesverbandes Informationswirtschaft, Telekommunikation und neue Medien (BITKOM) bestätigt, wonach 61 % der Befragten erklärten, Werbung erhalten zu wollen. Immerhin 70 % der Bundesbürger sind der Meinung: „Werbung muss sein, weil sonst die Wirtschaft nicht funktioniert."

Hohe Öffnungs-Rate

Obwohl also Werbebriefe grundsätzlich bei den meisten Menschen willkommen sind, landen rund 80 % ungeöffnet im Papierkorb, sagt Rudolf Jahns, Vorsitzender des Agenturcouncils des DDV. Für Post von Banken zählen diese Marketing-Erfahrungswerte jedoch nicht. „Fast 90 % aller Briefe von Banken werden geöffnet", weiß Professor Peters. Damit verfügten die Finanzinstitute über die höchste Öffnungsrate. „Die Menschen haben Angst, etwas wichtiges zu verpassen, beispielsweise einen Kontoauszug zu übersehen." Außerdem gehe es bei Bankpost immer ums Geld. „Das ist grundsätzlich ein attraktiver Inhalt, bei dem sich auch das Anschauen von Werbung lohnt", bestätigt Rudolf Jahns. Mit einem Papierbrief befasse sich der Empfänger auch länger, was sich aus den Response-Raten ablesen lasse. Bei Papier-Mailings liegen sie im Prozent-Bereich, bei E-Mails im Promillebereich.

Computergesteuerte Analyse vor Aussendung

Bevor ein Mailing versandt wird, steht in der Regel ein intensiver Analyseprozess. Durch einen geschlossenen Analysekreislauf konnte die Dresdner Bank die Response-Raten teilweise auf rund 250 % der ursprünglichen Ergebnisse steigern, beschrieb Martin Nitsche zum „Dialogmarketing bei Finanzdienstleistern" im Leitfaden Dialogmarketing 2008. Bis Mitte 2011 war er Leiter Marketing für Privat- und Geschäftskunden bei der Commerzbank, seit einigen Monaten ist er Geschäftsführer von Solveta, dem Herausgeber von Online-Quintessenzen.

Seit 2008 sind die Analysemethoden freilich deutlich präziser geworden. Vor allem Online-Banken beobachten das Klickverhalten ihrer Kunden auf der Webseite. So kann das Anklicken eines bestimmten Banners ausschlaggebend dafür sein, dass dieser Kunde ein Mailing zugesandt bekommt. „Wenn ein Interesseindikator gegeben ist, dann ist ein Brief nach wie vor unschlagbar", bestätigen die Forschungen von Professor Peters. Daher zählen die Direktbanken auch zu den Haupt-Versendern von Direct Mailings in der Finanzbranche

Eher Kundenbindung als Akquise

„Papier-Mailings werden künftig stärker als bisher zur Kundenbindung eingesetzt und verlieren an Gewicht für die Neukundenakquise", ist Jahns überzeugt. Daher werden die Inhalte wertiger, aufwändiger und individueller. „Es kommt mehr auf die Haptik an, besseres Papier wird verwendet, es wird mehr mit Effekten gearbeitet, zum Beispiel mit spielerischen Elementen", beschreibt Jahns. Dazu gehöre, wenn sich beim Aufklappen der Post etwas auffalte oder hochspringe. Auch Professor Peters bestätigt diesen Trend: „Man schickt nicht nur höherwertige Materialien, sondern legt auch häufiger Zusatzinformationen oder eine Broschüre bei." Das mache das Porto zwar teurer, aber den Brief für die ausgewählten Empfänger viel interessanter und aufschlussreicher. Denn von den im Jahr 2011 für Papier-Mailings ausgegeben mehr als 9 Mrd. Euro in Deutschland entfiel laut Jahns rund ein Drittel der Kosten auf das reine Porto. „Der Transport von Papier ist zu aufwendig für die reine Nachrichtenübermittlung."

Fazit: Papier-Mailings gewinnen an Wertigkeit

„Das gemeine Mailing wird in Zukunft zur Premium-Kommunikation", ist Martin Nitsche überzeugt. „Was uns heute billig vorkommt, wird künftig so selten, dass es an Wertigkeit gewinnt." Nitsche prognostiziert einen immer leerer werdenden Briefkasten: Rechnungen werden per E-Mail versandt, Kontoauszüge gibt es heute online statt per Brief. „Ein Brief aus Papier wird selten, er wird künftig nur noch an die besten Kunden versandt, das Papier wird wieder dicker, dadurch wird er wertvoller", beschreibt Nitsche, der auch im Vorstand des Dirketmarketingverbandes DDV tätig ist. Künftig signalisiere ein Papierbrief dem Kunden Exklusivität. „Ein Brief wird wieder den Wert erhalten, den er zu Goethes Zeit mal hatte", prophezeit Nitsche.

Elektronische Kundenmagazine:

Banken sehen Chancen beim Tablet-Publishing

Die Mediennutzung und das Kommunikationsverhalten der Deutschen verändern sich stetig. Neben Fernsehen, Radio und Printprodukten sind inzwischen auch Tablet-PC und das Smartphone zum beliebten Informationskanal geworden. Einige Banken nutzen diesen Trend bereits und bieten ihren Kunden E-Magazine an.

Wolfgang A. Eck
erschienen im März 2012

Als mir meine Tochter per SMS mitteilte, dass sie nicht mit der Familie frühstücken will, wurde mir deutlich, wie sich unser Verhalten sukzessive, aber nachhaltig ändert. Früher wäre sie doch zumindest die Treppe heruntergekommen, um mir das zu sagen. Heute fragen Kunden online Börsenkurse ab, checken den Kontostand oder geben die aktuellen Geldausgaben in den kostenlosen S-Haushaltsplaner der Sparkassen ein.

Was unsere Großeltern gar nicht mehr nachvollziehen können, saugt die heutige Jugend – die so genannten Digital Natives – quasi mit der Muttermilch auf. Natürlich spielen gedruckte Medien nach wie vor eine große Rolle in der Breitenkommunikation, aber die Online-Nutzung – bequem sowie unabhängig von Tageszeit und Ort – holt gewaltig auf. Genauso steigen die Ansprüche der Nutzer. Langweilige Bleiwüsten haben insbesondere in der schnellen Online-Welt nichts verloren.

Digitale Kundenmedien

Rund 4,4 Mrd. Euro investierten Unternehmen in Deutschland, Österreich und der Schweiz (DACH) 2010 in das Corporate Publishing – über ein Drittel, nämlich 1,6 Mrd. Euro, wurde davon für digitale Unternehmensmedien ausgegeben, so eine Studie der Beratungsgesellschaft zehnvier research & strategy aus dem Jahr 2010. Das zeigt die Relevanz der elektronischen Kommunikation. Ein relativ neues Medium in der digitalen Familie sind E-Magazine: Unternehmen im deutschsprachigen Raum lassen sich diese jährlich circa 110 Mio. Euro kosten. Bereits 4.150 Firmen setzen das neue Format in der DACH-Region ein, das im Schnitt alle zwei Monate erscheint und knapp 20.000 Leser erreicht.

Elektronische, also „E"-Magazine – im angelsächsischen Raum auch gerne „ezine" genannt – können über das Internet an stationären oder mobilen Endgeräten empfangen werden. Dabei bieten die technischen Möglichkeiten eine interaktivere und bildstärkere Darstellung von Inhalten, als es in einer gedruckten Zeitschrift der Fall ist. Mittelfristig werden sie ihre zellstoffhaltigen Geschwister zwar nicht ersetzen, aber sie gewinnen immer mehr an Bedeutung. Die Definition von E-Magazinen hat sich dabei durch die neuen technischen Möglichkeiten gewandelt. Während früher bereits als pdf-Dokument ins Netz gestellte Exemplare des gedruckten Magazins als E-Version betitelt wurden, sehen die modernen Maßstäbe vollkommen anders aus. Nicht nur die Textmenge ist bei professionellen Umsetzungen online-optimiert: Verlinkungen, Zusatzinformationen und Beiträge im Video- und Audioformat machen Zeitung lesen zu Zeitung erfahren.

Die Marketingberatung zehnvier research & strategy hat für das BANKMAGAZIN auf Grundlage der CP-Basisstudie 02 (2010) einige Zusatzauswertungen zum Sektor Banken/Financial Services vorgenommen. Die Ergebnisse zeigen, dass in vielen Feldern noch unterdurchschnittliche Werte erzielt werden, vergleicht man die Zahlen mit anderen Branchen. Nur bezogen auf die Zielgruppe Investoren haben Banken und Finanzdienstleister die Nase vorn:

- 20 % (alle Branchen: 31 %) der Banken setzen E-Magazine ein.
- 10 % (alle Branchen: 18 %) setzen E-Magazine ein, um Konsumenten anzusprechen.
- 15 % (alle Branchen: 18 %) setzen E-Magazine ein, um Geschäftskunden anzusprechen.
- Und 10 % (alle Branchen: 6 %) der Banken setzen E-Magazine ein, um Investoren anzusprechen.

Wenn, dann richtig

Elektronische Newsletter und Magazine sind schon seit Jahren im Einsatz, allerdings in sehr unterschiedlicher Qualität und Ausfertigung: oft als einfache Synergie aus dem Produktionsprozess als pdf-Datei und Zwillingsschwester der Printausgabe – ohne Rucksicht auf Online-Besonderheiten. Spalten machen in der Online-Version beispielsweise keinen Spaß, denn wer scrollt schon gerne hoch und runter. Auch sind gute Online-Texte immer kürzer und prägnanter als die gedruckten Versionen und sollten interaktiv sein. Das heißt: Gibt es weitere interessante Informationen zu dem Thema, führt ein Link zum Video, zur Analyse oder zum ausführlichen Whitepaper. Darauf gehen die modernen Varianten für Smartphone und Tablet-PC ein.

Den Entscheidern in den Kreditinstituten ist das bewusst, weiß Professor Clemens Koob, Managing Director von zehnvier research & strategy: „80 % der Banken und Finanzdienstleister denken, dass Cross-Media-Konzepte – zum Beispiel aufeinander abgestimmte Print- und Online-Medien – für sie künftig wichtiger werden." Auch sieht der Corporate-Publishing-Experte, dass die Banken sich der besonderen Rolle und Wirkung dieses Kommunikationskanals durchaus bewusst sind. „Wenn Unternehmen des Sektors E-Magazine einsetzen, messen sie diesen oft eine große Bedeutung bei: Für 50 % der Finanzdienstleister, die E-Magazine einsetzen, spielen diese eine sehr große Rolle bei der Erreichung der Kommunikationsziele, über alle Branchen liegt dieser Wert nur bei 28 %."

Die E-Magazine der Finanzdienstleister erscheinen im Schnitt knapp zehnmal pro Jahr. Koob: „Das ist überdurchschnittlich häufig, alle Branchen kommen nur auf circa sechs Ausgaben". E-Magazine erlauben aus Sicht der Finanzdienstleister vor allem eine emotionale, kosteneffiziente Zielgruppenansprache und sie dienen hauptsächlich der Imagepflege. Doch bei aller Euphorie darf eines nicht vergessen werden, so Koob: „Digitale Magazine können sehr nützlich sein. Wichtig ist aber, dass sie in eine übergreifende Kommunikationsstrategie eingebunden werden."

Tablet-Publishing ergänzt den Medienmix

Die zeitgemäße und mediengerechte Umsetzung in den elektronischen Zeitschriften eröffnet neue Möglichkeiten der Kommunikation, die als Ergänzung zu bestehenden Kommunikationsmaßnahmen inklusive Print gesehen wird. Vor allem neue mobile Endgeräte machen das Format der E-Magazine immer attraktiver. Mehr als 82 % der Unternehmen und Dienstleister schätzen den Tablet-Computer als das künftig wichtigste mobile Endgerät für Corporate Publishing ein. Und es soll nicht nur der B2C- oder B2B-Kommunikation dienen, sondern vor allem auch E-Commerce-Formate beinhalten. Dabei wird das Tablet-Publishing vor allem im Dienstleistungssektor wichtig für die Kundenkommunikation werden.

Einer der Vorreiter in Sachen E-Magazin: „compass" der comdirect bank

Mehrwerte durch interaktive Elemente

Aufgrund der verschiedenen technischen Möglichkeiten im E-Magazin können Inhalte anders dargestellt werden. Interaktivität und ein noch schnellerer Zugang zu Informationen spielen hierbei eine wichtige Rolle. „Aus unserer Sicht eignen sich Tablet-Varianten für Themen, bei denen interaktive Elemente für einen Zusatznutzen sorgen. Beispiele hierfür sind Experten-Interviews sowie komplexe und erklärungsbedürftige Sachverhalte, bei denen Grafiken oder Videos weitere Hintergrundinformationen liefern", sagt Steffen Kapraun, Associate Director bei UBS. Seine Bank hat Anfang 2011 das „UBS-KeyInvest-Magazin" für Zertifikate & Hebelprodukte erstmals als kostenlose App für das Apple iPad zusätzlich zur Printversion veröffentlicht. Dabei werden die Inhalte des Print-Magazins um interaktive Elemente erweitert, sind aber ansonsten unverändert.

Für die GAD eG aus Münster steht die Vermittlung von Wissen und Fachinformationen im Vordergrund. Das Unternehmen publiziert seit Herbst 2011 eine iPad-Version seiner Kundenzeitschrift „forum", die zeitgleich zur Printausgabe erscheint. „Wir sehen ,GAD ePrint' als wichtigen zusätzlichen Baustein in unserer Kundenkommunikation. Das wirklich Spannende an diesem Medium sind vor allem die Mehrwerte und multimedialen Möglichkeiten, die sich ergeben. Fachliche Themen vertiefen wir durch Video- und Audiopodcasts; etwa zu Themen wie der multibankfähigen Online-Filiale oder den besonderen Vorteilen unseres webfähigen Bankenverfahrens bank21, über dessen Nutzen sich Bankmitarbeiter in einem Video äußern", erläutert Pressesprecherin Bettina Kroll. Mit Bildergalerien sei es dann beispielsweise möglich, Veranstaltungen noch anschaulicher und spannender in den Fokus des Lesers zu bringen. Kroll: „Nicht zuletzt soll das Magazin auch Spaß machen. Deshalb sind auch immer wieder interaktive Animationen integriert."

Die comdirect bank war einer der Vorreiter und bietet ihren Kunden bereits seit Oktober 2010 eine kostenlose Tablet-Variante des quartalsweise erscheinenden Kundenmagazins „compass" für das iPad an. Während die Printversion an 250.000 ausgewählte Bestandskunden versendet wird, kann das E-Journal sowohl über die comdirect-Website als auch über den App-Store von Apple auch von Interessenten kostenlos heruntergeladen bzw. angesehen werden. „Mit der compass-App wurde das Printmagazin ergänzt und die compass-Medienfamilie weiter ausgebaut", sagt Lars Angerer, Leiter Branding & Werbung bei der comdirect bank. „Darüber hinaus gibt es den monatlich erscheinenden Newsletter compact sowie Thementeaser auf der Website."

Angerer sieht die E-Variante als wichtige Möglichkeit, sich als modernes, zeitgemäßes Unternehmen bei Kunden und Interessenten zu positionieren. Auch bei der comdirect orientiert sich die App-Version an der gedruckten Vorlage. Angerer: „Diese heftnahe Umsetzung stärkt den Wiedererkennungseffekt. Kunden, die von der Printversion zur App-Version wechseln, erhalten die gleichen Inhalte. Darüber hinaus beinhaltet die App zusätzliche Features, wie etwa verlängerte Bildstrecken, Animationen und Videos, komplette edukative Serien oder eine Archivfunktion vergangener Ausgaben." Ein weiterer Vorteil der App sei die Aktualität: Durch Direktverlinkungen auf den comdirect-

Informer können sich die Leser zum Beispiel direkt zu aktuellen Entwicklungen bestimmter Wertpapiere informieren. „Damit wird das zeitliche Gap, das bei der Printversion zwischen Redaktionsschluss und Erscheinungstermin besteht, aufgehoben", so der Marketing-Experte.

> **Ezine – Zahlen und Fakten**
>
> Die wichtigsten Ergebnisse der „Corporate-Publishing-Basisstudie 02 – Digitale Unternehmensmedien" auf einen Blick:
> - Im Raum DACH gibt es rund 4.150 Unternehmen, die E-Magazine einsetzen, insgesamt mit etwa 8.800 Titeln.
> - E-Magazine erscheinen im Schnitt knapp sechsmal pro Jahr, das heißt alle zwei Monate. Im Durchschnitt haben die E-Magazine rund 20.000 Leser pro Ausgabe. Die E-Magazine umfassen durchschnittlich etwa 25 Seiten.
> - 70 % der E-Magazine sind PDF-basiert (online blätterbares pdf, pdf zum Download, Rich Media pdf).
>
> **Organisation und Distribution:**
> - Über ein Drittel der Unternehmen bindet keine externen Dienstleister ein und erledigt alle Arbeiten intern.
> - Für E-Magazine werden hauptsächlich zwei Distributionswege genutzt: die eigenen Webseiten sowie Newsletter.
>
> **Budgets und Refinanzierung:**
> - Das durchschnittlich verfügbare Jahresbudget liegt bei 25.800 Euro. Rund 16 % der Unternehmen, die E-Magazine einsetzen, verfügen über ein Budget von mindestens 50.000 Euro.
> - Insgesamt investieren Unternehmen in Deutschland, Österreich und der Schweiz jährlich etwa 110 Mio. Euro in E-Magazine. Dem steht ein Refinanzierungsvolumen von rund 20 Mio. Euro gegenüber.
>
> **Erfolgsmessung und Impact:**
> - Sechs von zehn Unternehmen nutzen die Anzahl der Abrufe zur Erfolgskontrolle der E-Magazine. Viele Unternehmen schöpfen jedoch quantitative und qualitative Instrumente nicht aus.
> - E-Magazine erfüllen die meisten als wichtig erachteten Ziele. Sie erlauben insbesondere eine emotionale, kosteneffiziente Zielgruppenansprache.

Künftige Entwicklungen:
- Crossmediale CP-Konzepte werden weiter an Bedeutung gewinnen: 68 % der Unternehmen stimmen (voll und ganz) zu, dass Cross-Media-Konzepte beim Corporate Publishing für sie künftig wichtiger werden.
- Die Mehrheit (54 %) plant vermehrte Investitionen in digitale Medien.
- Vor allem Unternehmen aus dem Dienstleistungssektor planen vermehrte Investitionen in digitale Unternehmensmedien.
- Ein Drittel der Unternehmen plant keinerlei Budgetumschichtungen zu Lasten von Print – für weitere 38 % kommt eine Budgetumschichtung höchstens teilweise in Frage.
- 37 % glauben nicht, dass digitale Unternehmensmedien in Zukunft CP-Printmedien ablösen werden – allerdings sind auch 36 % der Auffassung, dass die Printmedien durch digitale Medien abgelöst werden.

Zahlen gelten für Deutschland, Österreich und die Schweiz
Quelle: zehnvier research & strategy

Die Kunden beißen an

Das Interesse ist groß, berichtet die comdirect bank, die wohl die längste Erfahrung mit der Tablet-Version vorweisen kann. „Obwohl die App kaum beworben wird und der Markt für Magazin-Apps in den vergangenen Monaten stark angewachsen ist, verzeichnen wir ein kontinuierliches Leser-Plus von 30 % von Ausgabe zu Ausgabe. Die letzte compass-App wurde etwa 7.000-mal über den iTunes-Store von Apple heruntergeladen", sagt Angerer.

„Wir haben ausgezeichnete Rückmeldungen von unseren Kunden zur App erhalten. Insbesondere die hohe Zahl der Kunden, die regelmäßig ein Update zur neuen Ausgabe laden, freut uns sehr", berichtet auch Steffen Kapraun von UBS.

Und der Sprecher der DAB bank, Dr. Jürgen Eikenbusch, kann von den Ergebnissen einer Leserbefragung seines Magazins, das an rund 80.000 Kunden adressiert wird, berichten, dass 59 % die elektronische Ausgabe bevorzugen, 41 % die Print-Ausgabe. Eikenbusch: „Die Vorteile einer elektronischen Publikation gegenüber der gedruckten sind Interaktivität, Zugriff, Verfügbarkeit, Kostenersparnis bei Druck und Versand sowie Verlinkungsmöglichkeiten auf weiterführende Informationen." Obwohl die Druckkosten bei einigen Herausgebern komplett entfallen, berichten diese Unternehmen, dass die Kosten sich doch wenig von denen einer Printausgabe unterscheiden. Sind doch die technischen Umsetzungen, Filmeinspieler und Veranstaltungsdokumentationen zu budgetieren. Die haben eben auch ihren Preis, will man ein entsprechendes Niveau erreichen.

Trend Gamification:

Die woll'n doch nur spielen!

Ein neues Technik-Modewort macht die Runde: „Gamification". Motivierende Faktoren und Prinzipien aus Spielen sollen auf Bankprodukte und -services übertragen werden. Sind die Videospiele mehr als nur ein Marketing-Gag? Und tut eine Industrie, die Vertrauen zurückgewinnen muss, gut daran, „Gamification" allzu stark umzusetzen?

Anita Mosch
erschienen im März 2012

Der Markt für Gaming boomt. Nach den Ergebnissen einer aktuellen Umfrage der GfK für den Bundesverband Interaktive Unterhaltungssoftware e.V. (BIU) nutzte jeder vierte Deutsche über zehn Jahre das Internet 2011 zum Spielen. Mit 11,3 Millionen Nutzern liegen insbesondere Browserspiele im Trend. Aber was haben Banken davon, wenn Millionen Deutsche täglich an virtuellen Städten, Farmen, Pizzerien und Mafia-Clans werkeln?

Durch „Serious Games" reale Probleme lösen

Vorgestellt wurde die Idee der Gamification im Jahr 2008 von der Spiele-Entwicklerin Jane McGonigal. Ihr Buch „Reality is Broken: Why Games Make Us Better and How They Can Change the World" zeigt auf, dass Gaming eine wichtige Ressource für kollaboratives Problemlösen werden kann. Ihre Theorie: Der durchschnittliche Videospielnutzer verbringt bis zu seinem 21. Lebensjahr 10.000 Stunden vor dem PC. Das ist Ausbildung von der Grundschule bis zur Mittleren Reife benötigt. Online-Gamer investieren also Zeit in eine Expertise, die für die Lösung globaler Probleme genutzt werden könnte. Das im Jahr 2007 vorgestellte Spiel „World of Oil", in dem die Gamer Überlebensstrategien für ein Leben ohne Öl entwickeln sollen, war ein erfolgreicher erster Versuch zum Beleg dieser Theorie. Das Ergebnis: Viele Spieler behielten die Verhaltensweisen zum Sparen von Ressourcen auch nach dem Spiel im realen Leben bei.

„Urgent Evoke" von der Weltbank gefördert

Auch die Finanzindustrie hat sich bereits an der Förderung dieses Ansatzes beteiligt. Das Spiel „Urgent Evoke" aus dem Jahr 2010 wurde mit 500.000 US-Dollar von der Weltbank gefördert. Spieler sollen in Teams Lösungsansätze für die dringlichsten globalen Probleme finden. Über einen Zeitraum von zehn Wochen arbeiten die Urgent-Evoke-Teams gemeinsam an zehn verschiedenen Szenarien zu Armut, Verschlechterung der wirtschaftlichen Verhältnisse, Hunger, Wassermangel, Menschenrechten, nachhaltigen Energien, Gesundheitsfürsorge oder Gewalt. Punkte gibt es für die Bewältigung von Aufgaben im realen Leben, die entsprechende Lösungsansätze liefern sollen. Dazu können etwa ehrenamtliche Tätigkeiten zählen.

Das so genannte „Serious Gaming" kennt jedoch auch andere Spielarten: Es kann in Unternehmen eingesetzt werden, um Innovationsprozesse zu beschleunigen. So versucht Spieleentwickler und Psychologe Luke Hohmann, Autor des Buchs „Innovation Games: Creating Breakthrough Products through Collaborative Play", Unternehmen mit „Serious Games" bei komplexen kollaborativen Aufgaben zu helfen. Spiele wie „Prune the Product Tree" drehen sich um die Optimierung der Produktpalette. Auch Finanzunternehmen wie Mass Mutual lassen sich durch „Serious Gaming" in ihren Strategieprozessen unterstützen.

Fun! Fun! Fun! – Spaß hält den Kunden bei der Stange

Mit Spaß bei der Sache bleiben – das kann aber natürlich auch im Verhältnis zum Kunden sinnvoll sein. Denn ein Ziel von Gamification ist, positive Verhaltensänderungen durch den „Spaß-Faktor" zu bewirken. So entwarf Professor Jesse Schell, der an der Carnegie-Mellon-Universität in Pittsburgh/USA tätig ist, den Teilnehmern der Spiele-Konferenz DICE 2010 ein Bild der Zukunft, bei dem Menschen mit Belohnungspunkten incentiviert werden. Egal ob Zähneputzen oder Sparraten einhalten – der Spieltrieb des Menschen sollte genutzt werden, um ihn zu einem positiven Verhalten zu motivieren. Zukunftsmusik? Nicht mehr im Bereich des persönlichen Finanzmanagements.

Das Startup „Payoff.com" bietet seinen Nutzern die Möglichkeit, eigene finanzielle Ziele zu verwirklichen. Erreicht man diese Ziele, erhält man Abzeichen, so genannte „Badges", inspiriert von der Pfadfinderbewegung. Um den Spieltrieb weiter zu fördern, kann man für seine Zielerreichung natürlich Preise gewinnen – und das dann seinem sozialen Netzwerk mitteilen. Auch die Plattformen „Bobber.com", „Mint.com" und „smartypig.com" verfolgen ein ähnliches Ziel. Allerdings wird hier stärker der Interaktionsgedanke genutzt – sowohl in Form von Wettbewerb als auch bei der Möglichkeit, sich untereinander zu helfen. Der deutsche Anbieter „kontoblick.de" hingegen kommt noch recht spaßfrei daher. Zwar ist dieser sehr ansehnlich visualisiert, Gamification-Elemente sind jedoch nicht eingebaut.

> **Die so genannte „FUN theory" …**
>
> … nimmt an, dass die schnellste Möglichkeit, das Verhalten von Menschen zu ändern, darin besteht, ihnen Spaß an der Veränderung zu vermitteln. Auch praktische Probleme des Alltags können mit der Spaßtheorie gelöst werden. Wie ermuntert man beispielsweise Menschen dazu, statt der Rolltreppe die Treppe zu benutzen? Die Antwort: Man funktioniert die Treppenstufen zu großen Piano-Tasten um, wie eine Idee aus Stockholm zeigt (Video auf YouTube, Stichworte „Piano" und „Rolltreppe"). Ein anderes Beispiel: Wie kann man Menschen dazu animieren, bei einer roten Ampel wirklich anzuhalten? Lösung: Die wartenden Personen können während der Rot-Phase Quiz-Fragen aus Wikipedia über eine LED-Anzeige lösen. VW Schweden konnte damit nicht nur das Thema Nachhaltigkeit promoten, auch als virale Marketingkampagne an sich war „Fun Theory" überaus erfolgreich. Eines der Gewinnervideos konnte innerhalb von vier Tagen 1.200.000 Views generieren. Mehr zum Thema unter www.thefuntheory.com

Was genau ist „Gamification" und was nicht?

Aber wo fängt „Gamification" an, wo hört das gute alte „Gewinnspiel" auf? „Ich finde die Diskussion über ‚Was ist Gamification und was nicht?' nicht sehr wertschöpfend", so Gamification-Experte Lorenz Ritzmann von der Schweizer Consulting-Firma Stimmt. Es sei viel wichtiger zu sehen, wie Produkte und Services durch Spielmechanismen erweitert werden können. Das sei sicher komplizierter als bei einem in sich geschlossenen Gewinnspiel. „Bei der Anwendung von Gamification muss beispielsweise überlegt werden, welche Motive der Spieler man ansprechen möchte, damit sie die Aufgabe überhaupt als Spiel wahrnehmen und mit Freude versuchen, immer besser darin zu werden", so Ritzmann. Wollen sich Kunden mit den übrigen Spielern messen? Möchten sie anderen helfen? Möchten sie einfach zu einer Gemeinschaft dazugehören? Möchten sie einen bestimmten sozialen Status erreichen? Ein tiefes Verständnis der „Spieler" in ihrer aktuellen Situation sei dafür nötig, egal ob es sich um Endkunden oder Mitarbeiter handelt.

Werden ethische Regeln beachtet, so sei Gamification im Bereich Banking sicher sinnvoll eingesetzt, da es von sich aus eigentlich schon viele spielerische Elemente beinhaltet. „Forex-Trading Communities, beispielsweise etoro.com, veranstalten ja bereits heute verschiedenste Trading Challenges", weiß Ritzmann.

Trend Gamification: Die woll'n doch nur spielen! 139

Smartypig.com will seinen Nutzern helfen, die eigenen finanziellen Ziele zu erreichen – zum Beispiel für eine Hochzeit zu sparen. Das Geld der Nutzer wird in Fonds von BBVA Compass, Mitglied der spanischen BBVA Gruppe, investiert.

Das Spiel „Urgent Evoke" (www.urgentevoke.com) wurde von der Weltbank gefördert. Spieler sollen in Teams Lösungsansätze für die dringlichsten globalen Probleme finden.

Spielerisch mehr Kundenloyalität erreichen

Eingesetzt werden kann das Spieleprinzip auch im Customer Relationship Management. Vorbilder aus anderen Branchen gibt es bereits. So hat Starbucks die gute alte Kundenkarte mit Stempeln zur Steigerung der Kundenloyalität schon hinter sich gelassen. Kunden, die ein Smartphone nutzen, haben ihren eigenen Kaffee-Incentive-Plan mit Belohnungen für jeden weiteren „Level", den sie erreichen. Nike hat gemeinsam mit Apple eine Running Community aufgebaut. Auch hier ist die Nutzung von Smartphones essenziell: Die Anzahl der Schritte, die mit den Nike-Schuhen zurückgelegt wurden, wird aufgezeichnet und kann dann in der Community mitgeteilt werden.

Zur Neukundengewinnung hat die Kiwibank aus Neuseeland den Spielgedanken in einer Werbekampagne umgesetzt. Kern der Kampagne ist ein interaktiver YouTube-Kanal, „Operation Easyswith", in dem der Besucher durch Betreten mehrerer Räume auf spielerische Art über die Vorteile des Wechsels zur Kiwibank informiert wird. Den Charakter eines Spiels bekommt der Kanal, indem der Nutzer mit unterschiedlichen Gegenständen interagieren kann. Zum Beispiel kann er einen Code aufgreifen, um einen Tresorraum zu öffnen.

Generell sei Gamification allerdings nur dann wertstiftend, wenn das Unternehmen wisse, was es überhaupt incentivieren möchte, konstatiert Experte Ritzmann. Denn sonst ist Gamification eben doch nur eine Spielerei.

Elektronische Mailings:

Reputation siegt

Ein Klick entscheidet darüber, ob eine E-Mail gelöscht oder gelesen wird. Je besser der Ruf eines Absenders, desto größer ist die Wahrscheinlichkeit, dass seine Nachricht auch gelesen wird. Darüber hinaus entscheiden zahlreiche weitere Faktoren über den Erfolg eines elektronischen Mailings.

Anja Kühner
erschienen im Februar 2013

Foto: ©pizuttipics/Fotolia.com

Ganze 118 Absender hat Frank Weber eigenhändig in seinem Spam-Filter gespeichert. „Darunter sind fünf Finanzdienstleister", erklärt der Chef der auf HR-Kommunikation spezialisierten Beratung und Lehrbeauftragter an der Hochschule Fresenius. „Die Mails von diesen Absendern haben mich entweder in ihrer Penetranz genervt oder inhaltlich meiner Erwartungshaltung nicht entsprochen." Auch bei E-Mail-Mailings gelte der Grundsatz von „Promise & Delivery": „Wurde bei dem letzten Mailing, das ich von diesem Absender erhalten habe, der geweckte Eindruck erfüllt?", fragt Weber. Das Versprechen stecke bei den E-Mails in der Betreffzeile, die Handlung in Inhalt und Aussage des Textes. „Das ist eine ‚one shot only'-Situation, denn der Absender hat genau ein einziges kurzes Zeitfenster, um seine Nachricht rüberzubringen. Beim Lesen von Absender und Betreffzeile entscheidet sich, ob die Mail geöffnet, gelöscht oder gar als Spam markiert wird."

Sortierte Posteingänge bei Google Mail ebenso wie bei Facebook gewichten nach einem inneren Algorithmus: Angezeigt wird nur, was interessant erscheint, alles andere landet in einem zweiten Postfach. Die Auswahlkriterien orientieren sich an bereits erhaltenen E-Mails und ob der Empfänger beispielsweise auf eine E-Mail geantwortet hat. Durch Markieren der elektronischen Post kann der Empfänger den lernenden Algorithmus beeinflussen. Daher gewinnt die Reputation eines Absenders zunehmend an Bedeutung.

„Tests und Umfragen haben gezeigt, dass die wichtigsten Kriterien beim Öffnen einer E-Mail oder eines Newsletters der Absender und die Betreffzeile sind", bestätigt auch Sebrus Berchtenbreiter, Geschäftsführer von promio.net und gleichzeitig Vorsitzender des Councils Digitaler Dialog im Deutschen Dialogmarketing Verband (DDV). Wer den Absender kenne und ihm vertraue, der neige eher dazu, die E-Mail zu öffnen. E-Mails von unbekannten Absendern würden dagegen häufig direkt gelöscht.

Ebenso steige die Löschquote an, wenn sowohl der Absender als auch die Betreffzeile einen unseriösen Eindruck machen oder gänzlich nichtssagend sind. „Die Angst, sich beim Öffnen einer E-Mail Viren auf dem eigenen Endgerät einzufangen, ist immer noch weitverbreitet. Diese Angst sollte man dem Leser von Anfang an nehmen", rät Berchtenbreiter.

Reputation = (Fachlichkeit + Charisma) x Nachhaltigkeit

Eine Umfrage der Unternehmensberatung Weber Shandwick aus dem Jahr 2012 ergab, dass rund 60 % des Marktwerts eines Unternehmens von der Reputation seines Geschäftsführers abhängen. Gleichzeitig knüpfen knapp die Hälfte der Führungskräfte und Konsumenten das Image eines Unternehmens und seiner Produkte an die Reputation der Führungspersönlichkeiten. Sechs von zehn Befragten bezeichnen die Stellungnahmen und Auftritte von Top-Führungskräften in der Öffentlichkeit als maßgebliche Faktoren für den Kauf eines Produktes.

„Unternehmensführer dürfen nicht davon ausgehen, dass das, was sie sagen, unbemerkt an der Öffentlichkeit vorübergeht", ist Frank Weber überzeugt. Reputation helfe daher dabei, etwas besser zu kalkulieren, also abzuschätzen, wie sich jemand künftig verhalten wird. „Eine wichtige Basis für solche Abschätzungen sind Vertrauen und Glaubwürdigkeit. Die Reputation eines Managers speist sich damit nicht allein aus seiner fachlichen Kompetenz." Fachlich kompetente Manager gibt es laut Weber viele. Der Aufbau einer Manager-Premium-Marke erfordere mehr. „Hier sprechen wir über Charisma", so Weber. Es gebe vier Stellschrauben, um an der eigenen Reputation zu arbeiten und sie systematisch zu gestalten. „Pflicht ist die fachliche Leistung, doch als Kür kommen Kommunikation und Verhalten sowie ein darauf abgestimmtes authentisches Erscheinungsbild hinzu", weiß der Berater. Zur Erklärung der Zusammenhänge verwendet Weber eine Formel: Reputation = (Fachlichkeit + Charisma) x Nachhaltigkeit. Als Absender sollte möglichst eine Kombination aus Namen und Institut gewählt werden, rät Laura Lamieri, Senior Consultant Dialog Research und Consulting am Siegfried-Vögele-Institut. Absenderadressen à la „newsletter@..." würden schon seit längerer Zeit nicht mehr verwendet.

„Sind die Informationspräferenzen des Kunden klar, können diese im Newsletter zielgerichtet bedient werden."

Jörn Grunert, Geschäftsführer von
Experian Marketing Services

„Grundsätzlich ist es sinnvoll, einen realen Personennamen als Absender zu wählen statt des Unternehmensnamens", ist die Erfahrung von promio.net-Experte Berchtenbreiter. Am besten sei der Name einer realen Person. Das schaffe Vertrauen und stehe für Seriosität. Dies habe sich insbesondere in der Banken- und Versicherungsbranche als äußerst erfolgreich bewährt. Hierbei sei allerdings sicherzustellen, dass der Leser den Namen kenne. Mit Blick auf die Kundenbindung rät er, möglichst eine gleichbleibende Person als Absender zu wählen. „Bauen Sie eine Kundenbeziehung auf und wählen Sie zum Beispiel den Namen des Kundenbetreuers oder des Filialleiters", empfiehlt Berchtenbreiter. Neben dem Absender ist die Betreffzeile die einzige Information, die der Empfänger einer E-Mail sofort sieht. „Persönliche Betreffzeilen haben höhere Öffnungsraten", ist die Erfahrung der Dialogmarketing-Expertin Lamieri. Die direkte Anrede mit Namen („Herr Meyer") werde jedoch mittlerweile fast schon inflationär gebraucht und vor allem auch von Spam-Mails eingesetzt. „Die positive Wirkung kann so auch wiederum leicht verpuffen."

„Im lesbaren Bereich der Betreffzeile sollte das Produkt auftauchen, um das es geht", rät Lamieri. Wichtig sei vor allem ein aussagekräftiges Angebot, das die Neugierde des Empfängers wecke. Nur dann klicke er die E-Mail oder den Newsletter zum Lesen an. „Der Vorteil für den Empfänger muss schon in der Betreffzeile erkennbar sein." Dabei sei gerade von Finanzinstituten immer zu beachten, dass die Seriosität gewahrt bleibe.

Vorschaufenster zeigen Bilder oft nicht an

In einem Großteil der Fälle beginnt der Dialog dennoch bereits vor dem Öffnen der E-Mail, wenn diese in einem Vorschaufenster angezeigt werde. Die Nachricht sollte keinesfalls in Form eines einzigen Bildes gestaltet werden. „Viele Empfänger setzen Bildblocker ein, und die erhalten den Eindruck einer leeren, inhaltslosen E-Mail", beschreibt Laura Lamieri. Sie gibt daher den Tipp, in jedem Fall vor der Aussendung eines Mailings bei verschiedenen Standard-E-Mail-Programmen und unterschiedlichen Online-Providern zu testen, wie die Mail beim Empfänger angezeigt wird.

„Outlook oder Lotus Notes lassen eine E-Mail oft völlig anders aussehen als T-Online, GMX, Web.de oder Gmail", weiß die Dialogmarketing-Expertin. Da immer mehr Menschen ihre E-Mails auf Smartphones und Tablet-PCs abrufen, sollte eine gute Lesbarkeit auch auf mobilen Endgeräten gewährleistet werden, rät Lamieri. Nicht immer verschickt ein Unternehmen Newsletter vom eigenen E-Mail-Server aus. Bei der Auswahl des Dienstleisters sollte dieser verpflichtet werden, dass er nicht unter seiner Absenderadresse Spam und Potenzpillen-Werbung im Auftrag von anderen verschickt, raten Experten unisono. Denn Spam-Blocker und schwarze Listen reagieren nicht nur auf den Namen, sondern auch auf die IP-Adresse des Absenders.

Manchmal nützt jedoch die beste Reputation nichts: Wenn der Absender einer E-Mail nämlich einen Namen hat, den Spam-Filter automatisch in eine thematisch andere Ecke stecken und ausfiltern. So geschieht es beispielsweise auch dem Siegfried Vögele Institut für Dialogmarketing, dessen Nachrichten allein aufgrund seines Namens allzu oft erst gar nicht in den Postfächern der Empfänger landen.

„Alle Kunden mit individuellen Maßnahmen zu binden, ist für die Bankberater meist zu aufwendig", weiß Jörn Grunert, Geschäftsführer von Experian Marketing Services in Deutschland. Dabei biete E-Mail-Marketing der Finanzbranche die Möglichkeit, ohne erheblichen Mehraufwand die Beratung der Kunden zu individualisieren. Denn: „Per E-Mail können Kunden ‚automatisiert' mit interessenspezifischen Informationen versorgt werden – und so Finanzgeschäfte persönlich gemacht werden."

Links als erfolgreiche Call-to-Action-Elemente

Tests haben ergeben, dass Kunden auf E-Mails tendenziell öfter reagieren, die mit einem integrierten Link zu einem so genannten Präferenz-Center ausgestattet sind, weiß Experian-Geschäftsführer Grunert. Dort wird das individuelle Interesse für bestimmte Themen abgefragt, zusätzlich kann auch die gewünschte Versandfrequenz erfragt werden. „Sind die Informations- und Handelspräferenzen des Kunden klar, können diese in künftigen Newslettern zielgerichtet bedient werden – beispielsweise mit Vorschlägen für bestimmte Aktien in Form spezieller Monatstipps", empfiehlt Grunert. Die Verbindung eines Tipps oder einer Information mit einem so genannten „Call-to-Action"-Element sei hierbei von zentraler Bedeutung – „als Angebot eines persönlichen Kontakts zum individuellen Betreuer, wann immer der Empfänger das wünscht". Ein weiteres wichtiges Element, das Raum für intelligente Kundenbindungsmaßnahmen biete, seien Transaktions-E-Mails. Hat der Kunde zum Beispiel auf einer Handelsplattform eine Kauf- oder Verkaufsabsicht kundgetan, bekommt er sofort nach Abschluss der Transaktion eine Bestätigung per E-Mail. „Dies ist eine Serviceleistung, die er schätzen wird", ist Grunert überzeugt. Diese E-Mails könnten dem Marketing zusätzliche Möglichkeiten eröffnen, denn „der Empfänger hat ein persönliches Interesse an der Nachricht und schenkt ihr hohe Aufmerksamkeit".

Antworten sollten nicht ins Leere laufen

Reagieren Kunden auf einen Newsletter, so beziehen sich gar nicht wenige Kunden in ihrer Antwort auf die Person, die als Absender angegeben ist. „Diese Person sollte im Idealfall für Antworten zur Verfügung stehen", so Beraterin Lamieri vom Siegfried Vögele Institut. Wenn nicht, so sollte in jedem Fall sollte ein Prozess hinterlegt sein, der eine Reaktion adäquat gewährleistet. So könne beispielsweise ein Mitarbeiter im Namen des Vorstandes antworten. Greife der Empfänger als Reaktion auf ein E-Mail-Mailing zum Telefon und rufe an, so dürfe dieser Anruf nicht ins Leere laufen. „Der mit der E-Mail begonnene Dialog sollte in jedem Fall weitergeführt werden", rät Lamieri.

Online und Mobile Banking: Einfach, genial, sicher?

Internet-Kriminalität:

Was im Netz lauert

Von Phishing und Trojanern bis zu Social Engineering – im Internet gibt es zahlreiche Betrugsmöglichkeiten.

Anja Kühner
erschienen im Dezember 2011 (Kastenelemente) und im Oktober 2012

Anfang 2012 richteten Internetkriminelle in kurzer Zeit mehr als 8 Mio. Euro Schaden an, indem sie Firmenkonten bei deutschen Banken plünderten. Im Durchschnitt fehlten hinterher 5.499 Euro auf den Konten. In Anlehnung an die mit hohem Einsatz spielenden Glücksspieler wird die Verbrechenskampagne „High Roller" genannt, denn sie zielte auf Geschäftskonten mit 25.000 bis 100.000 Euro Saldo. Nach dem erfolgreichen Start in Deutschland und Italien versuchten die Cyber-Betrüger, in vielen Ländern Europas, den USA und in Kolumbien insgesamt zwischen 60 Mio. und 2 Mrd. Euro zu entwenden.

Erstmals gelang es bei „High Roller", die Authentifizierung mittels Chipkartenleser und PIN zu umgehen. Das Besondere der Vorgehensweise war ein hoher Grad an Automatisierung, stellten die Forscher von McAfee und Guardian Analytics in ihrer Analyse der Vorfälle fest. Automatisch wurden im Namen des Nutzers betrügerische Transaktionen ausgeführt und hinter Warn- und Wartemeldungen versteckt. Die Schad-Software transferierte Beträge von Spar- auf Girokonten und dann zu Mittelsmännern im Ausland, die das Geld abhoben und es dann mit Hilfe von Person-zu-Person-Geldtransfer, beispielsweise Western Union, weiterleiteten. An diesen Cyberangriffen war ein Botnetz aus 60 über die ganze Welt verteilten Servern beteiligt.

Verstärkt sind aber Unternehmen inzwischen Angriffsfläche von Cyberattacken und nicht mehr Privatkonten. Eine im Mai veröffentlichte Studie des Sicherheitsspezialisten CheckPoint Software zeigt auf, dass 69 % der Angriffe finanziellen Betrug oder den Zugriff auf die Finanzdaten des Unternehmens zum Ziel hatten. Im Schnitt muss ein deutsches Unternehmen 82 neue Security-Attacken pro Woche hinnehmen, wobei ein erfolgreicher Angriffe durchschnittliche Kosten von 298.359 US-Dollar verursacht. Die größten Gefahren stellen laut Studie Social-Engineering-Angriffe und Bot-infizierte Rechner dar.

Anteil von Phishing nimmt ab

Obwohl die Erfahrung im Umgang mit Computern und dem Internet wächst, schützt sie nicht vor Schaden, war das überraschende Ergebnis des im Sommer 2011 erschienenen Telekommunikationsmonitors des Sozialforschungsinstituts Infas. Erfahrene und häufige Surfer, die die Gefahren eigentlich kennen müssten, treffe es öfter. Ob jemand Opfer wird oder nicht, hänge auch nicht von soziodemografischen Faktoren ab, es erwische alle mehr oder minder gleichmäßig. „Der Zusammenhang zwischen Online-Aktivität und Betrugsrisiko", heißt es in einer für Spiegel Online zusammengestellten Analyse, „lässt erwarten, dass die Zahl der Delikte in den kommenden Jahren noch deutlich zunehmen wird".

Zwar ist allseits bekannt, dass man nicht auf E-Mails eines unbekannten Absenders klicken und dass jeder Rechner mit einem Virenschutzprogramm ausgestattet sein sollte. Trotzdem steigt die absolute Zahl der Phishing-Fallen weiter an. Phishing ist der Versuch, beispielsweise über gefälschte Web-Adressen, per E-Mail oder Kurznachrichten an Daten des Internetnutzers zu gelangen, um dann dessen Konto zu plündern. Laut Infas-Studie wurden 1,5 Millionen Menschen in den vorangegangenen zwei Jahren Opfer einer Phishing-Falle.

Doch der Anteil von Phishing am gesamten Betrugsvolumen rund ums Internet nimmt ab – denn andere Betrugsmaschen legen noch rasanter zu. Das ergibt eine Gartner-Marktanalyse zum Thema Betrugsprävention im Internet. Der Studie vom Frühjahr 2011 zufolge stellen Fälle, bei denen eigentlich legitimierte Kundenrechner selbst für betrügerische Handlungen verwendet wurden, einen immer größeren Anteil am Internet-Betrugsgeschehen dar. Dazu kann es kommen, wenn der Computer des Nutzers mit einem Trojaner infiziert ist. Trojaner sind Programme, die im Hintergrund arbeiten und möglichst viele persönliche Daten ausspionieren. Damit erhalten die Kriminellen unter anderem auch Passwörter und Kreditkartendaten. Besonders gefährlich sind so genannte Backdoor-Trojaner, die eine Hintertür am Computer einrichten, durch die der Hacker Zugriff auf den Computer erhält.

Standard-Trojaner ist seit dem Jahr 2007 Zeus, ein Do-It-Yourself-Virus-Kit, das bereits für rund 1.000 Euro angeboten wird. Im Sommer 2011 warnte das Bundeskriminalamt (BKA) vor einem besonders raffinierten Banking-Trojaner. Er spiegelt seinem Opfer eine versehentliche Überweisung vor, die Kunden per Rücküberweisung auf das Konto der Online-Kriminellen rückgängig machen sollen. Da die Rücküberweisung vom Opfer manuell eingegeben wird, greifen die Bank-Sicherheitsmechanismen wie PIN- und TAN-Schutz nicht. Auch Trojaner, die gleichzeitig Online-Banking- und Kreditkarten-Daten ausspionieren, sind laut BKA im Kommen.

Ein möglicher Schutz gegen Trojaner wäre es, einen so genannten Browserfingerabdruck zu nutzen. Diese Computer-Erkennung wurde ursprünglich für Banken entwickelt, um damit Betrugsversuche beim Online Banking zu enttarnen. Aus der Konfiguration des Rechners werden Charakteristika wie Betriebssystem, Browser-Version, installierte Plug-ins, Zeitzone und installierte Fonts gesammelt und daraus ein individueller Fingerabdruck des PCs generiert. Das Zwischenergebnis eines Forschungsprojekts der Hochschule Mittweida legt nahe, dass ein veränderter Fingerabdruck auf eine Trojanerinfektion hindeutet.

Trojaner verhalten sich anders als normale Nutzer

Die Gartner-Analysten haben herausgefunden, dass sich Betrugsversuche mittels Trojaner oft frühzeitig beim Log-in, Navigieren und Auslösen von Transaktionen erkennen lassen. So leiten Trojaner Überweisungen in Sekundenschnelle weiter. Nutzer benötigen dagegen meist 20 bis 30 Sekunden. Hier könnte also eine Überprüfung auf Bankenseite greifen. Allerdings gilt es, die datenschutzrechtlichen Vorgaben genau zu beachten. „Wer darüber nachdenkt, das Nutzungsverhalten seiner Online-Kunden zu überwachen – und sei es aus Sicherheitsgründen – muss immer abwägen, inwieweit er damit das Kundenvertrauen aufs Spiel setzt", warnt die auf Datenschutz spezialisierte Düsseldorfer Rechtsanwältin Carmen Escandell-Reininger.

Bank 1 Saar checkt den Computer

Einen ersten Schritt zu mehr Sicherheit auf seinem eigenen Computer kann der Nutzer der Webseite der Bank 1 Saar machen: Durch einen Klick startet er eine Online-Überprüfung seines Rechners, die 60 Punkte umfasst, unter anderem das Betriebssystem, Browser und Programme sowie Add-Ons und Plug-Ins. „Die Prüfung ist ein vorbeugendes Sicherheitsprodukt, das für das Thema Sicherheit sensibilisiert", heißt es aus der Bank 1 Saar. Der Computercheck trete nicht in Konkurrenz zu etablierten Sicherheitsprodukten wie Virenscannern und Firewalls, wolle und könne diese nicht ersetzen.

Quelle: Bank 1 Saar

Banken sollten von infizierten PCs ausgehen

Nur auf 38,4 % aller infizierten Rechner wird der Trojaner Zeus von einem Antivirenprogramm entdeckt. Daher sollten Banken nach Ansicht der Europäischen Netzwerk- und Internetsicherheits-Agentur (ENISA) „davon ausgehen, **dass** die PCs infiziert sind". Geldinstitute müssten Schritte unternehmen, um ihre Kunden vor betrügerischen Transaktionen zu schützen. Dazu sei es „wichtig, mit dem Nutzer den Wert und das Ziel bestimmter Transaktionen gegenzuchecken". Infrage käme dazu die Nutzung eines sicheren Kanals oder eines sicheren Geräts, beispielsweise eine SMS, ein Telefonanruf oder ein selbstständiger Smartcard-Reader mit Bildschirm.

Facebook ermöglicht Social Engineering

Mit dem Aufstieg von sozialen Netzwerken wie Facebook gewinnt außerdem eine neue Form der Internet-Kriminalität momentan deutlich an Gewicht, das so genannte „Social Engineering". Auf Facebook finden Betrüger eine solche Vielzahl persönlicher Informationen, dass Kriminelle damit den Nutzern vorgaukeln, sie zu kennen. So bauen sie Vertrauen zu ihnen auf und fragen dann alles inklusive Bankdaten ab.

Banken fördern Spammer

Die Anzahl unerwünschter E-Mails, so genannter Spam, könnte weltweit deutlich reduziert werden, wenn Banken mitmachten. Würden nur wenige Banken einer kleinen Anzahl Spammern die Gelddienste verweigern, wäre Schluss mit gefälschten Edel-Uhren, nachgemachtem Viagra und Penisverlängerungen. Das zumindest behauptete im Juni 2011 ein Forscherteam kalifornischer und ungarischer Universitäten nach der Analyse von 76 Spam-Bestellungen im Auftrag der Wissenschaft. Sicherheitsexperte Brian Krebs analysierte zudem Daten des berüchtigten russischen Affiliates-Programms Glavmed, die Verkäufe im Wert von knapp 50 Mio. Euro im Zeitraum 2006 bis 2010 widerspiegeln. Die meisten dieser Transaktionen wurden über folgende Banken abgewickelt: FMBE Bank aus Zypern, Bank Hapoalim aus Israel, die tschechische Ceska Sporitelna und zwei Banken aus Aserbaidschan (International Bank of Azerbaijan und JSCB Bank Standard). Brian Krebs zufolge wickelten drei US-Banken, nämlich die Bank of America, Chase Bank und Wells Fargo, rund 32 % des Geldverkehrs via Kreditkarte ab. Weitere 25 % des Gesamtumsatzes entfallen auf nur sechs weitere Banken: Capital One, Citibank, U.S. Bank, Barclays Bank, HSBC und PNC. Eigentlich müsste es für heimische Geldhäuser oder die großen Kreditkartenfirmen recht einfach sein, verdächtige Transaktionen zu erkennen und Transfers an diese Institute zusätzlichen Prüfungen zu unterziehen.

Bank	Transaktionen	Umsatzanteil
Bank of America	66.180	13 %
Chase Bank	59.810	11 %
Wells Fargo Bank	42.483	8 %
Capital One Bank	22.199	4 %
Citibank	17.384	3 %
U.S. Bank	15.514	3 %
Barclays Bank	8.988	2 %
HSBC Bank	8.556	2 %
PNC Bank	8.284	2 %
Metabank	5.821	0,3 %

Quellen: Spiegel Online, www.krebsonsecurity.com

Betrugsmaschen:

Mobil ist nicht besonders sicher

Die mTAN gilt vor allem dann als unsicher, wenn sie per SMS auf einem Smartphone landet. Viren und Trojaner greifen das Mobile Banking auf dem Handy an und auch Schadsoftware für Tablet-PCs ist im Anmarsch.

Anja Kühner
erschienen im Januar 2012

„Mit der rasanten Verbreitung einer neuen Generation mobiler Endgeräte werden neuartige Kriminalitätsformen nicht lange auf sich warten lassen", befürchtet der Vorsitzende des eco Verbandes der deutschen Internetwirtschaft, Professor Michael Rotert. Der mobile Angriff ist für Kriminelle besonders attraktiv, weil Smartphones längst nicht mehr nur Telefon, E-Mail- und Surfstation sind, sondern beispielsweise auch für Mobile Banking und Bezahldienste genutzt werden, so der eco.

War es früher noch ein Medienbruch, die TAN per SMS zuzusenden, so ist diese einst als sicher erachtete TAN-Variante heute alles andere als sinnvoll. Schätzungen zufolge betreiben bereits rund ein Drittel der europäischen Smartphone-Nutzer regelmäßig Online Banking über ihre mobilen Geräte. „Die Menschen wollen heute alles mit einem Gerät machen", erklärt IT-Sicherheitsexperte Gerald Spiegel von Steria Mummert Consulting. Durch diese Zusammenlegung von Mobilfunk mit der Computertechnologie leidet die SMS-gestützte Multifactor-Autorisierung und wird selbst zum Sicherheitsrisiko. „Zwar verbieten die meisten Banken durch Sonderbedingungen, SMS-TAN mit dem für das Online Banking benutzten Gerät zu empfangen", beschreibt Accenture-Bankenexperte Christof Innig. Aber nicht immer sei dies technisch ausgeschlossen. Wer sich eine mTAN auf sein Smartphone schicken lässt und mit dem gleichen Gerät Online Banking betreibt, ermöglicht so genannte „Man in the Middle"-Angriffe. Dass dies nicht nur reine Theorie ist, beweist der im Sommer 2011 erstmals aufgetauchte Trojaner Zitmo, der gezielt das Banking auf dem Smartphone angreift. Verbraucher könnten außerdem nicht wissen, so Innig weiter, dass Gerätezwitter wie iPads nicht immer zweifelsfrei vom Bankserver identifiziert werden können.

> **Zitmo – der Smartphone-Trojaner**
>
> In mehreren Stufen greift der bekannte Trojaner Zeus in seiner auf Smartphones zielenden Version namens „Zeus in the Mobile" (Zitmo) sowohl Internet-Banking als auch mTAN ab:
> Zeus infiziert zunächst den Computer des Opfers. Der Trojaner erkennt und stiehlt den Nutzernamen und das Passwort für das Online-Bankkonto. Dann simuliert Zeus ein Webformular der Bank im Browser und fragt die Handynummer des Nutzers ab. An diese Nummer wird eine SMS geschickt, die das Opfer auffordert, ein angebliches Sicherheitszertifikat auf dem Smartphone zu installieren, das in der SMS per Link angebunden ist. Tut der gutgläubige Nutzer dies, installiert er den Zitmo-Trojaner auf dem Handy. Kommt anschließend eine SMS mit einer mTAN von der Bank, greift Zitmo diese mTAN ab und schickt sie an seinen kriminellen Erschaffer. So hat der Kriminelle die Zugangsdaten zum Online-Bankkonto des Opfers, kann damit eine räuberische Überweisung starten und den Versand der mTAN auslösen. Diese stellt ihm das infizierte Handy direkt zu. Mit dieser mTAN autorisiert er die Überweisung und hat ein zweistufiges Sicherungsverfahren der Bank überwunden.

Abgekürzte Internetadressen locken auf gefälschte Seiten

„Die Bedrohung durch Phishing ist beim Mobile Banking momentan noch gering ausgeprägt, auch wenn dies vermutlich nur eine Frage der Zeit sein dürfte", erwartet Innig. Ein Grund dafür: Vor allem im Kurznachrichtendienst Twitter, der hauptsächlich über Mobiltelefone benutzt wird, ist die Abkürzung von Webadressen (URL) gängig. Dadurch geht die Möglichkeit verloren, die Echtheit der aufgerufenen Adresse zu prüfen. Phishing ist somit nicht mehr nur mittels betrügerischer E-Mails möglich.

Ist die Bluetooth-Übertragung auf dem Handy aktiviert, kann eine Nachricht aufploppen, dass ein anderer Smartphone-Nutzer etwas auf das Gerät hochladen möchte, zum Beispiel einen Gutschein. Auch Betrüger nutzen Bluetooth zum Übertragen von Schnüffelprogrammen, die sich etwa in Werbebotschaften verstecken können: „Sie setzen auf die grenzenlose Neugier der Menschen", sagt Spiegel. Er betont weiter: „Für Smartphones braucht der Nutzer die gleiche Sorgfalt wie für den PC oder Notebooks." Dazu gehören Virenschutz, Firewall und Anti-Spyware.

Einen Vorteil im Hinblick auf die Installation von neuen Programmen gibt es bei Handys im Vergleich zum stationären Internet immerhin: Die meisten Anwendungsprogramme (Apps) werden über einen Marktplatz heruntergeladen. Dem kommt die Funktion eines Schutzwalls zu, wie der AppStore-Report der European Network and Information Security Agency (ENISA) ausweist. ENISA-Sicherheitsexperte Dr. Giles

Hogben erklärt: „Die Marktplatzbetreiber wie Apple, Google, Microsoft oder Nokia haben die Möglichkeit, mithilfe einer Eingangskontrolle sicherzustellen, dass über ihre Stores keine Schädlingssoftware zum Verbraucher gelangt."

Handy-Geldbörse ist nur so sicher wie Bargeld

Vier von fünf Experten für mobiles Internet sind sich sicher, dass Smartphones bereits in wenigen Jahren die Geldbörse ersetzen können, so eine Umfrage von eco im Rahmen mehrerer Fachtagungen der Kompetenzgruppe Mobile. „In dem Moment, in dem Smartphones in größerem Stil als digitale Geldbörsen zum Einsatz gelangen, wird es zu einer neuen Kriminalitätswelle kommen", glaubt der eco-Vorsitzende Rotert. Er fordert alle Beteiligten zur intensiven Zusammenarbeit beim Thema Sicherheit auf – von den Geräteherstellern über die Internet Service Provider und Mobilfunker bis hin zu Banken und Kreditkartenfirmen. Denn Handy-Geld ist wie Bargeld: Geht es einmal verloren, dann ist es in der Regel weg.

10 Smartphone-Risiken

	Art der Gefahr	*Beschreibung*
1	Datenverlust durch Verlust oder Diebstahl des Gerätes	Das Smartphone wird gestohlen oder geht verloren. Sowohl Speicher als auch Speicherkarten sind ungeschützt und erlauben einem Angreifer den Zugriff auf die darauf gespeicherten Daten.
2	Unbeabsichtigte Datenfreigabe	Der Nutzer des Smartphones gibt unbeabsichtigt Daten frei, zum Beispiel auch, indem ein Sitznachbar Einsicht erhält.
3	Angriffe auf ausgemusterte Smartphones	Das Smartphone wird nicht korrekt außer Betrieb genommen (etwa von Unternehmen), woraufhin es Angreifern möglich ist, Zugang zu den Daten darauf zu erhalten.
4	Phishing-Angriff	Ein Angreifer sammelt Zugangsdaten (zum Beispiel Passwörter und Kreditkarteninformationen) mittels echt erscheinender, aber in Wirklichkeit gefälschter Anwendung oder Nachrichten (SMS, E-Mail).
5	Spyware-Angriff	Auf dem Smartphone ist Schnüffel-Software installiert, die einem Angreifer unkontrollierten Zugriff auf persönliche Daten erlaubt oder diese Daten verändert.

	Art der Gefahr	Beschreibung
6	Netzwerk-Manipulation	Ein Angreifer installiert einen offenen WiFi- oder GSM-Netzwerk-Zugang in der Hoffnung, dass sich gutgläubige Nutzer darauf anmelden. Geschieht dies, kann der Betrüger die über seinen Zugang laufende Kommunikation komplett abfangen, auswerten und die so gewonnenen Informationen und Daten für weitere Angriffe nutzen, etwa Phishing.
7	Versteckte Überwachung	Ein Angreifer kapert das Smartphone des Opfers und kann jeden Schritt überwachen.
8	Dialer-Software	Ein Angreifer stiehlt Geld vom Nutzer durch Malware, also Software, die im Hintergrund teure Premium-SMS-Dienste oder Telefonnummern nutzt.
9	Finanz-Schadsoftware	Das Smartphone ist mit einem Schadprogramm infiziert, das Kreditkartennummern, die Zugangsdaten zum Online Banking stiehlt oder Transaktionen beim Online Banking oder Online-Einkauf umleitet.
10	Netzwerk-Überlastung	Das Netzwerk ist überlastet aufgrund von Smartphone-Nutzung. Damit ist es für den Endnutzer nicht erreichbar.

Online Banking:

Barrierefrei im Netz unterwegs

Blinde, hör-, lern- und geistig behinderte Menschen treffen beim Online Banking häufig auf unüberwindliche Hindernisse. Doch genauere Beschreibungen, eine vorlesbare Version der Beschriftung auszufüllender Felder, erklärende Filme in Gebärdensprache und individuelles Ausschalten des Time-outs sind machbar.

Anja Kühner / Anita Mosch
erschienen im September 2012

„Jahrelang konnte ich kein Online Banking nutzen", sagt Gerd Schwesig. Der Diplom-Sozialarbeiter im Blinden- und Sehbehindertenverband ist selbst blind. Er musste auf das Telefonbanking ausweichen. Doch dann stellte seine Bank diesen Service ein. Er hatte Glück: „Meine Bank vor Ort hat mich zurate gezogen und so bietet sie jetzt ein barrierefreies Online Banking an." Viele Banken ignorieren eine Regelung, die sie seit vergangenem Herbst dazu anhält, ihre Webseiten barrierefrei zu gestalten. Denn seit September 2011 gilt in Deutschland die Barrierefreie-Informationstechnik-Verordnung, BITV 2.0, auf der Grundlage des § 11 des Behindertengleichstellungsgesetzes (BGG). Mit der Verordnung sollen die besonderen Belange gehörloser, hör-, lern- und geistig behinderter Menschen stärker berücksichtigt werden.

Die BITV 2.0 ist Teil der Umsetzung des Artikels 9 der UN-Behindertenrechtskonvention, die fordert, dass Menschen mit Behinderungen einen gleichberechtigten Zugang zu Informations- und Kommunikationstechnologien haben müssen. Bisher gilt die Verordnung in ihrer Gänze zwar nur für die Webseiten des Bundes, dennoch hat sie die Diskussion um barrierefreie Internetseiten in Gang gebracht.

Öffentliche Institutionen vorbildlich

Das Bundesministerium für Arbeit und Soziales, von dem die BITV 2.0 federführend stammt, geht bei der Umsetzung vorbildlich voran. Auf seinem zentralen Internetportal werden vielfältige Themen beispielsweise aus den Bereichen Arbeit und Soziales gebündelt. Damit lern- und geistig behinderte Menschen besser durch den Internetauftritt navigieren und sich in diesem zurechtfinden können, hat das Ministerium einen Leitfaden in leichter Sprache erstellt. Zudem werden für hörbehinderte Menschen Informationen zum Inhalt und Hinweise zur Navigation in einem Film mit Übersetzungen in deutscher Gebärdensprache erklärt. Mit dem Leitfaden in einfach verständlicher Sprache und dem Erklärfilm erfüllt das Bundesministerium die Anforderungen aus der BITV 2.0.

Barrierefreies Web – BITV 2.0 und Co.

Schon 1999 formulierte das World Wide Web Consortium Richtlinien für barrierefreie Web-Inhalte („Web Content Accessibility Guidelines"). Das World Wide Web Consortium (kurz W3C) ist das Gremium zur Standardisierung der Technologien des World Wide Web und wurde 1994 am Massachusetts Institute of Technology (MIT) gegründet. In Deutschland wurden die Vorgaben des W3C von 2008 als Vorlage für die Verordnung zur Schaffung barrierefreier Informationstechnik nach dem Behindertengleichstellungsgesetz – kurz Barrierefreie-Informationstechnik-Verordnung – BITV 2.0 genommen. Die Verordnung BITV 2.0 gilt für Internetauftritte von Behörden der Bundesverwaltung und umfasst beispielsweise:

- Alternativ-Text für Multimedia-Elemente (Fotos, Videos)
- Anpassbare Schriftgrößen, gut lesbare, weil kontrastreiche Designs
- Grafiken sollen auch ohne Sprache zu verstehen sein.
- Der Inhalt muss auch ohne Script-Programme oder Applets nutzbar sein.
- Um Gebärdensprache gut deuten zu können, soll Schattenschlag auf Körper und Gesicht von Sprechern in Videos vermieden werden.

Ältere Nutzer sind langsamer

„Menschen erblinden überwiegend im Alter", sagt Gerd Schwesig vom Blinden- und Sehbehindertenverband. Drei Viertel aller Blinden sind über 60 Jahre alt. Im Gegensatz zu den jungen Blinden könne sich diese Gruppe den Umgang mit dem Internet nicht leicht aneignen. „Im Alter fällt die Umstellung schwer. Das Umlernen auf den Screenreader dauert seine Zeit", so Schwesig. Das Thema Barrierefreiheit betrifft jedoch längst nicht nur behinderte Menschen. Jeden kann es treffen, der im Alter beispielsweise langsamer wird.

Gerade knapp bemessene Zeitbegrenzungen auf Webseiten bereiten Senioren oft Mühe. Wenn der automatische Time-out im Internet-Banking bei fünf Minuten ohne Tastaturanschläge liegt, dann reicht die Zeit oft nicht, die passenden Informationen aus den Papier-Unterlagen herauszusuchen, um sie dann ins Online-Formular einzugeben. Schon ist der Nutzer ausgeloggt und ärgert sich, dass das Ausfüllen wiederholt werden muss. „Besser wäre es, wenn eine Möglichkeit angeboten würde, diesen automatischen Time-out individuell zu verlängern", empfiehlt Detlev Fischer. Der freiberufliche Berater in Sachen Usability und Barrierefreiheit bei Testkreis, dem Accessibility-Team der Medienagentur Feld-Wald-Wiese aus Hamburg, rät dazu, Bedienelemente in die Webseite einzubauen, mit denen sich automatische Zeitlimits einstellen lassen. Ebenso sollten animierte Inhalte gestoppt werden können, da sie nicht nur sehbehinderte Nutzer ablenken und die Nutzung erschweren.

Schwierigkeiten bereitet auch die nicht barrierefreie Fehlerbehandlung. Ein nicht korrekt oder unvollständig ausgefülltes Formular wird in der Regel zur Weiterverarbeitung nicht angenommen. Stattdessen erscheint eine Fehlermeldung. „Es reicht hier nicht, das nachzubearbeitende Feld rot zu umranden", erklärt der Berater Fischer. Auch wenn dabei geschrieben steht „Falsche/fehlende Eingabe", können sehbehinderte Nutzer damit nichts anfangen. Hier sollte dezidiert beschrieben werden, welche Angabe genau fehlt oder falsch eingegeben wurde, beispielsweise „Bitte geben Sie eine Hausnummer ein" oder „Geben Sie die Telefonnummer ohne Leerstellen ein".

Abwägung: Sicherheit gegen Teilhabe

Fischer glaubt, dass vielen Banken das Problem nicht hinreichend bewusst ist oder als marginal empfunden wird und dass sich im Zweifelsfall Sicherheitsanforderungen gegen Anforderungen der Barrierefreiheit durchsetzen. Sicherheitsexperten weisen darauf hin, dass beispielsweise so genannte Keylogger-Programme nicht funktionieren, wenn keine Eingaben per Tastaturfeld erfolgen.

Ein gut zugängliches Online Banking ist jedoch aus Sicht der Betroffenen nicht alles: „Wenn man nicht an die TAN herankommt, ist das Ganze relativ witzlos", sagt Thomas Mayer, der beim Blinden- und Sehbehindertenverein Hamburg das Projekt „BIK – barrierefrei informieren und kommunizieren" betreut. Die meisten blinden Menschen setzten auf die mobile TAN. „Handys mit Sprachausgabe können diese dann vorlesen", so Mayer. Das sei ein erheblicher Fortschritt zur gedruckten TAN-Liste, die zunächst eingescannt werden musste, bevor eine Software sie vorlesen konnte – oder Hilfe zum Vorlesen notwendig war.

Chip-TAN-Verfahren ist problematisch

Doch immer mehr Banken halten die mTAN für nicht sicher genug und setzen verstärkt auf die Chip-TAN, was sehbehinderte Nutzer erneut vor große Schwierigkeiten stellt. Ende 2010 präsentierte die Stadtsparkasse München in Zusammenarbeit mit dem Bayerischen Blinden- und Sehbehindertenbund einen barrierefreien Chip-TAN-Generator. Die Entwicklung basierte unter anderem auf dem Engagement eines Sparkässlers: „Das Gerät mit Sprachausgabe wurde in Zusammenarbeit mit einem sehbehinderten Mitarbeiter unseres Hauses entwickelt", erläutert Joachim Ebener, der für IT verantwortliche Vorstand der Stadtsparkasse München.

ING-DiBa: Nichts geht für Blinde

Detlev Fischer, freiberuflicher Berater in Sachen Usability und Barrierefreiheit bei Testkreis, dem Accessibility-Team der Hamburger Medienagentur Feld-Wald- Wiese, **überprüfte exklusiv für BANKMAGAZIN die Webseite von ING-DiBa auf ihre Barrierefreiheit**. Dazu nutzte er den weit verbreiteten Screenreader NVDA.

Seine Analyse

„Das visuelle Label ‚Kontonummer/Depotnummer' ist zwar als Label ausgezeichnet, aber nicht mit dem entsprechenden Eingabefeld verknüpft. Beim Feld „Kontonummer" sagt NVDA deshalb nur ‚edit blank', bei der Internet-Banking-PIN nur ‚edit protected blank'. Das ist nicht besonders aufschlussreich für blinde Nutzer.

Der Prozess im weiteren Verlauf ist auch völlig unzugänglich. Die Eingabe der zwei zufällig ausgewählten Ziffern des sechsstelligen DiBa-Keys funktioniert weder für Blinde noch für Tastaturnutzer; die Felder und das Zahlenpad stehen nicht einmal im Fokus. Alles ist nur auf Mausnutzung ausgelegt. Das ließe sich auch leicht barrierefrei umsetzen: Die Ziffern-Grafik könnte etwa fokussierbar gemacht werden und als Alternativtext zum Beispiel enthalten: ‚Geben sie Ziffer 2 und 5 Ihres sechsstelligen DiBa-Keys mit dem folgenden Zahlenpad ein', wobei die Zahlen natürlich jeweils neu generiert würden. Die Ziffern des Zahlenpads müssten auch tastaturbedienbar sein, die Taste ‚Enter' würde dann die passende Ziffer auswählen. Das ist natürlich ziemlich umständlich. Einfacher wäre für blinde und motorisch behinderte Nutzer eine Direkteingabe der zwei Zahlen in ein oder zwei Textfelder.

Als Ergebnis lässt sich sagen: Besser geht es allemal, denn auf dieser Webseite können blinde Nutzer und motorisch beeinträchtigte reine Tastaturnutzer nicht navigieren."

ING-DiBa verweist auf das Telefonbanking

„Wir wissen, dass auf unserer Webseite nicht alles optimal für sehbehinderte Nutzer ist", gibt ING-DiBa-Sprecher Thomas Bieler zu. Die Direktbank empfiehlt diesen Kunden daher, das Telefonbanking zu nutzen. „Das ist zwar nur eine Ausweichlösung, aber über die Telefontastatur kann man die PIN eingeben und alle Funktionen nutzen", sagt Bieler.

Branche wird Anforderungen sukzessive umsetzen

Die Spitzenorganisationen der Banken haben die Barrierefreiheit bisher nicht zu ihrem Thema erkoren. Der Bundesverband Deutscher Banken (BdB) beispielsweise hat derzeit keine Initiative dazu. „Wir sind uns natürlich dieses wichtigen Themas bewusst", so Tanja Beller, Sprecherin des BdB. Das Content Management System des Verbandes selbst erfülle auch grundsätzlich die Grundlagen der amerikanischen Norm WCAG. Allerdings habe man im Laufe der Zeit verschiedene Anpassungen vorgenommen, so dass nur einige technische Anforderungen aus dem umfangreichen Katalog zur Barrierefreiheit erfüllt werden.

Die Commerzbank wird die Anforderungen sukzessive umsetzen. „Barrierefreiheit ist ein Thema, dem wir uns stellen", sagt Dominik Ködel, Abteilungsleiter des Online-Portals für die Commerzbank-Gruppe. „Wir haben die Barrierefreiheit als Richtlinie in unseren Styleguides verankert." Bei jeder neuen Anforderung an das Portal werde nun geprüft, welche der Anforderungen an die Barrierefreiheit man bei dieser Gelegenheit mit abarbeiten könne. Bereits umgesetzt seien etwa das Angebot von Alternativtext zu Bildern oder Textbeiträgen als Ergänzung zum Web-TV. Ein wichtiger Punkt, der bereits im Intranet umgesetzt sei, aber auch im Internet umgesetzt werde, sei die Möglichkeit zur aktiven Schriftgradvergrößerung. „Das ist eine wichtige Anforderung auch für ältere Menschen." Diese sukzessive Umsetzung im Rahmen von Updates und Weiterentwicklung sei sinnvoll, „denn die gesamten technischen Anforderungen auf einmal umzusetzen, ist ein hoher technischer Aufwand, der auch mit immensen Kosten verbunden wäre". Seiner Ansicht nach sei die Branche derzeit in etwa gleichauf, was die Umsetzung der Anforderungen angehe. „Da sehen wir keine große Diskrepanz, man ist auf dem gleichen Level unterwegs", beobachtet Ködel.

Chip-TAN-Generator liest vor

Die Stadtsparkasse München zählt zu den Vorreitern der sicheren TAN-Nummern auch für Sehbehinderte. Im Dezember 2010 stellte sie einen Chip-TAN-Generator vor, der die bislang sicherste TAN-Nummer durch Sprachausgabe auch für diese Bevölkerungsgruppe nutzbar macht.

Der Nutzer erfasst seine Auftragsdaten wie gewohnt in der Online-Banking-Anwendung. Anschließend führt er seine SparkassenCard in das Lesegerät ein und gibt über das Tastenfeld des Geräts einen in der Online-Banking-Maske angezeigten Startcode ein sowie wichtige Daten seines Auftrags, zum Beispiel die Kontonummer des Zahlungsempfängers und den Überweisungsbetrag. Auf Basis dieser Daten und der auf dem Chip der SparkassenCard gespeicherten Informationen errechnet das Gerät jeweils eine individuelle TAN. Diese wird auf dem Display des Gerätes angezeigt und gleichzeitig – beliebig oft wiederholbar – vorgelesen. Mit dem Eingeben der TAN in die Online-Banking-Anwendung gibt der Kunde anschließend seinen Auftrag frei.

Das Gerät ist etwa doppelt so groß wie ein herkömmlicher Chip-TAN-Generator. Es hat ein deutlich größeres Display und ist, zusätzlich zum Lautsprecherausgang, mit einem Anschluss für Kopfhörer ausgestattet. Neben der Funktion, TANs auf Knopfdruck zu erzeugen, kann das Gerät außerdem das Geldkarten-Guthaben auslesen und die letzten drei Lade- und elf Bezahlvorgänge anzeigen.

Banking-Anwendungen:

Geschäftskunden wollen Online-Unterstützung

Geschäftskunden sind, anders als Privatkunden, bei Online-Banking-Portalen nicht mit Spaß und Gaming-Anwendungen, sondern nur mit Hilfestellungen für ihr Business zu begeistern.

Anja Kühner
erschienen im November 2011

Den deutlichsten Unterschied zwischen Firmen- und Privatkunden fand der amerikanische Marketingexperte Richard Perry bereits 2004 heraus: Unternehmen legen Wert auf eine rationale Darstellung der angebotenen Produkte. Sie fordern mehr Details und weniger Effekthascherei und wollen auch nicht unterhalten werden.

Die richtige Stelle finden

Dem stimmt Roland Schwesig zu. Der Professor für Wirtschaftsinformatik an der AKAD-Hochschule Pinneberg und Unternehmensberater im Bankenbereich rät Kreditinstituten zwar, ihren B2B-Kunden eine „spielerische" Palette von Zusatzservices anzubieten, und meint damit die Möglichkeit zur intuitiven – quasi spielerischen – Bedienung von Tools und Services. „Die angebotenen Infos müssen aber immer genau in den Arbeitsablauf und -alltag des Unternehmens hineinpassen, um dem Nutzer wirklichen Mehrwert zu bieten und angenommen zu werden", sagt Schwesig. Daher sei es nicht sinnvoll, den Banking-Anwendungen einfach mehr und neue Service-Bausteine hinzuzufügen. Wichtig sei vielmehr, dass die Informationen an der richtigen Stelle angeboten würden. Und das sei nicht ausschließlich die Webseite der Bank, so Schwesig: „Ein Unternehmen braucht die Infos in den eigenen Prozessabläufen. Da denken die Banken zu stark aus der herkömmlichen Anbieterperspektive." Geschäftskunden wünschen sich elektronische Hilfestellung durch Banken, beispielsweise im Rahmen ihrer Planungs- und Steuerungsprozesse. So vermisse man vielfach noch IT-Unterstützung bei überbetrieblichen Prozessabläufen, die etwa beim Supply Chain Management von vielen Unternehmen seit längerer Zeit praktiziert werden, weiß Schwesig. Aus Unternehmenssicht setzten Banken bei Innovationen oft an der falschen Stelle an.

An elektronischen Steuerungscockpits ansetzen

Der Wirtschaftsinformatiker nennt ein Beispiel für eine mögliche Lösung, die an den Tools zur Unternehmensführung, den so genannten elektronischen Steuerungscockpits, ansetzt. „Hilfreich wäre es, wenn die Betriebe im Rahmen dieser Systeme Branchen- und Marktinformationen abrufen könnten, die von ihrer Bank zur Verfügung gestellt werden. Ein Manager kommt während dieses Arbeitsprozesses selten von sich aus auf die Idee, sich bei einer Banken-Webseite einzuloggen und die Infos extern aufzurufen. Hier würde sich die Bank deutlich häufiger einbringen, wenn innerhalb des Steuerungsprozesses ein Link zu den passenden Branchen- und Marktinformationen führt", so Schwesig.

Gut vorstellen kann sich Schwesig Angebote wie Bilanzanalysen, Branchen-, Markt- und Unternehmensinfos sowie eine elektronische Unterstützung beim Dokumentengeschäft, also zum Beispiel bei Akkreditiven. Ein Rohstoff-Radar, wie es etwa die Commerzbank anbiete, ließe sich ebenfalls in die Unternehmenssysteme integrieren.

Laut Deutscher Bank erwarten Geschäftskunden vom Online Banking vor allem eine störungsfreie sowie einfache Erfassung und Abwicklung aller Geschäftsvorfälle, übersichtliche Vertragsunterlagen und eine schnelle, einfache Verwaltung bei Änderungen. „Wir arbeiten ständig daran, den Service für unsere Kunden noch weiter zu verbessern. Dabei prüfen wir alle Möglichkeiten, die auch die Online-Kommunikation umfassen", heißt es aus dem Institut.

Die HypoVereinsbank (HVB) wiederum denkt an Social Media. „Alle Instrumentarien, die soziale Netzwerke bieten, sind unserer Meinung nach grundsätzlich auch für den Einsatz mit Firmenkunden geeignet", sagt ein HVB-Sprecher. „Wir überprüfen derzeit die Möglichkeit, mit Hilfe einer wissenschaftlichen Studie entsprechende Angebote zu definieren, die Geschäftskunden goutieren könnten." Sogar Empfehlungsmechanismen à la Amazon werden interessiert beobachtet, wie die HVB erklärt: „Das ist ein spannendes Thema, mit dem wir uns zum geeigneten Zeitpunkt sicher auseinandersetzen werden. Wir glauben schon, dass es hier Potenzial gibt, zumal die Bereitschaft der Kunden, auf statistische Empfehlungen oder Rezensionen zu hören, viel höher ist als die Bereitschaft, Werbebotschaften zu glauben."

Kooperationspartner suchen

Unternehmensberater Schwesig meint: „Banken sollten Kooperationen und Partnerschaften mit Softwareunternehmen suchen, die ERP- oder SCM-Systeme herstellen." Ziel müsse es sein, elektronische Bankleistungen in die originären Prozesse und Systeme der Unternehmen zu integrieren. „Durch dieses Mehr an Informationen könnte die Bank sogar einen Beitrag zur Wettbewerbsfähigkeit ihres Kunden leisten", so Schwesig.

„Ein Geschäftskunde hat kein Interesse an Standard-Werbebotschaften"

XCOM-Vertriebsvorstand **Dr. Rainer Fuchs**

BANKMAGAZIN: *Was erwarten Geschäftskunden im eBanking von ihrem Finanzdienstleister?*
Fuchs: Geschäftskunden finden sich mit ihren Anforderungen nur selten in den eBanking-Lösungen ihrer Bank wieder. Sie interessieren sich auch kaum für das Angebot auf der Startseite der Bank, ihr Weg führt zu 90 % direkt zum Login-Button. Ein Geschäftskunde hat kein Interesse an Standard-Werbebotschaften, sondern will seine Bankgeschäfte auf verschiedenen Kanälen effizient erledigen – bei voller Kontrolle und Sicherheit. Nutzt er eine neutrale Softwarelösung, ist er von gezielter Information und Beratung komplett abgeschnitten. Hier liegt viel Potenzial für eine Bank, sich individuell gegenüber dem Wettbewerb zu positionieren.

BANKMAGAZIN: *Welche Ansatzpunkte sehen Sie für eine engere Beziehung zwischen Bank und Geschäftskunden?*
Fuchs: Der Geschäftskunde erwartet neben Beratung und gezielter Information auch Verständnis für seine Prozesse und sein Unternehmen. Daraus ergeben sich viele Ansätze, an deren Stelle die Bank sein Tagesgeschäft unterstützen kann: Ein prozessorientiertes Zahlungsverkehrssystem verbessert sein Zeitfenster und reduziert Fehlerquellen. Regionale oder branchenspezifische Informationen können genauso Entscheidungshilfe geben wie eine einfache Chat- und Videofunktion, die ihn sofort mit dem Berater verbindet. Außerdem reduziert das Einblenden kontextsensitiver Zusatzinformationen wie aktuelle Marktdaten, Wechselkurse oder Zinskonditionen den Rechercheaufwand des Kunden.

BANKMAGAZIN: *Sehen Sie auf dem Markt bereits gute Beispiele?*
Fuchs: Die eine oder andere Bank beschäftigt sich sicherlich mit dem Thema. Heraus kommt dabei oft alter Wein in neuen Schläuchen oder es bleibt bei der Idee. XCOM arbeitet aktuell mit einer großen Privatbank an einem neuen Client-Ansatz, ähnlich wie wir ihn auf dem eFinance-Forum präsentiert haben. Die meisten Teilnehmer erfuhren hier ein noch nie zuvor erlebtes Bediengefühl. Das ist auf unseren prozessorientierten Ansatz und nicht zuletzt auf die zusätzliche Unterstützung durch Design-Profis zurückzuführen.

> **Smartphone-Applikationen:**

Kleine Programme, große Chancen

Mobilität wird für Bankkunden immer wichtiger, und neue Technologien erlauben innovative mobile Anwendungen. Mit Smartphone-Applikationen, kurz Apps, haben Banken die Möglichkeit, echten Kundennutzen zu schaffen und so Loyalität zu gewinnen.

Jürgen Moormann / Anne Schaefer
erschienen im August 2010

Langsam, aber stetig hat das Mobiltelefon als Kontaktkanal zwischen Kunde und Bank an Bedeutung gewonnen. In den vergangenen Jahren haben sich insbesondere die Smartphones und in diesem Zuge so genannte Apps – kleine Programme für das Smartphone, die einfach und kostenlos bzw. zu niedrigen Preisen bezogen werden können – in hohem Tempo verbreitet und das Mobile Banking zu einem strategisch interessanten Geschäftsfeld gemacht.

Emotional aufgeladenes Verbindungselement

Innerhalb von Kundenprozessen gibt es meist mehrere Berührungsstellen zwischen Bank und Kunde, an denen die einzelnen Kundenbedürfnisse erfüllt werden. Üblicherweise gibt es keinen zentralen Anbieter entlang dieses Prozesses, sondern der Kunde muss mit vielen verschiedenen Anbietern in Kontakt treten. Das Smartphone bietet die Möglichkeit, als Verbindungselement zwischen Kunde, Bank und Lieferanten zu fungieren.

Überdies rückt das Mobiltelefon immer mehr ins Zentrum des sozialen Lebens des Nutzers. Entsprechend bieten Apps nicht nur einen funktionalen, sondern unter Umständen auch einen emotionalen Mehrwert. In diesem Zusammenhang spielt eine Individualisierung durch den Nutzer eine immer größere Rolle.

Viele Unternehmen bieten ihren Kunden mittlerweile Apps an. Eine gemeinsame Untersuchung der Frankfurt School of Finance & Management und der Queensland University of Technology zu Jahresbeginn 2010 zeigte aber, dass sich Banken damals noch eher zurückhielten. Bei der Studie wurden die 50 weltweit größten Banken hinsichtlich ihres Angebots von Banking-Apps begutachtet. Dabei stellte sich unter anderem heraus, dass zu diesem Zeitpunkt nur 20 der untersuchten Banken die kleinen Programme offerierten. Bei der Auswertung wurden die Funktionalitäten der angebotenen Apps in Kategorien eingeordnet:

- Banking im Sinne des § 1 Abs. 1 KWG (zum Beispiel Zahlungsverkehr, Kredit, (Spar-) Einlagen, Wertpapiergeschäft, Avale/Garantien, Emissionen, E-Money),
- Near-Banking (etwa Leasing, Finanzplanung, Kreditkarten) und
- Non-Banking (wie Haushaltsplanung, Finanzmarktinformationen, Vergleiche von Kreditraten, Finanzwörterbuch, Wetten).

Von den angebotenen Banking-Apps entfielen 75 % auf das klassische Bankgeschäft, 4 % auf Near-Banking und 21 % auf Non-Banking. Die häufigste Funktionalität bei den Banking-Services war die Kontostandsabfrage bzw. Kontoaggregation (66,7 %), gefolgt von den Filialfindern (63,0 %). Möglichkeiten zur Rechnungsbegleichung (44,4 %), Überweisung bzw. Kontoübertragung (44,4 %) und der Kontakt zur Bank (29,6 %) folgen auf den Plätzen drei bis fünf.

Die Untersuchung zeigte, dass Finanzdienstleister noch 2010 die Möglichkeiten des Mobile Banking weder in technischer noch in geschäftlicher Hinsicht ausnutzten. So wurden mit Ausnahme der Filial- und Geldautomatenlokalisierung kaum ortsabhängige Services, die sich der GPS-Lokalisierung des Smartphones bedienen, angeboten. Aus geschäftlicher Sicht deckten die Apps-Funktionalitäten nur Teilbedürfnisse eines Bankkunden ab und berücksichtigten nicht den kompletten End-to-End-Kundenprozess. Aber genau hier stecken erhebliche Innovationschancen für Banken.

Design einer App, die Kundenprozesse unterstützt

Das Konzept einer Smartphone-App zur Unterstützung von Kundenprozessen, wie sie von einer Bank angeboten werden könnte, ist in einer Grafik dargestellt und wird im Folgenden anhand des Prozesses „Wohnen" veranschaulicht.

Die Smartphone-Applikation einer Bank sollte es ermöglichen, mehrere Kundenprozesse zu unterstützen. Alternativ kann das Kreditinstitut Apps für einzelne Kundenprozesse anbieten. Die Bank muss die Prozesse im Vorfeld auf Basis der eigenen strategischen Ausrichtung identifizieren und definieren. Aus einer Liste verfügbarer Unterstützungsmöglichkeiten (E1) kann der Kunde nun den passenden Kundenprozess wählen (E2), in diesem Fall „Wohnen". Um eine individualisierte Darstellung zu ermöglichen, muss der Kunde im nächsten Schritt seinen Wunsch durch die Auswahl der für ihn passenden Kriterien spezifizieren (E3): Will er etwa eine Wohnung mieten oder ein Haus kaufen? In welcher Stadt bzw. Lage soll sich das Objekt befinden, wie groß soll es sein, was darf es kosten? Diese Kriterien müssen durch Eingabemasken vordefiniert sein, außerdem müssen die Kundenprozesse für alle möglichen Kombinationen von Eingaben vorgedacht werden.

Zeigt das Display den individualisierten Prozess, kann der Kunde diesen als Checkliste für seine weitere Vorgehensweise nutzen. Es sollte auch möglich sein, dass der Kunde die Prozessdarstellung – etwa per Drag-and-Drop – modifizieren kann, wenn er den Prozess noch individueller gestalten möchte.

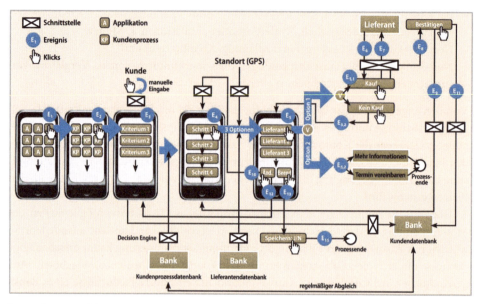

Smartphone-Applikation zur Unterstützung des Kundenprozesses „Wohnen"

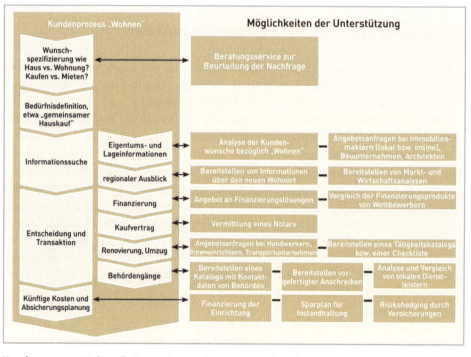

Kundenprozess „Wohnen": Unterstützung durch eine Bank und Kooperationspartner

Drei Möglichkeiten, die Lieferantenliste anzustoßen

Die Bank sollte im Vorfeld mögliche Lieferanten festlegen, die zur Erfüllung des Kundennutzens in jedem Prozessmodul beitragen können und die dem Kunden in einer Liste angezeigt werden. Beispielsweise kann das Modul „Informationssuche – Wohnung" mit einer Auswahl an Maklerbüros verbunden sein oder auch Links zu Online-Portalen zur Wohnungssuche beinhalten. Die Erstellung der Lieferanten-Liste lässt sich über drei Möglichkeiten anstoßen:

- das Anzeigen von Anbietern in der Nähe des aktuellen Standorts mit Hilfe einer GPS-Erkennung,
- das Anzeigen von Anbietern in der Gegend, die der Nutzer in Schritt E3 bereits spezifiziert hat, und
- das Anzeigen von Anbietern in einer anderen Umgebung, die der Nutzer an dieser Stelle durch eine manuelle Eingabe spezifizieren kann.
- Voraussetzung für eine immer aktuelle Liste ist, dass die Bank in einer zentralen Datenbank Anbieter und Angebote aus dem Netz ihrer Kooperationspartner verwaltet und ständig überarbeitet.

Die Wahl eines Lieferanten aus der Liste führt den Nutzer nun zu weiteren Informationen. Bei einigen Anbietern kann es sinnvoll sein, direkt ein Angebot über die App online zu beziehen – das würde zum Beispiel auf Material für Renovierungsarbeiten im Schritt „After-Sales" beim Prozess „Wohnen" zur Unterstützung des Teilbedürfnisses „Instandhaltung" zutreffen. Ist ein Direktangebot über die App sinnvoll (E5,2), wird der Nutzer zurück zur Anbieterdarstellung geleitet, wo er weitere Informationen beziehen kann. Interessiert sich der Kunde für ein Angebot, kann er sich direkt für den Kauf entscheiden, so dass der Auftrag an den Anbieter weitergeleitet wird (E6). In diesem Fall sollte aus rechtlichen Gründen die Abwicklung des eigentlichen Kaufprozesses über das System des Anbieters ablaufen.

Es gibt jedoch auch Anbieter, bei denen ein direkter Kauf über das Smartphone nur bedingt sinnvoll wäre. Dies trifft vor allem für die Bank selbst mit ihren Finanzierungsprodukten zu, aber auch auf Makler, Architektenbüros oder Versicherer. Für diese Anbieter sollte der Kunde jedoch über die Applikation die Möglichkeit bekommen, weitere Informationen über ihre Produkt- und Serviceangebote zu erhalten und direkt einen Beratungstermin zu vereinbaren. Nach einem tatsächlichen Kauf sollten die Informationen über diese Transaktion zur Applikationsanwendung gesandt (E9) und in der Kundendatenbank der Bank erfasst werden (E11).

Fazit

Neben der Platzierung von eigenen Produkten in der Applikation kann sich die Bank mit dem Angebot des Smartphone-Programms als Service-Integrator und -Vermittler über den kompletten Kundenprozess positionieren, den primären Kontaktkanal entlang des Kundenprozesses kontrollieren, Produkte und Services, die einen substanziellen Mehrwert für den Kunden schaffen, aus einem Kooperationsnetzwerk anbieten und als primärer Kontakt zum Kunden eine stärkere Kundenbindung erreichen. So schafft der Finanzdienstleister mit einer Smartphone-Applikation die Möglichkeit, sich in den Lifestyle der Kunden zu integrieren und damit einen emotionalen Mehrwert zu kreieren, der sonst nur schwer im Bankgeschäft zu erreichen ist.

Interview:

Via App ins Kundenleben integrieren

Im deutschsprachigen Raum fehlt es an Banken-Apps mit dem Wow-Effekt, meinen Dr. Jürgen Moormann und Anne Schaefer von der Frankfurt School of Finance & Management.

Barbara Bocks / Stefanie Hüthig
erschienen im November 2011

Dr. Jürgen Moormann ist Professor für Bankbetriebslehre an der Frankfurt School of Finance & Management und Leiter des ProcessLab. **Anne Schaefer** arbeitete dort als wissenschaftliche Mitarbeiterin und Promotionsstudentin. (Foto: Dirk Uebele)

BANKMAGAZIN: *In Ihrer Studie „Banking- Apps für Smartphones" haben Sie zu verschiedenen Zeitpunkten zwischen März 2010 und Mai 2011 national und international angebotene Banken-Applikationen untersucht. Welche App ist Ihnen besonders ins Auge gefallen?*
Schaefer: Im Bereich Non-Banking-Services ist die Urlaubsliste-Anwendung der Hamburger Sparkasse besonders aufgefallen. Interessant daran ist, dass die App einen Kundenprozess, nämlich „Reisen", abbildet. Sie bietet eine individuell anpassbare Checkliste mit Aufgaben für Personen, die auf Reisen gehen. Zudem werden verschiedene Schritte mit Produkten der Bank assoziiert. Wer ins Ausland reist, will sich ja zum Beispiel im Vorfeld mit Fremdwährung versorgen.
Moormann: Das ist der Weg, den Finanzinstitute gehen müssen, also eben nicht nur klassische Bankservices anbieten. Eine Bank muss sich fragen, was der Kunde will, wie sie ihn dabei unterstützen und sich in seine Prozesse einklinken kann. Der Kunde

denkt nicht: „Heute möchte ich zur Bank gehen", sondern er hat das Bedürfnis, seinen Urlaub zu planen. Und es gibt noch viele andere Beispiele.

BANKMAGAZIN: *Welche?*
Moormann: Einen Privatkunden bewegen zum Beispiel die Themen Wohnungssuche, Auto fahren und Mobilität, Krankheit, Hochzeit, Scheidung oder Kindererziehung. Für Jugendliche sind Electronic Games aktuell ein heißes Thema. Auch das kann ein Kundenprozess sein.

BANKMAGAZIN: *Für die Studie haben Sie nicht nur Apps aus dem Non-Banking-Bereich untersucht, sondern auch aus den Kategorien Banking-Services und Near-Banking-Services. Welche App hebt sich dort positiv von anderen Anwendungen ab?*
Schaefer: Direkt zu Beginn der Studie, also im März 2010, ist uns eine sehr umfassende Applikation der türkischen Garanti Bankasi aufgefallen. Das Tool beinhaltet sehr viele Banking-Funktionalitäten inklusive klassischem Privatkundengeschäft. Zusätzlich bietet die App aber auch eine Handelsplattform und Near-Banking- Informationen wie Börsenkurse oder einen Wechselkursrechner. Die Services der Garanti-Bankasi-App sind sehr gut aufeinander abgestimmt, und das ist auch wichtig bei einem Angebot dieser Art.
Moormann: Das Beispiel zeigt, dass wir auch den Blick von Deutschland weg in andere Länder und Regionen lenken sollten. In Asien, etwa Hongkong oder Singapur, sind Banking-Apps selbstverständlich. Die Anwendungen sind dort sehr viel umfassender und mit Gimmicks ausgestattet, an die wir als deutsche Banker vielleicht gar nicht denken mögen. Ein schönes Beispiel ist die App der Standard Chartered Bank.
Schaefer: Genau. Die Standard Chartered Bank in Shanghai bietet die App „Breeze Living" an. Im Grunde genommen ist diese App ein Spiel – der Anwender kann dabei Coupons für Restaurants oder Geschäfte in der Umgebung, Kooperationspartner der Bank, gewinnen. Der spielerische Aspekt und der Spaßfaktor für den Nutzer stehen bei dieser Anwendung im Vordergrund. Die Frage, ob sich eine solche App auch für den deutschen Markt eignet, ist allerdings berechtigt.
Moormann: Die deutschen Banken sind von einer solchen Anwendung wie der App „Breeze Living" noch relativ weit entfernt. Die Innovationsfreude hält sich eben sehr in Grenzen. Die Haspa-Urlaubsliste ist noch eine Ausnahme. Im deutschsprachigen Raum haben wir kaum Applikationen gefunden, bei denen wir das Gefühl hatten, dass sie die Möglichkeiten eines Smartphones wirklich ausnutzen, die GPS-Funktion etwa. Wir haben festgestellt, dass die Apps deutscher Finanzinstitute meist Lightversionen des klassischen Online-Bankings sind.

BANKMAGAZIN: *Liegt die Zurückhaltung daran, dass sich hierzulande oft (zu) schnell ein Return on Investment bemerkbar machen muss?*
Moormann: Hierzulande werden oft harte Rechnungen aufgemacht. Und ein Projekt wie eine App-Entwicklung mit nicht direkt greifbarem Return lässt sich eben schnell vom Tisch wischen. Der Business Case ist aber eine ziemlich faule Ausrede. Denn der

Megatrend geht ganz, ganz stark in Richtung Mobiltechnologie und Smartphone. Für mich sind Apps der Gag, der Smartphones und auch das Mobile Banking zum Fliegen bringt. Schon mittelfristig führt kein Weg daran vorbei. Es gibt einige Leute, die das gerne ein wenig von sich wegschieben und Totschlagargumente bringen wie den Business Case oder, auch beliebt, die Sicherheitsfrage. Das ist aber kurzsichtig.

BANKMAGAZIN: *Einige Experten messen mobilen Webseiten gegenüber Apps für die Zukunft eine größere Bedeutung zu. Sehen Sie das ähnlich?*
Schaefer: Viele Banken richten mobile Webseiten ein, das sollte auf jeden Fall getan werden. Aber Apps für das Smartphone haben den Vorteil, dass Finanzinstitute sie auf Kundengruppen zuschneiden und mit ihnen einen Service anbieten können, der in sich geschlossen Sinn ergibt. Eine mobile Website ist viel umfassender.

BANKMAGAZIN: *Außerdem können sich die Kunden bei einer App nicht zur Konkurrenz weiterklicken.*
Moormann: Zum Beispiel. Und eine App ist permanent auf dem Smartphone installiert. Das hat gegenüber der Webseite einen gewissen Charme.

Firmenkunden-Betreuung:

Video-Chat spart Zeit

Immer mehr Unternehmer lenken ihre Firmen von unterwegs. Das haben auch Geldinstitute erkannt. Bisher ist außer Banking-Apps für den Zahlungsverkehr das mobile Angebot eher mau. Doch immer mehr Banken setzen auch bei Geschäftskunden auf deren Mobilität.

Anja Kühner
erschienen im Januar 2013

Foto: © hugolacasse/Fotolia.com

Auch auf Geschäftsreise den schnellen Blick per Smartphone oder Tablet-PC auf den Kontostand, auf Zahlungsein- und -ausgänge zu ermöglichen – derartige Apps gehören inzwischen zu den regelmäßigen Angeboten für Geschäftskunden. Doch während im Privatkundenbereich immer mehr Apps die mobile Nutzung von Bankdienstleistungen den Kunden eine intensivere Beschäftigung mit Geldthemen auch außerhalb vom Büro oder zuhause ermöglichen, scheinen die Geldinstitute angesichts der komplexeren Strukturen bei Firmenkunden vor mobilen Angeboten eher zurückzuschrecken.

Selbst in der Mittelstandsbank der Commerzbank gibt es derzeit kein App-Angebot für Unternehmen. „Mittelfristig ist jedoch eine Firmenkunden-App geplant", bestätigt eine Sprecherin Überlegungen, die in diese Richtung gehen. Auch die Sparkassen konzentrieren sich bei den Apps auf Privatkunden, wie eine Sprecherin des Deutschen Sparkassen- und Giroverbandes (DSGV) bestätigt.

„Die mobilen Apps sind integraler Bestandteil des Produkt- und Serviceangebots der Deutschen Bank und eine ausgezeichnete Möglichkeit zur Vernetzung der Zugangswege", erklärt eine Sprecherin der Deutschen Bank. Doch die meisten Apps der Großbank bieten Informationen und Services für Privatkunden – von Online-Banking über aktuelle Entwicklungen der Wirtschafts- und Finanzmärkte, Kunstangebote und Kundenmagazine. „Speziell für Firmenkunden gibt es seit 2010 ‚Results – das Unternehmer-Magazin der Deutschen Bank' für Inhaber und Führungskräfte international tätiger mittelständischer Unternehmen mit Sitz in Deutschland – auch als App", wirbt die Sprecherin für die einzige firmenkundenbezogene App des Hauses. „Nutzer erfahren alles Wichtige über strategische Unternehmensausrichtung und Unternehmensfinanzierung. Hinzu kommen konkrete Fallbeispiele mit Best-Practice-Methoden sowie Markt- und Branchenanalysen."

Apps spiegeln Vertriebsaktivitäten wider

„Die aktuelle Entwicklung von Apps spiegelt die Vertriebsaktivitäten der Banken wider", sagt Christian Friedrich, Vorstand des Aachener Softwareunternehmens Aixigo. Im Privatkundengeschäft würde derzeit sehr aktiv an neuen Konzepten und Dienstleistungen gearbeitet, daher konzentrierten sich auch die mobilen Aktivitäten auf dieses Geschäftsfeld. Auch im Private Banking bewege sich derzeit einiges. Dort verschwimme die Grenze zwischen Privat- und Firmenkunden. Ein Firmenkundenbetreuer muss heute viel mehr den Cross-Selling-Ansatz umsetzen als noch vor einigen Jahren. Er ist nicht mehr nur dazu da, für Kredit und Liquidität zu sorgen, er sollte auch der Zubringer für ein attraktives Privatkundengeschäft sein. Und dazu dienen einige neu entwickelte Apps hervorragend. Sie beinhalten Remote- und Präsentationsfunktionen.

„Denn reine Apps für das Firmenkundengeschäft gibt es so gut wie nicht", so Friedrich. Wenn es um Geschäftskunden gehe, dann gingen die Gedanken derzeit vorrangig in Richtung Performance-Reports im Bereich Liquiditätsanlagen, berichtet der Aixigo-Vorstand.

Handy-Bildschirm zu klein für Bankgeschäfte

Ein Grund, weshalb mobile Anwendungen im Firmenkundenbereich bisher nicht angeboten wurden, ist die Vielschichtigkeit der Unternehmensthemen. „Komplexe Themen lassen sich auf dem kleinen Handy-Bildschirm nicht darstellen", sagt Friedrich.

> **Multibankfähige Online-Filiale für Firmenkunden**
>
> Eine Online-Filiale ist für den genossenschaftlichen IT-Dienstleister GAD aus Münster mehr als nur Online-Banking. „Sie ist die zentrale Vertriebs-, Informations- und Kommunikationsplattform", sagt Birgit Kneuertz, Produktmanagerin bei der GAD.
>
> Ab Anfang 2013 bietet die GAD zusätzlich eine multibankfähige Banking-Lösung für den Zahlungsverkehr von Firmenkunden an. Nun können auch die Unternehmenskunden online auf all ihre Kontoinformationen zugreifen, Überweisungen ausführen und Zahlungen über die verteilte elektronische Unterschrift freigeben. Die Sicherheit sei durch den Techniktstandard EBICS (Electronic Banking Internet Communication Standard) in Verbindung mit Signaturkarte und Chipkartenleser gewährleistet.
>
> Die browserbasierte und multibankfähige Online-Filiale ist insbesondere für Firmen mit Massenzahlungsverkehr oder dezentraler Unternehmensstruktur interessant. „Es entfallen unterschiedliche Logins in verschiedene Systeme bei verschiedenen Banken, zum Beispiel um Kontodaten abzurufen oder Aufträge anzustoßen", erklärt Kneuertz. Der Firmeninhaber kann künftig auch auf Geschäftsreise die Kontostände all seiner Konten auf einen Blick einsehen und die in der Buchhaltung erfassten Überweisungen durch eine so genannte „verteilte elektronische Unterschrift" freigeben.
>
> Zudem könne diese neue Firmenkunden-Lösung mit anderen Zahlungsverkehrsprogrammen, beispielsweise Profi cash, kombiniert werden. Der Administrator im Unternehmen des Firmenkunden kann gezielt individuelle Anwender-Berechtigungen erteilen.
>
> Quelle: GAD

Mit iPads und Tablets erweitere sich nun allerdings die Darstellungsmöglichkeit. Da Tablet-PCs inzwischen ihren Siegeszug auch in den Büros angetreten hätten, sagt der Aixigo-Chef für die Zukunft auch auf dieses Ausgabemedium zugeschnittene Angebote voraus. „Der Inhalt muss aber zum Medium passen", so Friedrich. Vorstellen könne er sich alles, was mit Buchhaltung und Bilanzstruktur zusammenhänge. Wollen Banken ein erfolgreiches Angebot für Firmenkunden etablieren, dann müsse es laut Experten dem Unternehmen hilfreich sein – und nicht nur der Bank.

Solche Angebote müssten daher entweder Zeit sparen oder auf anderem Wege zur Wertschöpfung in den Firmen beitragen. Genau dies begründet den Erfolg der Apps und Angebote für Unternehmen, die derzeit in aller Munde sind: Virtuelle Festplatten wie „Dropbox" ermöglichen das Büro auf Reisen. Apps wie „Invoice2Go" helfen bei der mobilen Erstellung von Rechnungen, „SalesforceMobile" ermöglicht den direkten Zugriff auf CRM und Kundendaten oder mobiles Reisekostenmanagement. Diese Anwendungen bieten den Nutzern Mehrwert, indem sie verhindern, dass die Schreibtischarbeit erst nach Feierabend erledigt werden kann.

HVB bietet Chat-Beratung

Genau auf diese Nützlichkeitsschiene setzt die HypoVereinsbank (HVB). Eine Zahlungsverkehrs-App für Unternehmen bietet sie schon seit Längerem an. Im Herbst 2012 hat sie jedoch die neue Serviceeinheit „Business Easy" gestartet. „Die Bank ist ab sofort da, wo der Kunde ist", beschreibt Moritz X. Stigler, Geschäftsbereichsleiter Business Easy, die neue Herangehensweise. „Gerade Kunden auf Geschäftsreise schätzen die Möglichkeit, auch von unterwegs mit ihrem persönlichen Berater Kontakt aufnehmen zu können."

Für Selbstständige oder Handwerker sei es oft schwierig, zu den Öffnungszeiten der Filiale in die Bank zu kommen. „Genau zu diesen Zeiten ist der Malermeister auf der Baustelle", weiß Stigler. Dort hat er aber heutzutage eigentlich immer sein Smartphone, Laptop oder Tablet dabei, denn nicht zuletzt die Akquise neuer Aufträge erfolge immer häufiger über Webseiten. Für diese Firmenkunden nutzt die HVB in Kooperation mit der auf mobile Lösungen spezialisierten IT-Schmiede Citrix eine App zur Kundenkommunikation. „Diese bieten wir den Kunden an, die bisher die telefonische Beratung in Anspruch genommen haben", so Stigler. Auch da landeten die Firmenkunden nicht in einem Call Center mit wechselnden Beratern, sondern sind immer ihrem Berater zugeordnet. „Daran hat auch die Gründung von Business Easy nichts geändert", so Stigler.

200 Firmenkunden-Berater wurden aus dem Telefonberatungs-Team in die neue Business-Easy-Einheit mitgebracht. Fünf neue Business-Easy-Center wurden gegründet. Nach Möglichkeit seien die bestehenden Kundenbeziehungen berücksichtigt worden. „Die Zuteilung der Berater erfolgte im Wesentlichen nach Postleitzahlen, weil so regionale Besonderheiten im Kundendialog besser berücksichtigt werden können", erklärt Stigler.

Videoberatung ideal für Tablets

Die Business-Easy-App ist sowohl für Smartphones als auch für Tablets geeignet. „Auf dem Tablet nutzen wir primär das Teilen von Unterlagen. Die Video-Unterhaltung kommt hinzu, wenn eine WLAN-Verbindung vorhanden ist", erklärt Stigler. Ohne WLAN ziehe die Videoübertragung zu viele Ressourcen des Tablets und koste daher ein zu großes Datenvolumen. Damit gingen Qualitätsverluste bei der Videoübertragung einher. „Die Bandbreiten der Berater wurden extra erhöht, damit bei der Videoberatung nichts ruckelt."

Neben der Tatsache, dass die Kunden nun ihren persönlichen Berater auch sehen können, schätzen sie nach HVB-Erfahrungen vor allem das gemeinsame Besprechen von Unterlagen, das so genannte Co-Browsing. „Damit das möglich ist, mussten wir vorher alle Dokumente im Querformat neu gestalten", beschreibt Stigler. Für ausführliche Beratungen werde ein Termin ausgemacht, damit sich beide Seiten vorbereiten können. Dafür werden alle Unterlagen geteilt. Der Bankberater stellt dem Kunden die zu besprechenden oder auch die besprochenen Dokumente zum Beispiel über das Postfach im Online-Banking zur Verfügung. „Das ist eine viel sicherere Übertragungsmethode als eine E-Mail", sagt der HVB-Experte. So werde der Postweg eingespart und Vertragsabschlüsse seien deutlich schneller möglich.

Gefragt sind schnelle Kreditentscheidungen

Die Video-Beratung kommt unter anderem dann zum Einsatz, wenn schnelle Kreditentscheidungen gefragt sind. Ein typischer Fall sei beispielsweise, dass einem Handwerker im Gespräch mit einem anderen Unternehmer auf der Baustelle der Kauf einer gebrauchten Maschine angeboten werde. „Da hat er nur ein sehr enges Zeitfenster, um sich zu entscheiden, und muss daher schnell wissen, ob er die 10.000 Euro dafür bekommt oder nicht", so Stigler.

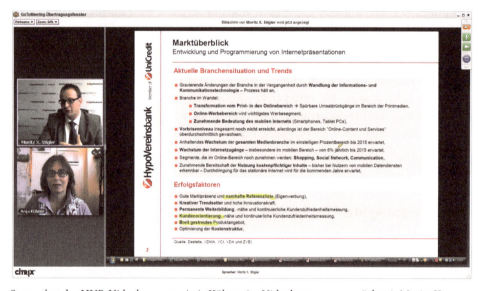

Screenshot der HVB-Videoberatung: Anja Kühner im Videoberatungsgespräch mit Moritz X. Stigler, Geschäftsbereichsleiter Business Easy der HVB

Im Oktober wurde die neue Homepage für Business Easy geschaltet, und bereits in der ersten Woche hatte sie mehr als 10.000 Besucher. Stigler freut sich: „Derzeit betreuen wir bereits 40 % aller Gewerbetreibenden in Deutschland in unserem Servicemodell und konnten einen überproportionalen Neukundengewinn feststellen." Allein an diesen Zahlen sei zu sehen: „Diese App ist kein Gimmick, sondern ein Schritt zu moderner Kommunikation – und die Kunden lieben sie schon jetzt." Egal, welches Alter die Kunden hätten: Alle seien sie gleich technikaffin. „Wichtig ist, dass die Kunden den Fall schnell abschließen können, weswegen sie mit uns Kontakt aufgenommen haben." Bisher wurden bereits 90 % der Kreditentscheidungen in weniger als 48 Stunden getroffen. Diese Zeitspanne will die HVB weiter verkürzen. Denn im Grunde sei Banking für den Firmenkunden eine Last, daher herrsche der Wunsch vor, den zeitlichen Aufwand fürs Banking möglichst gering zu halten. „Zufriedene Kunden wollen gar nicht mehr in die Filiale kommen", so HVB-Experte Stigler.

Social Web 3

Einleitung:

Der Kunde redet mit

Ein Unternehmensprofil in Facebook oder Twitter anlegen, Fans einsammeln und Vollgas geben: Die Kommunikation über soziale Netzwerke scheint so einfach. Das ist sie auch – wenn Banken und Sparkassen ein paar Spielregeln beachten.

Dr. Michael Groß
erschienen im September 2010, gekürzte Fassung

In Zeiten des Web 2.0 kommuniziert jedes Finanzinstitut – egal, ob es aktiv in den sozialen Netzwerken präsent ist oder nicht. Kein Unternehmen ist mehr alleiniger Herr seiner Botschaften. Denn Mängel an Produkten und Leistungen kann jeder Kunde der ganzen Welt rund um die Uhr mitteilen.

Mehr Profil, mehr Wissen, mehr Kompetenz, mehr Umsatz

Für Banken stellt sich also nur noch die Frage, wie – und nicht mehr ob – soziale Medien in Vertrieb und Marketing genutzt werden. Es gibt vier Handlungsfelder, die für jedes Geldinstitut relevant sind. Dabei hängt die Gewichtung der Bereiche stark von der Positionierung der Bank oder Sparkasse, den Zielkunden und dem Angebotsportfolio ab.

- **„Mehr Profil"**: Soziale Medien und Gemeinschaften im Internet ermöglichen den authentischen Kontakt mit allen möglichen Kundengruppen – und das in Echtzeit direkt von jedem Rechner zu jedem Rechner. Der Kontakt wird vereinfacht und die

Bindung zum Unternehmen kann erheblich erhöht werden. Aber: Der Dialog muss offen und ehrlich sein.
- **„Mehr Wissen"**: Die Netzwerke geben direkten Einblick in die Bedürfnisse und Motive der Kunden. Nicht nur im Jugendmarketing lohnt es sich, zumindest die Diskussionen in den bekannten Netzwerken zu beobachten. So redselig wie im Netz sind Verbraucher in Umfragen selten.
- **„Mehr Kompetenz"**: Die Mitarbeiter zu informieren, weiterzuentwickeln und an das Unternehmen zu binden gelingt mit internen Netzwerken oder auch mit Gruppen, die auf bestehenden Plattformen eingerichtet werden.
- **„Mehr Umsatz"**: Vertriebsmaßnahmen für spezifische Kundengruppen mit besonderem Bedarf können gezielt platziert werden, ebenso Gutschein-Aktionen oder Sonder-Rabatte, die für die Netzwerk-Mitglieder relevant sind. Der Vorteil, den die Finanzbranche hat, ist, dass ihre Kunden den „Self Service" gewohnt sind. Und temporär verfügbare Online-Produkte gehören in anderen Branchen längst zum Standard, etwa in der IT-Branche.

Ist die Plattform erstellt, fängt die Arbeit erst an

Ein schrittweises Vorgehen beim Herantasten an soziale Netzwerke ist ratsam, um das Instrumentarium modulartig aufzubauen, Erfahrungen zu sammeln und sich schlicht nicht zu überfordern. Denn im Gegensatz zu klassischen Kommunikationsinstrumenten – Werbung, Direktmarketing etc. – fängt nach der Erstellung einer Plattform die eigentliche Arbeit an: die Pflege und Weiterentwicklung des „Social-Media-CRM" im Kontakt mit den Nutzern.

Die kontinuierliche Präsenz ist entscheidend für den Erfolg einer Bank in sozialen Netzwerken. Allein mit der Bereitstellung von Informationen ist es nicht getan. In den virtuellen Räumen sind grundsätzlich eine hohe Relevanz, Zuverlässigkeit des Informationsangebots und die tägliche Reaktionsfähigkeit unabdingbar. Ohne die tagesaktuelle Präsenz und Relevanz von Informationen verkommt ein Angebot schnell zum Datenfriedhof und wirkt eher kontraproduktiv. Dadurch sind die Ressourcen für die Pflege der Präsenz in sozialen Medien erheblich höher als bei klassischen Medien – die im Gegenzug einen viel größeren Produktionsaufwand haben.

An Social-Media-Strategien sollten daher nicht nur die Unternehmenskommunikation oder ein „Internet-Beauftragter" beteiligt sein. Es gehören mehrere Bereiche dazu, das Potenzial der verschiedenen Netzwerke zu mobilisieren, etwa die Personalabteilung bei der Rekrutierung, Ausbildung und Bindung von Mitarbeitern. Der Vertrieb redet in Sachen Kundensegmenten und netzwerkgerechten Angeboten mit. Ganz zu schweigen von der IT, die sich um Themen wie Datenschutz beim Web-2.0-Einsatz kümmert. Auch bei der Umsetzung können Mitarbeiter verschiedenster Abteilungen mitwirken und Fachbereiche als Kompetenzträger aktiv werden.

Die Kommunikations- und Marketingabteilung ist Impulsgeber und steuert den Ablauf. Ihre Kernaufgabe ist es, die Konsistenz der Online- und Offline-Kommunikation sowie durchgängige Botschaften zu gewährleisten. Denn der rasante Aufstieg der sozialen Netzwerke bedeutet nicht, dass die klassischen Medien ausgedient haben, im Gegenteil: Sie sind nach wie vor ein wesentlicher Verstärker, da sie Informationen filtern, bewerten und vor allem vertrauenswürdig sind. Wer weiß schließlich schon, wer sich hinter den Nachrichten von „B-Fan" oder „Bank-Buster" verbirgt? Vielmehr gehen klassische und Web-2.0-Medien Hand in Hand.

Checkliste Social Media

Ja, bitte!
- **Klare Ziele festlegen:** Eine Strategie mit eindeutigen Zielen (Kundeninformation, -service, -bindung etc.) muss Grundlage der Social-Media-Aktivitäten sein.
- **Interessante Inhalte liefern:** Das Angebot muss dem Nutzer aktuellen Mehrwert liefern, auch gegebenenfalls über Produkte oder Sonderaktionen. Für das reine „Verkünden" braucht es keine sozialen Medien.
- **Authentisch auftreten:** Netzwerke brauchen echten Dialog. Identität und Intention müssen immer eindeutig kommuniziert werden.
- **Schnell reaktionsfähig sein:** Soziale Netzwerke sind Echtzeit-Medien. Wer am Dialog teilnimmt, muss schnell sein – das bedeutet: Ressourcen bereitstellen und Strukturen schaffen.

Bloß nicht!
- **Aktionismus:** Banken sollten nicht sofort auf allen Kanälen aktiv werden, da sie sich sonst verzetteln und womöglich Kundenreaktionen ins Leere laufen lassen.
- **Nicht durchhalten:** Social Media lassen sich nicht ein- und abschalten. Daher sollte zu Anfang eine „Roadmap" für zwei bis drei Jahre erstellt werden, die besagt, was die Bank erreichen möchte. Gleichzeitig gilt es, bei der Umsetzung flexibel zu bleiben.
- **Werbung schalten:** Social Media sind kein Ein-Weg-Werbekanal. Für konkrete Vertriebs-und Sonderangebote sollten sich Nutzer bewusst entscheiden können.
- **Kritik blocken:** Auch negative Stimmen sind eine Chance zum Dialog, so lassen sich Sachverhalte klären. Mitglieder in sozialen Netzwerken wollen diskutieren und können auch Widerspruch ertragen.

Social Media:

Erst zuhören – dann reden

Banken und Sparkassen sind zunehmend in den sozialen Medien aktiv – die meisten von ihnen allerdings mit nur mäßigem Erfolg. Die Mehrzahl der Institute beschränkt sich auf einseitige Werbemaßnahmen. Damit verschenken sie jedoch einen Großteil des Potenzials von sozialen Netzwerken.

Jörg Forthmann
erschienen im September 2012

„Mehr Fans, mehr Zins", heißt es seit einiger Zeit bei der Fidor Bank. Das Prinzip dahinter ist einfach: Je mehr Facebook-Nutzer bei der Unternehmensseite der Direktbank auf „Gefällt mir" klicken, desto höher ist die Wahrscheinlichkeit, dass der Zins für ihr Guthaben bei der Bank auf bis zu 1,5 % pro Jahr steigt. Mehrere Tausend Fans haben bereits bei der Aktion mitgemacht. Damit ist sie ein Erfolg für alle Beteiligten: Die Fidor Bank konnte ihre Reichweite deutlich steigern und die Kunden freuen sich über den „offenen und transparenten Ansatz des Social Bankings", so Vorstandssprecher Matthias Kröner.

Dies ist nur eine der vielfältigen Möglichkeiten, wie Banken und Sparkassen die sozialen Netzwerke sinnvoll und effizient nutzen können. Gerade im B2C-Bereich bieten Facebook und Co. den Banken eine sehr gute Möglichkeit, um herauszufinden, was die Kunden interessiert, und um darüber mit ihnen ins Gespräch zu kommen. Das erhöht die Kundenbindung, schafft Vertrauen und trägt so maßgeblich zum Geschäftserfolg bei. Gerade für Banken und bieten die sozialen Medien daher ideale Voraussetzungen, um das verlorengegangene Vertrauen der Kunden zurückzugewinnen und sie nachhaltig an ihr Institut zu binden.

Jeder zweite Facebook-Nutzer ist älter als 30 Jahre

Facebook, Twitter und Co. haben in den vergangenen Jahren einen rasanten Aufstieg erlebt. Längst ist klar: Es handelt sich dabei nicht um eine Modeerscheinung, sondern um eine breite gesellschaftliche Entwicklung: So sind 71 % der deutschen Internet-Nutzer mittlerweile in sozialen Netzwerken aktiv oder haben es in nächster Zeit vor. Das beliebteste Netzwerk Facebook zählt aktuell mehr als 23 Millionen Nutzer in Deutschland – rund die Hälfte der User ist mindestens 30 Jahre alt. Damit zeigt sich, dass die sozialen Netzwerke weit mehr sind als ein Phänomen der Jugend. Nach und nach erkennen auch die deutschen Unternehmen die Bedeutung der sozialen Medien: Laut BITKOM-Studie verfügt bereits die Hälfte von ihnen über eigene Präsenzen im Web.

Erst die Themen analysieren

Trotz dieser Möglichkeiten sollten die Kreditinstitute allerdings nicht den Fehler machen, sich übereilt in die Welt der sozialen Medien zu stürzen. Denn um das Potenzial richtig nutzen zu können, sollten sie erst einmal analysieren, über welche Themen in den sozialen Medien gesprochen wird. Dies gilt unabhängig davon, ob das Institut eigene Aktivitäten plant oder nicht. Denn auch, wenn eine Bank oder Sparkasse nicht selbst in sozialen Netzwerken aktiv ist, kann sie ein Gegenstand von Diskussionen sein.

Es gilt also, im Vorfeld folgende Fragen zu klären: Taucht das eigene Institut in den sozialen Netzwerken auf? Und wenn ja: Sind die Beiträge aus Sicht des Unternehmens positiv oder negativ? In welchen sozialen Netzwerken finden die Diskussionen statt? Gibt es außerdem weitere Themen und Multiplikatoren, die für eine eventuelle Präsenz von Bedeutung sind? Erst nach der Beantwortung dieser Fragen sollte eine Entscheidung darüber fallen, ob eine eigene Präsenz sinnvoll ist und welche Plattformen dafür geeignet sind.

Wer sich schließlich für eine eigene Präsenz entscheidet, kommt nicht um ein regelmäßiges Monitoring herum. Denn nur auf diese Weise lässt sich verfolgen, wie sich die Kommunikation rund um das eigene Institut entwickelt. Darüber hinaus können die Geldhäuser so frühzeitig positive wie negative Trends erkennen und angemessen darauf reagieren. Derartige Analysen lassen außerdem einen Vergleich mit den Wettbewerbern zu.

Unternehmen nutzen soziale Netzwerke noch zögerlich

Viele Unternehmen machen von der Möglichkeit der Trenderkennung jedoch keinen Gebrauch, wie die Ergebnisse des Social-Media-Trendmonitors von „news aktuell" und Faktenkontor zeigen. Demnach entscheidet für 52 % der Pressestellen die Anzahl der Fans und Follower über den Erfolg der Social-Media-Aktivitäten, 40 % halten darüber hinaus die Menge an Erwähnungen für ein wichtiges Kriterium. Qualitative Maßstäbe wie die Tonalität der Beiträge oder die Intensität der Dialoge sind dagegen nur für knapp 40 % der Pressestellen ausschlaggebend. Übertragen auf die klassische Filiale würde dies bedeuten, dass es den Banken und Sparkassen völlig reicht, dass viele Menschen ihre Filiale besuchen. Wofür sie sich interessieren und ob sie dort mit den Beratern ins Gespräch kommen, ist unerheblich. In der Offline-Welt wäre dies undenkbar. In den sozialen Netzwerken ist das hingegen gängige Praxis.

Fehlendes Wissen über Online-Nutzer erklärt, warum nur wenige Institute bislang erfolgreich in sozialen Medien vertreten sind. Denn der Großteil der Banken beschränkt sich bei der Online-Kommunikation auf einseitige Botschaften in Form von Gewinnspielen oder Produktvorstellungen. Ein echter Austausch kann so nicht stattfinden. Damit verschenken die Institute einen Großteil des Potenzials, das sich in den sozialen Medien bietet. Denn erfolgreiche Auftritte stärken nicht nur die Bekanntheit und Reputation der Unternehmen, sondern auch die Kundenbindung.

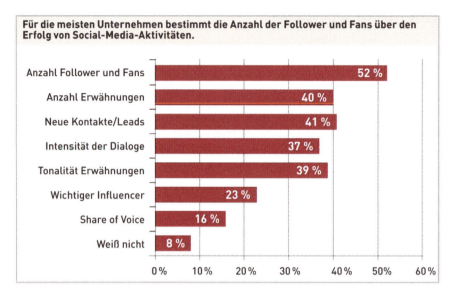

Was Social Media den Unternehmen bringt. (Quelle: Social-Media-Trendmonitor, Faktenkontor und news aktuell)

Es muss im Übrigen nicht immer eine eigene Unternehmensseite sein. Gerade für Finanzdienstleister gibt es zahlreiche Möglichkeiten, die sozialen Netzwerke auch abseits eigener Auftritte erfolgreich einzusetzen. Denkbar ist auch, dass deren Berater das soziale Netzwerk Facebook nutzen, um den Kundenkontakt über die Filiale hinaus zu pflegen und sie gezielt und bedürfnisorientiert anzusprechen. Eine andere Möglichkeit ist, gezielt Multiplikatoren im eigenen Institut auszubilden, die sich als offizielle Sprecher an Diskussionsforen oder Blogs beteiligen.

Fazit

Soziale Netzwerke bieten zahlreiche Möglichkeiten für Banken und Sparkassen. Vor der Entscheidung für oder gegen die Aufnahme von Social-Media-Aktivitäten sollte in jedem Fall ein ausführliches Monitoring stehen. Das Thema jedoch zu ignorieren oder einfach „aussitzen" zu wollen, ist keine Option. Schließlich gilt im Social Web wie in klassisch organisierten Märkten: Wenn man selbst nicht redet, könnten es andere für einen tun.

Social-Media-Monitoring:

... so schallt es zurück?

Facebook, Twitter, Xing: Viele Banken sind in den sozialen Netzwerken aktiv. Die meisten rufen ihre Botschaften in die Welt hinaus. Geringe Ambitionen, aber auch rechtliche Hürden machen es Banken schwer, Erkenntnisse aus Social Media in vollem Umfang zu nutzen.

Anja Kühner
erschienen im August 2011

Viele Geldinstitute haben zwar begonnen, sich mit dem Thema Social Media auseinanderzusetzen. „Der gesamte Finanzsektor liegt dabei aber massiv zurück", sagt Thomas Knüwer, Inhaber der Social-Media-Beratung Kpunktnull. Man bemerke im Finanzsektor „eine große Angst vor dem Kunden". Es kursiere das Vorurteil: „Die reden ja nur schlecht über uns." Das stimme so nicht, meint Knüwer. Allerdings sei bei Banken das Verhältnis von positiven zu negativen Äußerungen in sozialen Medien deutlich schlechter als bei klassischen Konsumgüterherstellern. „Dort beträgt es 12:1, während bei Banken auf vier positive bereits eine kritische oder negative Äußerung kommt", so Knüwer. „Aber wie kann ich Kunden halten, wenn ich Angst vor ihnen und ihrer ehrlichen Meinung habe?", fragt er.

Keine Furcht vor Kunden-Kritik hat die GLS Bank. „Wir kommunizieren, diskutieren, greifen Themen auf und reagieren, und das sowohl über das Unternehmensblog als auch bei Facebook und Twitter", erklärt GLS-Bank-Sprecher Christof Lützel. Künftig wolle das Institut auch den Youtube-Channel verstärkt nutzen. Drei Mitarbeiter kümmern sich als Teil ihres Jobs um die sozialen Medien – und das mit Erfolg. „Monatlich zwischen 3.000 und 5.000 Gäste besuchen die Unternehmenshomepage aufgrund der Social-Media-Aktivitäten", erzählt Lützel. Das findet die GLS Bank unter anderem mithilfe des Statistik-Tools von Facebook heraus.

Für die Sparkassen übernimmt das Sparkassen-Finanzportal das Monitoring der sozialen Medien im Internet. Entweder direkt oder über Rahmenverträge mit den Regionalverbänden können sich die lokalen Institute den Beobachtungs- und Auswertungsservice kaufen. „Über zwei Drittel der Sparkassen führen bereits Social-Media-Monitoring durch, und wöchentlich wächst diese Zahl", sagt Verena Freyer, Projektleiterin Social Media beim Deutschen Sparkassen- und Giroverband (DSGV). Aufgrund zentraler Angebote und der großen strategischen Herausforderungen sei es auch nicht nötig, dass jede Sparkasse einzeln bei Facebook oder Twitter aktiv werde.

Knackpunkt Datenmenge

Ein Knackpunkt beim Social-Media-Monitoring sind die riesigen Datenmengen, die dabei anfallen. Studien haben in einigen Branchen einen Anstieg der Datenmenge um rund 45 % gezeigt. Viele Unternehmen engagieren sich daher wie die Sparkassen nicht selbst im Social-Media-Monitoring, sondern überlassen es externen Dienstleistern. Trotzdem ist für das Monitoring und die Analyse von Web-2.0-Inhalten vielerorts Software im Einsatz. Radian6, das vom CRM-Cloud-Softwareanbieter Salesforce aufgekauft wurde, zählt zu den oft genutzten Tools.

> **Rechtliche Grenzen des Social-Media-Monitoring**
>
> Laut § 4 Bundesdatenschutzgesetz (BDSG) ist die Erhebung, Verarbeitung und Nutzung personenbezogener Daten nur zulässig, soweit der Betroffene in diese einwilligt oder eine Rechtsvorschrift die entsprechende Verwendung von Daten ohne Einwilligung des Betroffenen gestattet. Meist fehlt eine Einwilligung des Nutzers von sozialen Netzwerken in die Verwendung seiner Daten für Social-Media-Monitoring. Aus § 28 Abs. 1 Nr. 3 BDSG kann sich eine Gestattung ergeben, wenn der Betroffene seine Daten jedermann frei zugänglich zur Verfügung ins Internet stellt (etwa über ein Weblog). Nur diese dürfen erhoben und verwertet werden. Informationen, die nur durch angemeldete Nutzer eines Netzwerkes eingesehen werden können, sind nicht öffentlich zugänglich und dürfen grundsätzlich nicht verwendet werden. Das Anonymisieren und Pseudonymisieren der Daten ist wohl kein datenschutzkonformer Ausweg, denn der Datenschutz muss schon im Zeitpunkt der Erhebung der Daten gewahrt werden und nicht erst bei deren Verarbeitung. Daher müssen die Nutzungsbestimmungen der sozialen Netzwerke Entsprechendes erlauben.
>
> Quelle: Carmen Escandell-Reininger L.L.M., Rechtsanwältin aus Düsseldorf

Marktführer für Business-Analytics-Software ist nach eigenen Angaben SAS. „Die Ergebnisse unserer Software sind semantisch angereicherte Informationen, die so aufbereitet sind, dass sie an andere unternehmensinterne Informationssysteme weitergegeben werden können", sagt Karsten Winkler, Business-Experte im SAS-Kompetenzzentrum Customer Intelligence. Denn die reine Anzahl an Freunden und Followern sage nichts aus, es müsse deren Aktivität mit einfließen. Erst mit den nach Einfluss gewichteten Auswertungen könne ein Unternehmen die Qualität seiner Marketing-Aktivitäten beurteilen. „Mit dem Monitoring ist es nicht getan", weiß auch Web-2.0-Experte Knüwer und betont: „Vor allem muss ein Unternehmen wirklich hinhören, wer was sagt, um die Kundenbedürfnisse mitzubekommen."

Dem hält Klaus Schilling, Senior Manager im Geschäftsbereich Banking bei Steria Mummert Consulting, entgegen: „Ich sehe momentan kaum, dass Banken die Daten im eigenen CRM nutzen." Social Media bedeute derzeit in erster Linie Marketing ohne Rückkopplung in die Bankensysteme. „Da sind enge datenschutzrechtliche Grenzen zu berücksichtigen", mahnt Carmen Escandell-Reininger, auf Datenschutz spezialisierte Rechtsanwältin aus Düsseldorf.

Nicht überbewerten

Winkler von SAS sagt: „Social Media ist ein wichtiger Kanal, aber eben auch nur ein Kanal unter vielen." Daher sei es ungeheuer wichtig, keine Inseln im Unternehmen zu etablieren. „Nichts ist schlimmer für eine ganzheitliche Kommunikation, als wenn die rechte Hand nicht weiß, was die linke tut." Und er empfiehlt: „Social-Media-Ziele sollten erreichbar und messbar sein, damit man Erfolge auch mal feiern kann." So wandelt sich die Angst vor dem Kunden in Freude am Dialog.

Aus der Praxis:

Wie Social Media die Massen bewegt

Wie es um das Image von Banken und die gesamte Finanzbranche bestellt ist, verraten das Web und die sozialen Netzwerke sehr genau, wie folgende Beispiele zeigen.

Jörg Forthmann
erschienen im April und Juli 2012

„Blockupy" bewegt Massen im Netz

Die „Blockupy"-Bewegung in Frankfurt am Main, die im Zuge der Anti-Banken-Proteste 2011/2012 geboren wurde, ist ein Beispiel dafür, wie mit Hilfe des Social Webs innerhalb kürzester Zeit die Massen mobilisiert werden können. So konnten bis zum 20. Mai 2012 mehr als 15.000 Beiträge zu Blockupy auf Facebook, Twitter, Blogs oder Online-Foren gezählt werden, knapp 11.000 davon seit dem 16. Mai, dem Beginn der Demonstration in Frankfurt. Das ist das Ergebnis einer Untersuchung von Web-Analyzer.com. Analysiert wurde, wie oft, auf welchen Kanälen und in welcher Tonalität User sich im deutschsprachigen Netz über „Blockupy" äußerten.

Besonders aktiv wird Twitter genutzt. Dort konnten im untersuchten Zeitraum nahezu 7.000 Tweets zu der Protestbewegung gezählt werden – 37 % der gesamten Beiträge. Immer wieder wurde eifrig gezwitschert, es erschienen Tweets wie „Gedankensplitter: Es wäre schön, wenn #Blockupy eine Dynamik entwickeln würde wie die Anti-AKW-Bewegung" oder „Dass #blockupy verboten wurde, zeigt, wie sehr wir der Stachel sind!". Mehr aber noch wurde über „Blockupy" auf Facebook diskutiert und mobilisiert. Von dort stammen knapp 46 % aller gezählten Beiträge. Auch das Fazit der Aktivisten wurde auf Facebook verkündet: „Nach vier Tagen Blockupy bleibt die Erkenntnis: Das Bündnis der Demonstranten hat gewonnen."

„Warum ich das Imperium verlasse"

In einem „Kündigungsschreiben", veröffentlicht in der „New York Times", rechnete Greg Smith schonungslos mit seinem ehemaligen Arbeitgeber Goldman Sachs ab. Das Ereignis sorgte kurz nach Erscheinen nicht nur in der Finanzwelt, sondern auch in der Internetgemeinde für einen Paukenschlag. Innerhalb weniger Tage konnten knapp 6.200 Beiträge dazu gezählt werden. Das ergibt eine Untersuchung des Webmonitoring-Tools www.web-analyzer.com.

Smiths Schreiben, in dem er die Investmentbank als „destruktiv" und „moralisch verrottet" bezeichnet, gehörte im Internet zu den meistgelesenen – weltweit. Schnell wurde Smith auch zum Helden der Internet-Community, da er genau das bestätigte, was viele schon immer über Investmentbanken dachten. Mit seinem Beitrag sorgte er für einen Kommentarsturm der Extraklasse. In Blogs und auf Twitter wurde Smiths Beitrag begeistert aufgenommen. Allein auf Twitter konnten 1.220 Aussagen gezählt werden, zum Beispiel „Das ist nur die Spitze des Eisbergs" und „Gier der Banken – Goldman-Sachs-Verräter Greg Smith wird zum Star". Auch Satiren werden im Netz dazu veröffentlicht, etwa auf der britischen Website „The Daily Mash": „Warum ich das Imperium verlasse, von Darth Vader". Auch auf Smiths Facebook-Seite wird er gefeiert. „Das ist der Stoff, aus dem echte Führungskräfte gemacht sind", heißt es auf seiner Pinnwand.

Social Media:

Wie viel braucht eine Bank?

Internetaffine Kunden fordern von den Kreditinstituten mehr aktive Beteiligung in den sozialen Netzwerken. Einige Banken gehen bereits mit gutem Beispiel und innovativen Ideen voran.

Lothar Lochmaier
erschienen im Juni 2012, gekürzte Fassung

Wie eine Bank mit Social Media besser nicht umgehen sollte, das zeigte sich 2011 am Beispiel der Commonwealth Bank. Das zweitgrößte australische Institut ist in ganz Asien und Ozeanien aktiv. Völlig unerwartet gab das Institut auf zwei Seiten eine Social Media Policy heraus, die harte disziplinarische Maßnahmen für den Fall vorsah, dass sich Mitarbeiter jenseits der Bürozeiten allzu intensiv in sozialen Netzwerken tummeln sollten. Vollends zum PR-Desaster entwickelte sich der Vorgang schließlich durch den wenig verhohlenen Hinweis, die Nutzer, sprich Bankmitarbeiter, auch für die Aktionen ihrer Online-Freunde haftbar zu machen. In zahlreichen Presseberichten werteten die Kommentatoren dies als einen direkten Aufruf zur Bespitzelung von Kollegen, Freunden und der Familie. Rasch sah sich das australische Institut gezwungen, eilends wieder zurückzurudern und die Social-Media-Richtlinien gründlich zu überarbeiten.

Social Media produktiv nutzen

Doch es gibt auch positive Vorbilder, die zeigen, wohin sich die Bankenwelt mit Hilfe von Social Media künftig bewegen könnte. Während die meisten Banken es bislang bei einer bloßen Kontaktpräsenz in dem weltweit größten sozialen Netzwerk Facebook belassen, geht etwa die neuseeländische ASB Bank einen Schritt weiter. Das besondere Element an dieser weltweit ersten „Facebook Bankfiliale" ist, dass die Kunden sich mit „echten" Bankberatern sieben Tage in der Woche über ihr konkretes Anliegen austauschen können.

Die ASB Bank setzt dabei auf eine Chat-Anwendung als Facebook-App. Die Mitarbeiter, die für ein virtuelles Gespräch jeweils zur Verfügung stehen, sind entsprechend gekennzeichnet. Ein Klick auf einen freien Mitarbeiter öffnet den Dialog. Eine komplizierte Anmeldung ist dafür nicht erforderlich. Das Gespräch selbst wird nicht aufgezeichnet. Dadurch soll sich die Netzgemeinde auf Augenhöhe mit der Hausbank fühlen. Die bisherigen Erfahrungen, so bilanzieren es jedenfalls die Verantwortlichen des Instituts, hätten bereits widerlegt, dass die Kundschaft mit einem gewissen Fremdeln auf das virtuelle Bankbüro reagiere. Mehr noch: Laut Einschätzung der ASB Bank hat sich die Kundenbeziehung durch das neue Angebot sogar deutlich intensiviert und gefestigt. Die Kunden erlebten ihre Bank als „cool" und auf Höhe der Zeit.

Natürlich ersetzt eine dialogorientierte Chat-Anwendung auf Facebook noch kein zukunftsweisendes Geschäftsmodell. Manche Kunden wittern dahinter einen neuen Versuch, sie aufs Glatteis zu führen, durch eine bunte Bilderwelt und harmlos daher kommende Apps, also kleine Zusatzprogramme, die über mobile Geräte von jedem Ort aus den direkten Zugriff auf das Online-Konto und alle übrigen Finanzinformationen ermöglichen.

Mindsetting: Überzeugen statt Überreden

Wer Social Media jedoch nur als reinen Werbe- und Vertriebskanal ansieht, der dürfte durch den Kunden eines Besseren belehrt werden, denn diese Philosophie funktioniert in einer „nutzerzentrierten" Umgebung nicht so recht. Deshalb sind jene Finanzinstitute im Vorteil, die ihr Geschäftsmodell nicht nur kritisch überdenken, sondern in der Lage sind, ihre Produkte tatsächlich auf den Bedarf des Kunden neu auszurichten. Schaut man sich entsprechende Vorbilder in Deutschland an, so stechen vor allem jene Banken hervor, die auf ernsthafte Art und Weise den Dialog mit den Kunden aufgenommen haben. Dazu gehört beispielsweise die auf nachhaltige Geldanlagen spezialisierte GLS Bank, die seit Jahren mit den Kunden intensiv über Twitter, Facebook, Blog oder YouTube kommuniziert.

Weitere Innovationstreiber stellen jene „Social Banks" der zweiten internetbasierten Generation dar, die Social Media quasi als integratives Gen in ihr alltägliches Geschäftsgebaren notwendigerweise eingepflanzt haben. Zu den Vorreitern auf diesem Gebiet gehört beispielsweise die Münchner Fidor Bank, die sich laut eigenem Bekunden als das erste vollständig „Web-2.0-basierte Finanzinstitut" einstuft. Tatsächlich wird dort vieles sichtbar, was den neuen Kosmos einer nutzerzentrierten Bank ausmachen könnte, mit der Einschränkung, dass es wohl global kein Institut gibt, das eine vollständige Transparenz nach innen wie nach außen offeriert.

Dennoch gilt die Fidor Bank als wegweisend im Mix von moderner Technik und aktiver Kundenkommunikation, und zwar oben bei der Geschäftsleitung angefangen bis hinein in die intensive Auseinandersetzung zu Geldanlagen unterschiedlichster Typen, die überwiegend in den Foren erfolgt. Hinzu treten technisch anspruchsvolle Applikationen wie die eWallet zum (mobilen) Geldtransfer, der direkt zwischen den Nutzern erfolgen kann.

Zum permanenten Dialog öffnen

Das Social Web stellt für die hoch regulierte Bankenbranche zugegebenermaßen eine große Herausforderung dar, weil gerade dort strikte Regeln und Vorschriften dominieren, was den ungehinderten Dialog deutlich erschwert. Aufgrund der hohen Risiken für Image und Reputation bis hin zur Betriebsspionage und dem drohenden Datenverlust ziehen es deshalb die meisten Institute vor, sich nicht allzu intensiv auf das als „indiskret" empfundene Glatteis von Social Media zu begeben, um ihre sorgsam gehütete Innenwelt allzu freizügig nach außen zu kehren.

Letztlich geht es beim Social-Media-Management im Finanzbereich darum, verloren gegangenes Vertrauen (zurück) zu gewinnen, aber auch eine eigene kundenzentrierte Markenwelt im Netz zu kreieren. Sofern die schöne neue Bankenwelt jedoch nur eine Marketingfassade darstellt, wenden sich die Aktivitäten sogar direkt gegen den Urheber derartiger Kampagnen. Wenn Finanzdienstleister sich also nur damit begnügen, Fans mit Gewinnspielen via Facebook und Co. „einzukaufen", dann dürfte diese Strategie allenfalls kurzfristig von Erfolg gekrönt sein. Mittel- und langfristig im Vorteil sind all jene Institute, die sich zum permanenten Dialog hin öffnen, ohne dabei das eigene geschäftliche Interesse komplett zu verleugnen oder kleinlaut auszublenden.

> **Praxisbeispiele: Wer mischt vorne mit in der interaktiven Bankenwelt?**
>
> - Die **Deutsche Bank** stellt über verschiedene Social-Media-Plattformen aktuelle Informationen bereit. Dazu gehören Tweets, aktuelle Videos und Bilder sowie abonnierte Nachrichten über personalisierte Kanäle. Eine strategisch positionierte Social-Media-Unit befindet sich im Aufbau.
> - **ING-DiBa:** Deutschlands größte Direktbank hat die Plattform „Finanzversteher" etabliert. Neben Basisinformationen über Risiken und Chancen einzelner Anlageklassen gibt es dort einen „Geldautomaten-Radar", aktuelle Nachrichten über ein regelmäßig gepflegtes Blogformat sowie ein YouTube-Fernsehzimmer.
> - **GLS Bank:** Der strategische Ansatz der Nachhaltigkeitsbank über diverse Social-Media-Kanäle besteht darin, eine Konsistenz in der Innen- und Außendarstellung jenseits von reinem Marketing herzustellen, und das durch ein permanent gepflegtes Dialogsystem, verortet in einer konstruktiv-offenen Öffentlichkeitsarbeit. Voraussetzung für diesen Ansatz: Support aus der Chefetage.
> - **Fidor Bank:** Die Münchner gelten auch im internationalen Vergleich als eine der weltweit innovativsten Player. Die Fidor Bank setzt dabei konsequent auf die Wirkmechanismen des Web 2.0. Für Interaktion und Kommunikation nutzt die Bank neben einer eigenen stetig wachsenden Community alle gängigen Social-Media-Plattformen, beispielsweise Twitter, Xing, YouTube und Facebook.

- **ASB Bank (Neuseeland):** Chat-Anwendung als Facebook-App. Vorteile: Virtuelle Kundenberater zum Anfassen schaffen eine neue Erlebnis- und Kommunikationsebene neben der Bankfiliale. Die Netzgemeinde fühlt sich auf Augenhöhe mit der Hausbank. Aktive Rückkoppelung schafft Mehrwert und erhöht die Kundenbindung.
- **Caja Navarra (Spanien):** In seinem persönlichen Konto (Civic Banking) kann jeder Kunde bis zu drei soziale Vorhaben mit bis zu 30 % seines Depotgewinns fördern. Nutzer können sich auch gegenseitig Geld leihen. Im Gegenzug erhält das Mitglied detaillierten Zugriff auf alle Informationen darüber, wofür die Bank ihre Mittel konkret einsetzt.

Interview:

„Der typische Fidor-Kunde ist 100 Prozent online"

Seit Mai 2009 im Besitz einer Vollbanklizenz, ist die Fidor Bank nach Worten ihres Vorstands Matthias Kröner weltweit die Bank mit der konsequentesten Web-2.0-Ausrichtung.

Stefanie Hüthig / Peter Rensch
erschienen im Dezember 2009, gekürzte Fassung

„Die Welt bleibt nicht stehen, nur weil wir Banker das so wollen."
Matthias Kröner, Vorstand der Fidor Bank

Matthias Kröner ist bei der Fidor Bank AG (www.ficoba.de) zuständig für Investor Relations, Unternehmenskommunikation, Strategic Development und Communities. Er baute die DAB Bank mit auf und wurde 1997 mit 32 Jahren Vorstand, zuletzt war er dort als Sprecher tätig. Gemeinsam mit Martin Kölsch, ehemals Privatkundenvorstand der HypoVereinsbank, gründete Kröner 2003 die Fidor AG. Der 44-jährige Kröner ist mit der Fidor Bank auf Xing, Facebook, Twitter und YouTube unterwegs. (Foto: Dirk Uebele)

BANKMAGAZIN: *Die Fidor Bank gilt als DIE Innovation in der Bankenwelt – wo sehen Sie, bezogen auf die strategische Ausrichtung vieler Geldinstitute, den größten Nachholbedarf?*
Kröner: Ich besuche derzeit viele Veranstaltungen rund um Internet und Web 2.0. Vertreter von Banken trifft man dort recht selten. Bedeutet für mich: Die großen Veränderungen in diesem zunehmend wesentlichen Bereich des Lebens eines Retailkunden werden in der Bankenwelt eigentlich überhaupt nicht diskutiert. Welche Veränderungen sind das? Auf der einen Seite sehe ich eine massive soziologische Veränderung, getrieben durch das Internet, massiv unterstützt durch einen natürlich eintretenden Ge-

nerationenwechsel bzw. durch das Älterwerden der Usergruppen, die wir Digital Natives oder Generation V(irtual) nennen.

Auf diese Veränderung wurde im Retailbanking bislang nicht geantwortet. Eine Studie von McKinsey besagt, dass es seit 1999 oder 2000 keinerlei Endkunden-orientierte, web-basierende Innovation gegeben hat. Die Innovationen, die wiederum stattfinden, sind Produkt-Innovationen und Preis-Innovationen: entweder das tausendste Zertifikat oder eine Änderung in der Gebührenstruktur, so dass Banken auch ohne Performance verdienen können.

BANKMAGAZIN: *Digital Natives, Generation Y – können Ihrer Ansicht nach auch die etablierten Häuser noch dazulernen? Was bezwecken Sie mit Ihrem neuen Banken-Ansatz?*

Kröner: Mit unserem Ansatz verfolgen wir genau das Ziel, die gegenwärtige Technik maximal zu nutzen, um möglichst nah an die Menschen heranzukommen. Er akzeptiert die Verhaltensweisen im Internet, greift sie auf und transportiert sie in das Angebot einer Bank.

Im Rahmen der eingangs erwähnten Veranstaltungen wird regelmäßig diskutiert, ob das durch bestehende Banken ebenfalls glaubwürdig und authentisch angewendet werden kann. Nun, bis zu einem gewissen Punkt auf jeden Fall. Wichtig ist jedoch, dass es das Management eines Unternehmens will! Als wir 1994 die Direktanlage-Bank DAB *(Matthias Kröner war Mitgründer der DAB, Anm. d. Red.)* gegründet haben, hat keiner in Deutschland danach gerufen, dass es eine neue Art von Wertpapier-Dienstleistung geben muss. Im Gegenteil. Der eine oder andere Privatkunden-Vorstand fühlte sich bemüßigt zu sagen, dass der deutsche Kunde noch nicht reif dafür sei. Ähnliche Stimmen höre ich heute schon wieder. Erst neulich sprach ein Unternehmensberater davon, dass der Kunde von allzu viel „Mitbestimmung" und „Transparenz" überfordert sei.

Solange bei einem Unternehmen generell bzw. bei einer Bank im Speziellen das Verständnis herrscht, man sei der Erziehungsberechtigte des Kunden, sehe ich jedoch gewisse Eintrittsbarrieren. Was ich sagen möchte: Die wesentliche Voraussetzung für die Bereitschaft und Offenheit zur konsequenten Innovation ist in der Unternehmenskultur begründet. Und für diese wiederum ist die Geschäftsführung verantwortlich. Nicht die Rechtsabteilung! Darüber hinaus braucht es Risikobereitschaft. Denn: Es kann und wird nicht der richtige Ansatz sein, den man mit einer Innovation verfolgt. Wichtig ist jedoch, dass sich die Dinge weiterentwickeln.

Die Welt bleibt nicht stehen, nur weil wir Banker das so wollen. Eine Anekdote von einer schweizerischen Veranstaltung zum Thema Web 2.0 und Banken. Hier fragte ein Schweizer Banker, ob man das Web 2.0 nicht verhindern bzw. aufhalten könnte. Was soll man darauf schon antworten?

BANKMAGAZIN: *Was macht die Fidor Bank anders als „konventionelle" Kreditinstitute?*
Kröner: Wir werden die Verhaltensweisen der User, die wir heute im Internet millionenfach sehen, in das Bankkonzept integrieren. Ein Beispiel: der Austausch der User

untereinander. Die kritische Anmerkung an dieser Stelle ist, dass der Kunde nicht über Geld spricht. Die Leute unterhalten sich im Netz über noch wesentlich intimere Dinge als über Geld – ob ich das persönlich gut finde oder nicht, ist egal. Die Leute bewerten Produkte und Leistungen, wer heute eine Reise bucht, schaut vorher, wie das Hotel im Netz bewertet wurde. Diese Web-2.0-Mechanismen müssen in das Banking aufgenommen werden. Bei uns kann sich der Kunde mit allen anderen austauschen, mit dem Ziel, gemeinsam eine faire, objektive und bessere Geldentscheidung zu treffen – das ist neu für eine Bank und USP Nummer 1. Neu ist es auch, dass es für diesen Austausch Geld in Euro und Cent gibt, je nachdem, was der Nutzer macht. Er legt einen Berater an, dafür gibt es 50 Cents. Er legt ein Wunschprodukt an, worüber er mit uns diskutiert, macht 1 Euro. Er schlägt eine Innovation vor, ein Wunschprodukt, und wir setzen den Vorschlag um, macht 1.000 Euro. Das ist USP Nummer 2.

Der dritte USP: Kunden können im Rahmen unserer Web-Applikationen entscheiden, ob sie mit der Fidor Bank ins Geschäft kommen oder ob sie ihren Finanzbedarf mit anderen Usern decken wollen. Dieses so genannte „Peer-to-Peer"-Prinzip wollen wir so weit wie möglich in allen Bereichen durchdeklinieren, ob im Brokerage oder im Kreditgeschäft. Der Kunde entdeckt so eine vollkommen neue Freiheit: Langfristige 5.000 Euro holt er sich bei der Bank oder 200 Euro kurzfristig bei anderen Usern.

Neben der Integration des Kunden in die Wertschöpfungskette hat das den Vorteil, dass die Kunden Produkte auch selbst bepreisen können. Das wiederum macht es erstmals möglich, Microbanking wirklich effizient zu betreiben. Denn eine Bank wird mit Kreditsummen von 200 Euro Microbanking nie effizient durchführen können.

BANKMAGAZIN: *Ihr Haus hat keine eigenen Berater – dafür kann sich jeder Nutzer als Berater anmelden. Wie schließen Sie Manipulationen aus?*

Kröner: Der Nutzer hat die Möglichkeit, anonym eine Frage an eine Vielzahl unterschiedlicher Berater zu stellen. Derzeit sind 887 Geldexperten registriert, die auch klar erklären, auf unserer Plattform gewerblich tätig zu sein. Die Berater haben die Chance, auf die Userfrage zu antworten. Anhand dieser Vielfalt der Antworten erkennen die Nutzer, wo sich thematisch der Mittelpunkt der Antworten befindet und an welchen Stellen es Ausreißer gibt. Ich glaube, dass wir damit dem Kunden sehr einfache Methoden an die Hand geben, um einen ersten einfachen Schritt Richtung Problemlösung zu gehen. Für die Berater wiederum ergibt sich die Chance, durch kundenorientierte Antworten einen Kunden gewinnen zu können.

BANKMAGAZIN: *Und wer haftet?*

Kröner: Wir haften natürlich generell für den Content auf der Plattform, wie jeder andere Plattformbetreiber auch. Aber jeder Berater, der mit offenem Visier unterwegs, sprich gewerblich tätig ist und einen Vertrag mit einem Kunden hat, haftet natürlich auch für das, was er einem Kunden mitteilt.

BANKMAGAZIN: *Gibt es den typischen Fidor-Kunden?*

Kröner: Sicher. Wir segmentieren verhaltensorientiert, weniger nach soziodemografischen Gesichtspunkten. Der typische Fidor-Kunde ist 100 % online und hat keine Angst vor Community-ähnlichen Funktionalitäten, ist Mitglied in sozialen Online-Netzwerken wie Xing, Facebook, Twitter, Studi-VZ, Lokalisten und, und, und. Studien zufolge sind 40 bis 50 % der Online-User Mitglied in den Social-Media-Plattformen. Das ist unsere Zielgruppe.

BANKMAGAZIN: *Gibt es Themen beim Austausch der User untereinander, die Sie besonders überraschen?*

Kröner: Mit die interessanteste Erfahrung: User erklären, die Fidor Bank solle auf das Tagesgeld nicht so hohe Zinsen zahlen. Sie haben Angst um die Nachhaltigkeit des Unternehmens und sagen: „Hey, 2,70 % tun es doch auch. Lasst uns lieber langfristig denken." Ein Nutzer hat gefragt: „Gibt es eine monatliche Zinsgutschrift?" Darauf antwortete ein anderer User: „Manche kriegen den Hals nicht voll." Das finde ich eine bemerkenswerte Diskussion, mit der ich so nicht gerechnet hatte.

BANKMAGAZIN: *Derzeit bietet Fidor Community-Mitgliedern ein Tagesgeld an. Welche Produkte wird Ihr Haus künftig selbst anbieten?*

Kröner: Kern unserer Entwicklung wird das von uns so genannte Banking Center sein. Aus diesem Banking Center heraus besteht die Möglichkeit, alle Produkte anzusteuern. Wir selbst werden uns vorerst auf einen kleinen Teil der Standardprodukte konzentrieren, die aber immer irgendeinen Zusatznutzen haben werden. Und dann warten wir mal ab, was unsere Kunden so wollen und von uns erwarten.

BANKMAGAZIN: *Wie viele Tagesgeldkonten wurden schon eröffnet?*

Kröner: Für den ersten Wurf hatten wir uns ein Limit von 10 Millionen Euro gesetzt, und das haben wir erreicht. Wir haben über 2.000 Banking-Kunden, Kredit- und Anlagenseite insgesamt betrachtet. Die Mitgliederzahl im Bonusprogramm ist vierstellig, die in der Community fünfstellig.

BANKMAGAZIN: *Wo sehen Sie die Fidor Bank in 10 Jahren?*

Kröner: 10 Jahre gehen mir zu weit. Aber wir haben das Ziel, die am schnellsten wachsende Retailbank der kommenden Jahre zu werden. Außerdem haben wir alle Vorbereitungen getroffen, bei geringer Komplexität möglichst schnell international zu werden, denn das Netz ist international.

BANKMAGAZIN: *Deutschland ist nach Ansicht vieler Experten overbanked. Braucht man die Fidor Bank?*

Kröner: Na klar! Die Frage nach der Quantität der Banken beantwortet ja nicht die Frage nach der Qualität. Ich denke, dass immer, in egal welcher Branche, egal wie gesättigt sie auch sein mag, immer Platz für kundenorientierte, nutzenbringende Innovation ist und sein muss.

Interview:

Letztendlich bestimmt der Kunde

Ob Facebook, Twitter oder YouTube: Die Deutsche Bank ist in nahezu allen Kanälen präsent. Dennoch spricht das Institut selten über seine Social-Media-Aktivitäten. Im Interview skizziert Managerin Helena Forest das Projekt „Drive DB", bei dem die Deutsche Bank drei Monate lang über eine Webplattform gemeinsam mit dem Kunden an Produkten und Prozessen feilte.

Lothar Lochmaier
erschienen im Juni 2011

Helena Forest, Projektmanagerin Drive DB, Deutsche Bank AG

BANKMAGAZIN: *Warum führt Ihr Haus „Drive DB" im Transaction Banking und damit ein Crowdsourcing-Element ein, bei dem Kunden produktiv in die Wertschöpfungskette eingebunden sind?*
Forest: Es war uns wichtig, Transparenz rund um unsere Produktentwicklung zu schaffen und unsere Kunden so früh wie möglich in die Diskussionen und Entscheidungen einzubeziehen. Daher haben wir in einem dreimonatigen Pilotprojekt erstmalig Social-Media-Techniken auf einer speziell dafür eingerichteten Webplattform eingesetzt. Diese Maßnahme wird flankiert durch gezielte Workshops und einen kontinuierlich engen Dialog im Tagesgeschäft rund um Produkt- und Servicethemen. Wir betrachten daher Social Media als einen zusätzlichen und sehr nützlichen Kommunikationskanal, den wir über den Zeitraum des Drive-DB-Projektes unseren Kunden rund um die Uhr zur Verfügung stellen konnten.

BANKMAGAZIN: *Welche Kernelemente kennzeichnen dieses internetbasierte System – etwa im Vergleich zu einem klassischen betrieblichen Vorschlagwesen?*
Forest: Es war eine gezielte Zusammenarbeit zwischen dem Bereich Global Transaction Banking der Deutschen Bank und seinen Kunden, die sich speziell auf das Thema Entwicklung von neuen Produkten richtete. Insofern hatten wir eine geschlossene Community. Alle neuen Produktideen wurden innerhalb der Drive-DB-Community offen ausdiskutiert und bewertet. Jeder einzelne Teilnehmer hatte Stimmrechte, die er für beliebige Vorschläge abgeben konnte.

BANKMAGAZIN: *Wie sehen die bisherigen Erfahrungen aus?*
Forest: Unsere Erfahrung mit Social-Media-Technologie ist bis jetzt positiv, da wir innerhalb einer sehr kurzen Zeit viele Mitglieder gewinnen und konstruktives und quantitatives Feedback bezüglich unserer Produkte und Serviceleistungen sammeln konnten. Wir nehmen jeden Beitrag unserer Kunden und Mitarbeiter sehr ernst und werden die Ergebnisse dieser Kampagne natürlich in unsere Investitionsentscheidungen einfließen lassen.

BANKMAGAZIN: *Werden alle Ideen ungefiltert veröffentlicht und in das kollaborative System eingespeist, oder gibt es einen „Gatekeeper", der die Inhalte zentral steuert und „kontrolliert"?*
Forest: Alle Produktideen und Kommentare wurden innerhalb der Community veröffentlicht, jedoch wurden sie aus rechtlichen Gründen vorher auf missbräuchlichen Inhalt gescannt. Uns ging es darum, Informationen auszutauschen und nicht streng zu kontrollieren.

BANKMAGAZIN: *Wie profitieren die Bank und der Kunde gleichermaßen, auch mit Blick auf die „Entlohnung" des Kunden, wenn er produktive und umsetzbare Ideen mit einbringt?*
Forest: Jeder Beitrag unserer Kunden wird sehr geschätzt und ernst genommen, unabhängig davon, ob dieser durch einen Social-Media-Kanal bei uns eintrifft oder durch persönliche Gespräche mit unseren Mitarbeitern entsteht. Unser Ziel ist es, den Kunden genau die Produkte und Serviceleistungen zu liefern, die sie brauchen. Deshalb haben die Kunden die Möglichkeit, unsere Produktentwicklung direkt zu beeinflussen. Frei nach dem Motto: „GTB designed by you".

BANKMAGAZIN: *Wie könnte sich die Plattform Drive DB weiterentwickeln? Sollen auch andere Geschäftsbereiche und Regionen davon profitieren, und wenn ja, wie?*
Forest: Unsere Herbstkampagne umfasste Kunden und Mitarbeiter aus Europa, USA und Asien. Es gibt viele Ideen und Vorschläge, wie die Plattform weiter verwendet werden kann, diese werden im Moment noch diskutiert.

BANKMAGAZIN: *Wie können andere Unternehmen vom Crowdsourcing profitieren? Gibt es hier aus Sicht der Deutschen Bank eine Art Fußabdruck in der strategischen Umsetzung, der sich quasi branchenunabhängig für größere Unternehmen – ebenso wie für mittelständische Betriebe – herausfiltern lässt?*

Forest: Sicherlich gibt es für Unternehmen vielfache Einsatzmöglichkeiten für Web-2.0-Technologien. Social Media ist jetzt schon kaum mehr aus dem Privatleben wegzudenken. Daher ist anzunehmen, dass Social Media künftig auch ein fester Bestandteil im Geschäftsleben wird. Uns ging es darum, die Kooperation mit unseren Kunden zu verstärken und sie in die internen Prozesse einzubeziehen. Vor allem wenn es um das Produkt- und Serviceleistungsangebot geht sowie die individuelle „User Experience", sollte der Kunde unserer Meinung nach mitreden und mitentscheiden können. Jedes Unternehmen, das von Crowdsourcing profitieren möchte, sollte dies sorgfältig planen und präzise ausführen. So minimieren sich auch das Kostenrisiko und Fehlschläge, die einem die Community nur schwer verzeihen wird. Letztendlich bestimmt der Kunde, ob und welchen Kommunikationsweg er nutzen möchte – das Unternehmen kann hier nur Wünsche äußern.

Crowdfunding:

Schwarmfinanzierung gleich Schwarmintelligenz?

Projekt- und Gründungsfinanzierungen über Internetplattformen wie sellaband.de, mySherpas.com, c-crowd.ch oder kickstarter.com erfreuen sich hoher Aufmerksamkeit. Ein Blick auf Geschäftspotenzial, Regulierungsbedarf und Kooperationsmöglichkeiten im Crowdfunding-Bereich.

Anja Kühner / Anita Mosch
erschienen im November 2011

Facebook-Chef Mark Zuckerberg spendete über Crowdfunding für „Diaspora", ein IT-Projekt von vier US-Studenten, die seinem sozialen Netzwerk Konkurrenz machen wollen. Der deutsche Filmemacher Sergej Moya setzte für sein Projekt „Hotel Desire" auf Crowdfinance, nachdem alle anderen Financiers abgewunken hatten. Auch Zeitschriften wie das „Low Kunstmagazin" oder „Urban Spacemag" haben einzelne Ausgaben zumindest teilweise durch ihre Leser und Anhänger finanziert.

Die Beispiele zeigen: „Schwarmfinanzierung" wurzelt in der Kultur- und Start-Up-Szene. Der Begriff „Crowdsourcing" existiert seit 2006. Der für das Internet- und Technologiemagazin „Wired" tätige Journalist Jeff Howe prägte ihn, um zu beschreiben, wie das Internet es ermöglicht, die Macht der Vielen zu nutzen. Erst seit einigen Jahren hat sich der Zusatz „Crowd" jedoch auch zu Finanzdienstleistungen gesellt, und nun sind Crowdfinancing, Crowdfunding oder Crowdsourcing in aller Munde. Über spezialisierte Internetplattformen gelingt es immer mehr Projektinitiatoren, Gründern und gemeinnützigen Organisationen, ihre Projektfinanzierungen zu realisieren.

Die Anfänge von Crowdfinance liegen in der Musikindustrie. Mit sinkenden Einnahmen konfrontiert, konnten Musiker ab 2006 über die Plattform sellaband.com von ihren Fans Studioaufnahmen vorfinanzieren lassen. Wer mehr als 50.000 US-Dollar über seine „Believer" einsammeln konnte, dessen Finanzierungsprojekt galt als erfolgreich und der Künstler oder die Band konnte neue Songs im Tonstudio produzieren. Während sich in den USA schnell weitere Plattformen wie kickstarter.com und indiegogo.com entwickelten, kam der Trend in Deutschland erst im Jahr 2010 an.

Deutscher Markt steckt noch in den Kinderschuhen

Einen ersten Überblick über den noch jungen deutschen Crowdfunding-Markt gibt eine Studie des Instituts für soziale Kommunikation (ikosom). Datenbasis ist eine Vollerhebung aller 125 Crowdfunding-Projekte aus den Jahren 2010 und 2011 auf den deutschen Plattformen Inkubato.com, mySherpas.de, pling.de, startnext.de und VisionBakery.de sowie der österreichischen Plattform respekt.net. Bis April 2011 wurden 400.064 Euro nachgefragt, wovon bisher 208.746 Euro tatsächlich finanziert wurden. Rund jedes zweite Projekt packt die Mindestkapitalgrenze, die durchschnittlich angefragte Projektgröße beträgt 3.025 Euro. Die Projekte sind im Schnitt um 108 % überfinanziert, was bedeutet, dass sich die Crowdfunding-Plattformen mit ihrer Provisionsstruktur daraus finanzieren.

Crowdfunding-Unternehmen (deutschsprachiger Raum)

Gesellschaftliches Engagement und Soziales	Start-ups	Kreative und Kultur	Alle Arten von Projekten
Respekt.net	Seedmatch	Startnext	MySherpas
Betterplace.org	Investiere.ch	VisionBakery	Pling
Reset	Cofundit	Sellaband	C-Crowd
		Inkubato	
		Media Funders	

Quelle: smava.de

Doch heißt es aus den Reihen der Plattformen: „Durch Provisionen allein kann man nicht überleben." Daher hat beispielsweise Startnext seit Juli 2011 die Provisionen abgeschafft und setzt auf ein freiwilliges Spendenmodell, für das es auch Spendenquittungen gibt. In der Testphase befinden sich kostenpflichtige so genannte „kuratierte Seiten", auf denen sich Unternehmen selbst darstellen können. Startnext kooperiert mit der Fidor Bank, die Treuhandkonten stellt. Eine Herausforderung für die Betreiber von Crowdfunding-Plattformen sind die bisher begrenzten Zahlungsoptionen, die laut einer Umfrage von ikosom nicht in jedem Fall den Bedürfnissen der Projektinitiatoren entsprachen.

Konkurrenz zu Mikrokrediten

Manch etablierter Banker sieht in der Schwarmfinanzierung eine Konkurrenz fürs eigene Geschäft. Angesichts der niedrigen Einzelsummen und oftmals geringer Sicherheiten bei Kreativen oder Freiberuflern blicken die Kreditinstitute aber üblicherweise nicht gerade intensiv auf dieses Marktsegment. Einzig Mikrofinanzierer könnten hier mitmischen wollen. „Wir entwickeln hierzu derzeit mit unseren Mikrofinanzinstituten entsprechende Angebote für die Kreativwirtschaft und das Handwerk", so Christof Lützel, Pressesprecher der GLS Bank. Gerade bei Kreativen gebe es oft Finanzierungsbedarf in Form von Auftragsvorfinanzierungen und Zwischenfinanzierungen.

Über ihr Mikrokredit-Programm hat die GLS Bank inzwischen mehr als 4.500 Kredite vergeben. „Crowdfunding sehen wir sehr positiv, das nimmt einer Bank kein Geschäft weg", ist Lützel überzeugt. Es könnten sich sogar Ansätze zur Kooperation ergeben: „Es gibt bereits Diskussionen zwischen den Innovationsführern im Genossenschaftsbereich, ob Genossenschaftsbanken Crowdfunding nicht als zusätzliche Plattform für eine Finanzierungsvermittlung dienen könne", so Corinna Pommerening, Social-Media-Expertin bei GenoConsult. Dies biete sich insbesondere dann an, wenn mit einem Projekt soziale oder gesellschaftliche Aspekte gefördert werden können oder um das Vereinswesen zu fördern.

In den USA ist die Wachstumsperspektive für Crowdfinancing durch die Vorgaben des Penny Stock Reform Acts von 1990 begrenzt. Das Gesetz will vermeiden, dass kleine Firmen mit intransparentem Geschäftsmodell von Investoren Geld einsammeln und diese dann keine Handhabe bei finanziellen Schwierigkeiten des Unternehmens haben. Die SEC prüft seit April 2011, ob eine Änderung der Regeln möglich ist, um die Weiterentwicklung des Crowdfinance-Marktes zu fördern. Eine solche Regelung gibt es in Europa nicht.

In Deutschland unterliegen Handelsplattformen der Erlaubnispflicht nach dem Kreditwesengesetz (KWG) und den Verhaltens-, Organisations- und Transparenzpflichten des Wertpapierhandelsgesetzes (WpHG) nur dann, wenn die Tätigkeit der Plattform eine Finanz- oder Wertpapierdienstleistung darstellt und es sich bei den gehandelten Werten um Finanzinstrumente handelt, so die Bundesanstalt für Finanzdienstleistungsaufsicht. Auch von der Prospektpflicht sind Crowdfunding-Plattformen nicht betroffen, wenn nicht mehr als 20 Anteile derselben Vermögensanlage angeboten werden oder der Verkaufspreis der Anteile 100.000 Euro nicht übersteigt.

Crowdfunding nach der Wirtschaftskrise

„Es wird sich zeigen müssen, ob Crowdfunding auch in einer normal funktionierenden Wirtschaft seinen Platz hat", sagte der Finanzexperte David Alan Grief im Juli 2011 gegenüber Dailycrowdsource.com. Der Beweis, dass Crowdfunding nützlich sei und sich in die bestehenden Regeln des Finanzmarktes einfüge, stehe allerdings noch aus.

Neben den regulatorischen Problemen im US-Markt muss sich auch zeigen, ob das Modell der Internetplattformen selbst dauerhaft profitabel ist. Der US-Pionier sellaband.com war im Jahr 2010 pleite – der deutsche Musikunternehmer Michael Bogatzki übernahm die Plattform und führt sie seitdem von München und Amsterdam aus. Auch

Startnext musste das Geschäftsmodell im Sommer 2011 revidieren: Statt auf Provisionen setzt es nun auf freiwillige Spenden – und finanziert sich nach wie vor vornehmlich aus der Privatschatulle der Betreiber.

Wie funktioniert Crowdfunding?

Crowdfunding bedeutet im Kern, über Online-Plattformen Spenden für eine Idee einzusammeln. Dazu stellen die Projektinitiatoren ihre Ideen auf Internetplattformen wie mySherpas.com oder startnext.de vor. Außer Projektziel und Höhe der benötigten Finanzierung gibt es keine Pflichtangaben – je detaillierter die Beschreibung, umso höher die Finanzierungswahrscheinlichkeit. Die Internetplattformen selbst finanzieren sich auf unterschiedliche Weise, einen Anteil davon machen Vermittlungsprovisionen für erfolgreiche Projekte aus. Besucher der Plattformen können für die Plattform spenden. In den meisten Fällen hat der einzelne Crowdfunder nur einen geringen finanziellen Anteil am Projekt. Kern des Erfolgs für eine Crowdfinanzierung sind aufmerksamkeitsstarke Kampagnen in Social Media. Kann die Mindestkapitalmenge nicht eingesammelt werden, kommt der Crowdfinancing-Deal nicht zustande, das Geld geht zurück an die Unterstützer („Alles-oder-nichts-Prinzip").

Enterprise 2.0:

Geschwindigkeit für Innovationen erhöhen

Enterprise 2.0 bezeichnet die Nutzung von Social Media innerhalb des Unternehmens. Die technischen Möglichkeiten sind aber nur eine Seite – die andere beschäftigt sich mit der Frage, wie genau der offene Dialog über Abteilungs- und Hierarchiegrenzen hinweg gefördert wird.

Rainer Spies
erschienen im Mai 2013

Den kulturellen Aspekt von Enterprise 2.0 betont Petra Geisperger, zuständig für Kommunikation und Öffentlichkeitsarbeit bei der Frankfurter Sparkasse: „Technisch betrachtet ist sehr viel möglich. Aber wir müssen auch schauen, dass die Mitarbeiter mitkommen." Die Frankfurter Sparkasse sei bei der internen Anwendung von Social Media noch nicht weit fortgeschritten, aber mit der Einführung des neuen Intranets sei die Basis für eine intensivere mediale Zusammenarbeit der Mitarbeiter geschaffen worden, so Geisperger.

Spielerisch animieren

Spielerisch werden die Mitarbeiter der Frankfurter Sparkasse zum Beispiel animiert, Umfragen im Intranet zu bewerten. Und speziell für die Firmenkundenberater ist ein Forum geschaffen worden, um Best Practices aufzuzeigen und zu diskutieren. Auch für jeden sichtbare Informationen können die Mitarbeiter ins Intranet stellen. Die Funktion, diese kommentieren zu können, ist noch auf eine Co-Autorenschaft beschränkt. „Wir testen die Anwendungen", sagt Petra Geisperger. Dass erkennbar sei, welcher Beitrag von wem stamme, könne aber bereits als ein zentraler Erfolgsfaktor für eine auf Social Media basierende Kollaboration benannt werden.

Ein Blick über Branchengrenzen hinweg zeigt, was mit Enterprise 2.0 alles möglich ist. Sehr weit geht beispielsweise die Deutsche Telekom. „Wissen hängt zu 80 % an Menschen und nicht an Dokumenten. Daher müssen die Mitarbeiter mit ihren Aktivitäten und den ihnen zur Verfügung stehenden Informationen sichtbar gemacht werden", sagt Stephan Grabmeier, Innovation Evangelist bei der Deutschen Telekom. Den Kern des „Enterprise-2.0-Ökosystems" bildet dort das Telekom-Social-Network, das eine Vielzahl von vernetzten Kollaborationsplattformen integriert und allen Mitarbeitern die Etablierung eines eigenen Profils, die Eröffnung von Gruppen, Blogs und Wikis sowie die Diskussion über Themen jedweder Art ermöglicht. „Wir stellen an einem Ort alle Informationen zur Verfügung. Gleichzeitig reduzieren wir die Flut an E-Mails", erklärt Grabmeier. Über das interne Netzwerk werden Projekte gesteuert, wird Marketing für bestimmte Themen betrieben und zu Events eingeladen.

Gebloggt werde zu 99 % über berufliche Themen, und allen voran der Noch-Telekom-Vorstandsvorsitzende René Obermann zeige, wie ein Blog und Status-Updates für die tägliche Arbeit genutzt werden könnten, so Stephan Grabmeier. Dabei verändere sich radikal auch das Führungsverständnis. „Er stellt den Mitarbeitern zum einen Informationen zur Verfügung. Zum anderen bringt er Themen ein und verdeutlicht an diesen, was ihm wichtig ist. Daraus ergeben sich Diskussionen, auf die er sehr schnell reagiert", erläutert Grabmeier Obermanns Aktivitäten. Führungskräfte und Mitarbeiter, die ihr Wissen hinter dem Berg hielten und nicht offen über Abteilungs- und Hierarchiegrenzen kommunizierten, hätten indes die Zeichen der Zeit nicht erkannt. „Das ist kontraproduktiv, weil dann Themen doppelt und dreifach vorangetrieben werden", sagt Stephan Grabmeier und fordert, die „Silos" zu verlassen.

Doppelte Arbeit vermeiden

Bevor ein neues Produkt entwickelt werde, sei es sinnvoll, im Social Network der Telekom zu recherchieren, ob andere bereits an dem Thema arbeiten. „Es ist doch ein Glücksgefühl festzustellen, dass Kollegen einen Teil meiner Arbeit schon erledigt haben. Und es spart Kosten und Zeit", meint Grabmeier. Wie durch offenere Prozesse Risiken neu bewertet werden können, zeigt er an einem Beispiel: In einem internen Wiki habe ein Bereich der Telekom die Bewertung seiner Lieferanten öffentlich gemacht. Dabei sei allen Prozessbeteiligten klar geworden, wie wichtig bestimmte Lieferanten für das Unternehmen sind und wie Abhängigkeiten, die vorher durch Silodenken nicht sichtbar waren, neu bewertet werden können. „Wir wollen in einen anderen Dialog- und Arbeitsmodus kommen und so effektiver und effzienter werden", verdeutlicht Grabmeier die strategische Bedeutung von Enterprise 2.0.

Silodenken überwinden

„Ich glaube nicht, dass ein Manager einen unter Mitarbeitern online zustande gekommenen Vorschlag ablehnt, mit dem Kosten eingespart werden können", sagt Jamil Ouaj, Kommunikationsspezialist im Bereich Global Technology & Operations der Deutschen Bank. Viele Prozesse innerhalb eines Unternehmens seien „themengetrieben" und machten vor Abteilungsgrenzen nicht halt. Social Media wie Foren und andere Anwendungen seien hervorragend geeignet, Silodenken zu überwinden. Am Ende könnten die Ergebnisse wieder in den klassischen Managementprozess der Entscheidung und Umsetzung einmünden. Netzwerke und Organisationsstrukturen bildeten keinen Widerspruch, so Jamil Ouaj.

Im IT-Bereich der Deutschen Bank wurde 2006 begonnen, enzyklopädisches Wissen im „dbWiki" zusammenzutragen. Im Unterschied zur Erstellung und Bearbeitung von Dokumenten durch einen Webmaster oder Kommunikationsmanager würden Zeit und Kosten gespart, wenn Mitarbeiter von Lesern zu aktiven Usern würden, die Content selbst erstellen und bearbeiten. „Aber nicht anonym", betont Ouaj. Für einen Nutzer müsse sichtbar sein, wer welches Wissen einbringe und verändere. Inzwischen ist aus dem Wiki der Technologie-Division eine zentrales für alle Mitarbeiter der Bank geworden.

Mit „dbBlog" und einem eigenen Kurznachrichtendienst sind im Laufe der Zeit bei der Deutschen Bank weitere Tools eingeführt worden. Inzwischen werden den Mitarbeitern viele der Anwendungen gebündelt und mit einer deutlich höheren technischen Performance auf „myDB" angeboten. „Die Plattform ist ein Marktplatz der Kommunikation unter Kollegen", erklärt Jamil Ouaj. Stolz verweist er darauf, dass in der IT-Division die ersten Erfahrungen mit der Förderung und Generierung von Innovationen innerhalb eines Online-Forums gemacht wurden, „ohne dass jemand das zentral steuert". Kollaboration durch Social Media könne gefördert werden, indem die Mitarbeiter motiviert würden, über den eigenen Schreibtisch hinauszuschauen und sich zu entfalten.

Sehr gute Erfahrungen mit einer eigens für die Entwicklung von Standards in der Kundenberatung gebauten Online-Plattform hat die HypoVereinsbank gemacht. „Uns war klar, dass wir das mit Social Media am besten umsetzen können", erklärt Gerald Krenn, Leiter Customer Satisfaction Management Deutschland und Österreich bei den UniCredit-Töchtern HypoVereinsbank und Bank Austria. In den Prozess sollten möglichst viele Kundenberater einbezogen werden und zwar nicht nur sequenziell, sondern in einem Zeitraum von sechs Wochen und zu annehmbaren Kosten. Das ist mit einer Life-Veranstaltung nicht zu schaffen.

„Uns hat die Reife, mit der die Mitarbeiter das Medium nutzen, durchaus überrascht", schildert Gerald Krenn und liefert Zahlen zu dem Crowdsourcing. In den sechs Wochen, in denen die Standards erarbeitet wurden, sind von knapp der Hälfte aller Kundenberater 900 Vorschläge und 10.000 Bewertungen erbracht worden. Insgesamt wurde auf die Plattform mehr als 100.000-mal zugegriffen. „Lediglich bei 13 % der Vorschläge hat das Redaktionsteam nachgefragt und nachjustiert", sagt Krenn.

Das Redaktionsteam hat, neben der offensiven Werbung für eine Teilnahme, die Vorschläge und Bewertungen mit Themen-Clustern entlang eines typischen Beratungsprozesses vorselektiert. Daneben wurden Beispiele guter Praxis eingebracht und Vergleiche gezogen, um die Diskussion anzuregen. Am Ende habe sich anhand der Bewertungen eine Struktur von sechs Themen ergeben, die maßgeblich für eine exzellente Kundenberatung seien, wie sie die HypoVereinsbank anstrebe, berichtet Krenn.

> **Enterprise-2.0-Studie: Wissen der Mitarbeiter nutzen**
>
> Das „Verfügbarmachen von implizitem Wissen" (51 %) und die „Verbesserung der Speicherung von Wissen und Informationen" (49 %) sind die wichtigsten Ziele, die Unternehmen mit der Umsetzung ihrer Enterprise 2.0-Initiativen verfolgen. Daneben bilden die „Erhöhung der Innovationsfähigkeit" und die „Verbesserung des Unternehmensimages" mit je 39 % weitere wichtige Ziele. Das geht aus einer Untersuchung von Professor Dr. Thorsten Petry (Wiesbaden Business School der Hochschule RheinMain) und dem Berater Florian Schreckenbach hervor. In der Folge der Umsetzung ihrer Enterprise-2.0-Initiativen erwarten laut Studie 63 % der Unternehmen eine offenere interne Kommunikation und 53 % einen offeneren Zugang zu Informationen. Daneben prognostizieren 48 % der Unternehmen eine intensivere abteilungsübergreifende Zusammenarbeit der Mitarbeiter und 41 % eine Verbesserung ihrer Innovationskultur. Um diese Veränderungen zu fördern, halten es 72 % der befragten Unternehmen für wichtig, eine offene Kultur durch die Führung der Organisation selbst vorzuleben. 51 % meinen, das gezielte und stärker aktive Informieren der Mitarbeiter sei wichtig, um einen Wandel der Unternehmenskultur in Richtung Enterprise 2.0 zu fördern. Über eine definierte „Enterprise-2.0-Strategie" verfügen laut Studie, bei der insgesamt 281 Unternehmen befragt wurden, allerdings nur 29 % der Organisationen.
>
> Quelle: Thorsten Petry, Florian Schreckenbach: Empirische Ergebnisse zum Status quo von Enterprise 2.0 in Unternehmen. 2012. In: Wolfgang Jäger, Thorsten Petry: Enterprise.2.0. Die digitale Revolution der Unternehmenskultur. Luchterhand 2012

Jetzt dürfen die Kunden mitmischen

Die Standards sind inzwischen ausgerollt worden. Die Social-Media-Plattform gehört damit aber längst nicht zum alten Eisen. In der zweiten Generation wurde diese für Online-Trainings weiterentwickelt, mittlerweile wird das Tool im Kontakt mit Kunden genutzt. „Da werden von Kunden Dinge uns gegenüber auch hart und ehrlich angesprochen", sagt Krenn zum Online-Kundenforum der HypoVereinsbank, mit dem Produktideen im Dialog weiterentwickelt werden. Ein solches Vorgehen setze die Offenheit des Unternehmens und die Kompetenz voraus, selbstkritisch reagieren zu können.

Bei der Deutschen Telekom bildet die kollektive Entwicklung von Ideen einen zentralen Aspekt von Enterprise 2.0. Während im klassischen Ideenmanagement ein Gutachter den Vorschlag eines Ideengebers bilateral bewertet, setzen die Plattform „Ideengarten" und so genannte Jams zeitlich viel früher an. Sie ermöglichen, Ideen zunächst einer

Community zur Diskussion zu stellen und von dieser weiterentwickeln zu lassen. „Das Beispiel zeigt, wie bestehende Prozesse um 2.0-Facetten erweitert werden können und wie wir Geschwindigkeit in Innovationsprozessen aufnehmen", erklärt Stephan Grabmeier. Darüber hinaus lasse sich ein klarer Nutzen rechnen. Ideen, die in einem Team entstünden, hätten eine höhere Akzeptanz im Management und erwirtschafteten nachweislich einen höheren Mehrwert.

Wettbewerbsvorteil durch Kooperation und Vernetzung

Professor Dr. Peter Kruse ist geschäftsführender Gesellschafter der nextpractice GmbH und Honorarprofessor für Allgemeine und Organisationspsychologie an der Universität Bremen.

BANKMAGAZIN: *Was macht die kollektive Intelligenz eines Unternehmens aus?*
Kruse: Wachsende Komplexität macht es Entscheidungsträgern immer schwerer, Entwicklungen langfristig vorherzusagen und klare Handlungsrichtungen vorzugeben. Eine veränderungsrelevante Diskussion über Enterprise 2.0 setzt daher die Einsicht voraus, dass die Zeit orientierender Planer und Vordenker vorbei ist. Nicht der Einzelne, sondern die Intelligenzleistung sozialer Systeme ist der eigentliche Silberstreif am Horizont. In Zukunft werden Unternehmen einen Wettbewerbsvorteil haben, die Kooperation und Vernetzung innerhalb und außerhalb der Organisation fördern.

BANKMAGAZIN: *Wie passen hierarchische zu netzwerkartigen Strukturen?*
Kruse: Damit Unternehmen die Eigendynamik der Vernetzung nutzen können, müssen sie sich schrittweise von tradierten Hierarchie- und Führungsvorstellungen lösen. Auf der Seite der Hierarchie sind Konzepte wie Befehl, Kontrolle, Steuerung, Vertraulichkeit und Loyalität bestimmend. Auf der Netzwerkseite geht es um Toleranz, Vertrauen, Selbstorganisation, Transparenz und Resonanz. Hierarchien haben ihre Stärken bei der Innovation, also der effizienten Umsetzung von Ideen. Das Netzwerk dagegen ist hoch flexibel, umgeht Kommunikationsbarrieren, überflutet mit Anregungen, gibt Zugang zu weit verteilten Wissensstrukturen und ist gut geeignet für das Hervorbringen von Ideen. Organisationen brauchen die Fähigkeit, zwischen diesen beiden Arbeitsweisen wechseln zu können.

BANKMAGAZIN: *Wie kann das Mitmachen in Netzwerken gefördert werden?*
Kruse: Die zentrale Frage lautet, bei welchen Themen und Interaktionen die Wahrscheinlichkeit am größten ist, dass die Menschen innerhalb des Systems emotional in Schwingung versetzt werden. Es geht nicht darum, möglichst gut aufbereitete Informationen ins Netz zu stellen, sondern Mitarbeiter zu berühren. Authentizität und Einfühlungsvermögen sind wichtiger als Professionalität und Expertise. Nur wenn es gelingt, bei den Netzwerkteilnehmern die Schwelle zur Eigenaktivität zu senken, steht der Aufwand der technischen Implementierung von Netzwerken in vernünftiger Relation zum erreichbaren Ergebnis.

BANKMAGAZIN: *Welche Rolle spielt Führung in netzwerkartigen Strukturen?*
Kruse: Die altbekannten Prinzipien personaler Führung und Machtausübung verlieren zunehmend an Bedeutung. Die einzelnen Beiträge von Mitarbeitern in funktionierenden Netzwerken zu überprüfen oder zu bewerten, ist so gut wie nicht möglich. Eine Motivation über Zielvereinbarungen und Incentives ist daher im Netzwerkkontext wenig sinnvoll.

BANKMAGAZIN: *Was sind die Alternativen?*
Kruse: An die Stelle der Delegation von Teilaufgaben tritt die Definition teilautonomer Zonen, in denen die Mitarbeiter eigenverantwortlich und nur durch einen Wertekorridor synchronisiert miteinander kooperieren. Bewertet werden in erster Linie nicht mehr die Beiträge Einzelner, sondern die kollektive Leistung des vernetzten Systems.

Bewertungsportale:

Wer antwortet, gewinnt

Immer mehr Webseiten laden Internetnutzer dazu ein, Finanzberater zu bewerten oder ihnen Fragen zu stellen. Dazu gehören etablierte Anbieter wie Gutefrage und Whofinance ebenso wie Newcomer FinQ. BANKMAGAZIN zeigt, weshalb sich ein Engagement für Banken und ihre Berater lohnen könnte, wenngleich der Return on Investment seine Zeit braucht.

Anja Kühner
erschienen im Juni 2013

Ich wollte Präsenz zeigen", begründet Jörg Höbel, Bereichsleiter Private Banking der Volksbank Odenwald, sein Profil auf dem Bewertungsportal whofinance.de. „Ich bin von meiner Arbeitsqualität überzeugt." Daher stelle er sich – soweit es die Diskretion zulässt – gerne der öffentlichen Bewertung. Sein Engagement sei ursprünglich eine private Reaktion auf die Diskussionen um das Lehrer-Bewertungsportal Spickmich gewesen. „Da stelle ich mich lieber freiwillig, als dass Banken-Plattformen nur mit negativen Kundenbewertungen gefüllt werden", dachte er. Heute ist er sehr zufrieden mit seiner Initiative, immerhin rangiert Höbel auf Whofinance mit 68 Bewertungen unter den besten Bankberatern Deutschlands. Zufriedene Kunden haben ihm berichtet, dass sie sich freuen, wenn sie sich mit einer guten Bewertung bei ihm bedanken können.

Illustration: Sylvia Wolf

„Andere beratende Branchen kennen diese Portale schon lange", weiß Axel Liebetrau. Der Innovationsexperte im Bereich Banking verweist auf Gastro-Kritik-Webseiten und Reise- Bewertungsportale wie Tripadvisor. Dass dies nun auch im Finanzsektor Einzug halte, sei „mehr als logisch und überfällig". Allerdings sehe er, dass Finanzberater noch nicht den Fokus auf einen Aufbau ihrer digitalen Reputation legen. Bisher sehe er vor allem Aktivitäten in „tech-affinen Großstädten".

Vorsichtiges Warmwerden mit Social Media

Obwohl Georg Fahrenschon, Präsident des Deutschen Sparkassen- und Giroverbands (DSGV), anlässlich der Bilanzpressekonferenz Anfang März 2013 in Frankfurt am Main ein stärkeres Social-Media-Engagement angekündigt hatte, empfiehlt der Verband den Sparkassen-Beratern nicht, „Angebote Dritter zu nutzen". Dazu zählen auch Bewertungsplattformen. „Wir konzentrieren uns darauf, die sozialen Netzwerke stärker für den Kontakt der Sparkassen mit ihren Kunden und den Bürgern insgesamt zu nutzen." Auf dem Sparkassentag Ende April hat der DSGV zum so genannten Bürgerdialog auf Augenhöhe mit den Sparkassen aufgerufen. „Dafür gibt es eine eigene technische Plattform", teilte der DSGV mit. Damit die Sparkässler ihre Social-Media-Fähigkeiten verbessern, werden alle Mitarbeiter über den Blog „wirsind.sparkasse.de" miteinander vernetzt. Dieser Online-Dialog wurde Mitte Februar 2013 gestartet. Kunden sollen noch in diesem Jahr per Videoberatung begleitet werden. „Die Umsetzung erfordert allerdings einen deutlichen kulturellen Wandel", heißt es vom DSGV.

„Man steht im Spannungsfeld zwischen gewolltem Mitarbeiter-Engagement und der Kontrolle über die eigene Marke", erklärt Niels Galow, Social-Media-Redakteur der Taunus Sparkasse. „Wir zwingen daher niemanden in die virtuelle Welt, vielmehr möchten wir die Mitarbeiter mittels interner Seminare mit neuen Medien vertraut machen." Den Bewertungs- und Frage-Antwort-Portalen stehe die Taunus Sparkasse derzeit beobachtend gegenüber. „Wir sind überzeugt: Wer noch abwartet, verliert nichts", so Galow.

Andere Banken sind da deutlich weiter. Michael Herbst, der Social-Media-Verantwortliche von Cortal Consors, blickt auf ein Jahr Kooperation mit gutefrage.net zurück. „In jeder der wöchentlichen und anderthalb Stunden dauernden Sprechstunden konnten 40 bis 45 Fragen von unseren Experten beantwortet werden", ist Herbsts Erfahrung. Fragen, die in diesem Zeitrahmen unbeantwortet blieben, wurden im Nachhinein beantwortet. „Es blieb keine Frage ohne Antwort", so Herbst. Jedenfalls ermuntert Cortal Consors seine Mitarbeiter, in Communities aktiv zu werden – vor allem in der eigenen Aktien-Community Hopee.de. Bis zum Jahresende will Cortal Consors eine allgemeine Frage-Antwort-Community für Finanzthemen starten. Ob durch das Engagement bei Gutefrage Neugeschäft an Land gezogen wurde, hat Cortal Consors nicht ermittelt. „Es ist jedenfalls kein Fangnetz, mit dem wir Kunden reinschaufeln wollen", sagt Herbst. Vielmehr nutze das Haus sein Social-Media-Engagement als Fühler in den Markt, um herauszufinden, welche Themen die Menschen gerade beschäftigen.

Nur validierte Berater dürfen antworten

FinQ ist das jüngste unter den Frage-Antwort-Portalen. Zum Jahresanfang 2013 ging es an den Start, Ende Februar waren bereits 250 Berater validiert. „Wir überprüfen jeden Berater", erklärt FinQ-Chef Stefan Jasper. „Wer als Berater bei FinQ aktiv werden möchte, muss Berufsnachweise einreichen. Wir rufen auch beim Arbeitgeber zurück und fragen nach, ob der Mitarbeiter wirklich dort arbeitet."

Mehr als 1.000 Verbraucher waren im März bereits auf FinQ aktiv. „Daran sieht man das Bedürfnis nach Informationen", so Jasper. Allerdings nutzten die meisten Verbraucher Fantasienamen. „Wir wollen den Verbrauchern die Angst nehmen, ihre Fragen offen zu stellen. Sie sollen weder befürchten, dass jeder künftig ihre persönlichen Finanzprobleme kennt, noch dass sie von Verkäufern überrannt werden", erläutert Jasper. Bei FinQ sehe man – ähnlich wie bei Facebook – Fragen und Antworten sofort online. „Alles ist in einer transparenten und offenen Form sichtbar und auffindbar."

Antworten in Facebook- und Google+-Profile einbinden

Eine Verbindung mit anderen sozialen Netzwerken wie Facebook, Google+ und Twitter gilt als Königsweg der Vernetzung. Daher können künftig auch bei FinQ die Fragen und Antworten mit einem Klick in dortige Profile eingebunden werden. „Der Berater soll die Wahl haben, welche Antwort er in ein anderes Profil einbindet", sagt Jasper. Geschehe dies automatisch, würden sich auch Standardfragen und -antworten dort wiederholen.

Für den Berater lohne sich ein Engagement: „Wer als Berater gute und für den Verbraucher verständliche Antworten gibt, hat den Grundstein für eine langfristige erfolgreiche Vermarktung im Internet gelegt. Einige Berater durften sich bereits über Neukundenanfragen freuen", weiß Jasper.

Die Fidor Bank ist diesen Schritt schon vor Jahren gegangen und bietet einer von dem eigenen Bankgeschäft unabhängigen Community eine Plattform. „Neutralität bedeutet, dass das dahinterstehende Geschäftsmodell neutral ist", betont Fidor-Bank-Chef Matthias Kröner. „Wir sehen in der Community kein Geschäftsmodell, sondern begreifen sie als Service-Platz." Es gebe keinen Konflikt mit den Bank-Angeboten durch die offene gegenseitige Beratung durch die Nutzer –, „unsere Dienstleistung muss sich selbst verkaufen". Im Frühjahr waren rund 160.000 Nutzer bei der Fidor-Community registriert, jedes Jahr habe sich bisher die Nutzerzahl verdoppelt. Kopiert zu werden, sei für ihn „das größte aller Komplimente", sagt Kröner mit Blick auf die neuen Plattformen und Communities.

„Aus Beratersicht ist FinQ ein geeignetes Instrument, um sich nach außen zu präsentieren", wirbt Stefan Jasper, der Vorstandschef der jüngsten deutschen Frage-Antwort-Plattform. Es sei sinnvoll, dass sich eine Bank auch und gerade auf diesen Plattformen vermarktet, denn „Verbraucher nehmen die Bank als Marke wahr, doch die Beratung ist immer vom jeweiligen Berater abhängig" (siehe Kasten Seite 211).

Ein Online-Diskurs in aller Transparenz ist laut Kröner allerdings kein vollständiger Beratungsansatz. Oftmals wüssten die Leute aber nicht so genau, wo sie fragen sollen. „Die optimale Vorgehensweise für den Nutzer ist es, erst in einer Online-Finanzcommunity offen zu diskutieren und sich dann mit den daraus gewonnenen Erkenntnissen an den Berater der Wahl zu wenden", ist er überzeugt. Der Berater bemerke zumeist erst den zweiten Schritt des Kunden. Der ROPO-Effekt (research online, purchase offline) gilt folglich nicht nur für Produkte, sondern auch für Beratung.

Verkauf von Inhalten und weitere Geschäftsmodelle

Um bei der Online-Suche gefunden zu werden, muss ein Portal aktiv sein in Bezug auf Suchmaschinenoptimierung. Und dass hinter Frage-Antwort-Plattformen ein Geschäftsmodell steht, mit dem auch die Plattform zumindest mittelfristig Geld verdienen wollen, leuchtet ein. Unter der Überschrift „Gutefrage.net und die fleißigen Contentsklaven" kommentiert der ehemalige Handelsblatt-Online-Chef Julius Endert: „Es geht nicht in der Hauptsache darum, die Fragen der Nutzer zu beantworten. Ziel ist es vielmehr, die Nutzer möglichst thematisch gut sortierbaren ‚Content' erstellen zu lassen, Reichweite über Suchmaschinenoptimierung und Crossverlinkung auf das Angebot zu lenken und den Traffic dann anschließend über Google-Ads und Banner zu Geld zu machen."

„Wir haben kein Google-Analytics in unseren Community-Webseiten", unterstreicht hingegen Matthias Kröner von der Fidor Bank. „Wir wollen nicht, dass Google weiß, welche Nutzer bei uns aktiv sind."

„Der Erfolg von Frage-Antwort-Communities steht und fällt mit der Masse", weiß VR-Network-Social-Media-Experte Boris Janek. Derzeit entstehen immer neue Plattformen. Welche davon sich auf Dauer durchsetzen, werde sich erst noch herausstellen. „Für Nutzer ist das derzeit ein Nachteil, denn das Angebot ist noch sehr unübersichtlich", so Janek. Aus Nutzersicht wäre es gut, wenn es eine Plattform gebe, die die anderen Plattformen aggregiere und dann auf die einzelnen Seiten weiterleite. „Das wird vermutlich in den nächsten Jahren Google übernehmen", vermutet der Experte.

Ein anderes Geschäftsmodell der Plattformen ist, vom Berater Geld dafür zu verlangen, dass er sich auf ihnen darstellen kann. Ähnlich wie beim Business-Netzwerk Xing ist die Grund-Mitgliedschaft in der Regel kostenfrei. Für erweiterte Aktivitäten wie gezielte Umkreissuche oder Kontaktmöglichkeiten muss der Berater dann monatlich Beiträge zahlen. Da dieses Preismodell für sehr aktive und nachgefragte Berater schnell recht teuer werden kann, deckelt Whofinance beispielsweise die Kosten.

> **Xing-Gruppen: gut fürs Netzwerken**
>
> Wer in dem Business-Netzwerk Xing unter den Gruppen nach „Banking" sucht, erhält 295 Ergebnisse. Bankingclub Online ist die offizielle Xing-Branchen-Gruppe und mit mehr als 56.000 Mitgliedern auch die größte und aktivste. In ihr tauschen sich vor allem Banker und Menschen aus dem Finanzumfeld aus. Die Gruppe „Social Banking" hat gut 400 an nachhaltigem Banking interessierte Mitglieder, die allerdings recht sparsam miteinander kommunizieren. Auch die Finance- und Business-Community der Sparkasse Hanau wird von dem Institut vor allem genutzt, um Geschäftsbericht und Veranstaltungshinweise zu publizieren. Wer sich in den Diskussionsforen der Xing-Gruppen als aktiver Teilnehmer oder Moderator engagiert, kann sich einen guten Ruf unter Kollegen erarbeiten, was im Falle eines Arbeitgeberwechsels ein Pluspunkt sein kann. Kunden werden in den beruflichen Netzwerken jedoch eher nicht gewonnen. „Xing bietet die Chance, die eigene Bekanntheit zu erhöhen und ein Netzwerk aufzubauen", sagt Ralf Strehlau, Geschäftsführer der Anxo Management Consulting, ergänzt allerdings: „Es kann sein, dass sich auch ein Geschäft ergibt und man einen Kunden gewinnt, aber das ist kein primäres Ziel von Xing-Gruppen."

Webangebote kritisch hinterfragen

Bei den Bewertungsportalen sieht das Geschäftsmodell oft anders aus. „90 % der Bewertungsportale sind getriggert über Abschlüsse und verdienen dadurch ihr Geld", meinen Experten. Einige Portale seien Affiliates, die ihre Kunden auf die hinter ihnen stehenden Anbieter lenken. An Check24 etwa komme im Versicherungsbereich keiner vorbei. Ein guter Partner in einem Affiliate-Netzwerk setze viel Zeit und Geld dafür ein, sich mittels Suchmaschinenoptimierung bei Google gut zu platzieren.

Jedes Geschäftsmodell sei aus Kundensicht kritisch zu hinterfragen, betont Fidor-Chef Kröner: „Bei manchen Portalen muss der Nutzer wissen, dass er am Ende verkauft wird." Es gebe zum Beispiel Portale, die gegen viel Geld Leads verkaufen. „Das ist das Geschäftsmodell eines Adresshändlers, nicht aber eines Finanzdienstleisters", weiß er.

Immer wieder verweigern Banken und ihre Berater sich Aktivitäten in Frage-Antwort-Portalen aus Furcht vor der Beraterhaftung. „Viele Banken vermeiden solche Risiken lieber, als zu den Vorreitern zu gehören", ist Boris Janeks Erfahrung. „Haftungsprobleme werden oft vorgeschoben", weiß jedoch Fidor-Chef Kröner. Er sieht das Risiko überhaupt nicht: „Es ist beispielsweise eine Frage der Formulierung." Schreibe er etwas in einer Community, dann betone er: „Das ist meine private Meinung." Darüber hinaus gehöre zu einer Beratung die genaue Kenntnis über Ziele und finanzielle Situation des

Beratenen. Diese Kenntnis liege nicht vor. Allen Nutzern sei bekannt, dass die Fidor Bank keine Beratungsleistung anbiete. Eine derartig klare konzeptionelle Positionierung und Kommunikation schließt laut Kröner jegliche Beraterhaftung aus. Seiner Ansicht nach scheitert ein offener Diskurs, wie er in einer neutralen Finanz-Community nötig ist, zumeist am Willen der Berater. „Nicht mal die Hälfte der Berater erkennt die Möglichkeiten eines Online-Diskurses", schätzt Kröner. „Je vordergründig abschlussorientierter, umso weniger erfolgreich", fasst er zusammen. Auch die Fidor Bank weiß zwar, dass über das Engagement in der Community Neugeschäft für die Berater generiert wird. „Wir haben aber keine Controlling-Schleife eingebaut, sodass wir die Zahlen hierzu nicht kennen."

Engagement bietet Chancen, braucht aber langen Atem

Statt Social-Media-begeistert reagiert das Gros der Banker eher reserviert. „Von 100 Beratern sind mindestens 80 nicht bereit, sich bewerten zu lassen", ist Janeks Erfahrung. Keiner wage den Anfang, weil befürchtet werde, dass die Kollegen dann nachziehen müssten. Dabei eröffnet ein Engagement sogar Karrierepfade: „Wenn sich ein Mitarbeiter im Haus deutlich sichtbar in Finanz-Communities engagiert hätte, dann hätte ich ihn in mein Team geholt", sagt Michael Herbst von Cortal Consors.

Vielleicht schreckt auch ab, dass ein Aktivwerden auf Frage-Antwort-Plattformen ein langfristiges Engagement bedeutet. „Nachhaltigkeit und Stetigkeit sind ausschlaggebend für den Erfolg", betont Kröner. Einmal im halben Jahr ein paar Antworten zu geben, reiche nicht aus. Besser sei es, jeden Tag oder zweimal pro Woche eine halbe oder eine Stunde zu investieren. Nur bei vielen qualitativ hochwertigen Antworten passiere es, dass dann – irgendwann später und in der Regel ohne zeitlichen Zusammenhang mit der Antwort – die erhoffte Kontaktaufnahme seitens eines Neukunden geschehe: „Ich habe Ihre Antwort im Netz gesehen und würde mich daher gerne von Ihnen beraten lassen."

Dem pflichtet FinQ-Chef Jasper bei: „Viele denken, sie geben ein oder zwei ausführliche gute Antworten, und dann steht ihr Telefon nicht mehr still." Da müsse sein Team die auf Vertrieb spezialisierten Berater oft erst noch mit auf die Reise nehmen, denn Vermarktung in Internet laufe anders.

„Es ist nicht zwingend derjenige, dem man geantwortet hat, der hinterher eine Beratung nachfragt, und ein Anruf kommt meist völlig ohne jeglichen zeitlichen Zusammenhang", ist seine Erfahrung. „Es ist aber ein allgemeiner Lernprozess im Gange, dass es auf die Nachhaltigkeit des Engagements ankommt", so Jasper. Einige Berater hätten anfangs versucht, sich um detaillierte Antworten auf der Plattform zu drücken. Da kamen Antworten wie: „Ihre Frage ist hier schwierig zu beantworten, daher bitte ich um ein persönliches Gespräch." Diese Berater seien von den Verbrauchern mit einer negativen Bewertung abgestraft worden, denn die Nutzer seien auf der Suche nach einer echten Wissensplattform und mögen keine „Kundenfangmaschine", erläutert Jasper.

In der Praxis haben viele aktive Berater einen ähnlichen Ansatz: „Ich passe FinQ so in meinen Arbeitsalltag ein, dass es Lücken füllt", sagt Lutz Langefeld. Etwa ein bis zwei Stunden investiert der Versicherungsmakler und gelernte Bankkaufmann pro Arbeitstag in die Antworten. „Manchmal füge ich auch zu Antworten von anderen Beratern meine Antwort hinzu, wenn ich einen weiteren Aspekt sehe."

„Man muss sich schon gründlich Gedanken machen, um eine Antwort zu schreiben", sagt Nils Lohmeier, Finanzberater bei Luxxs in Hamburg. Schließlich verschwinde die Antwort nicht aus dem Internet, sondern könne auch Jahre später noch über Suchmaschinen gefunden werden. Auch er nutzt das Portal FinQ, „wenn ich mal Luft habe", was zwischen einer und zwei Stunden am Tag der Fall ist. Erstaunt habe ihn, dass gleich im ersten Vierteljahr zwei Neukundenkontakte über FinQ entstanden seien. Für Lohmeier haben fachlich hoch qualifizierte Plattformen wie FinQ einen weiteren Vorteil: „Man kann nicht alles wissen, deshalb schaue ich mir selbst auch die Antworten anderer Berater an und lerne dazu."

Moritz Schaefer vom Hamburger Privatsekretariat Finanzloge hat anfangs viel Zeit in FinQ investiert, „um zu lernen, wie es funktioniert". „Jetzt bin ich nur noch aktiv, wenn ich freie Zeit habe", schildert er. Etwa eine Stunde pro Woche habe er übrig, damit schafft er im Schnitt eine ausführliche Antwort. „Nur Niveau setzt sich langfristig durch", ist er überzeugt. „Ich möchte mein kleines Mosaiksteinchen dazu beitragen, die Reputation der Finanzbranche durch Transparenz und Information zu verbessern", beschreibt Schaefer sein Ziel. Langfristig werde sich sein Engagement auszahlen.

> **Bekannte Bewertungs- und Finanzberatungsportale**
>
> **Frage-Antwort-Portale**
> **finq.com** ist erst Anfang 2013 gestartet. Daher wächst die Zahl der Frager und Antwortenden ständig. Ende März waren rund 250 validierte Berater und etwa 1.000 angemeldete Verbraucher aktiv. Bei dem Portal kann jeder Nutzer kostenlos Fragen zu Versicherungen, Geldanlage und Finanzierungen, Altersvorsorge und Rente sowie Steuern stellen. Die Antworten werden von professionellen und geprüften Experten gegeben. Anschließend kann der Nutzer die Beraterleistung bewerten. Der Name FinQ leitet sich ab von „finance" und „questions".
>
> **finanzfrage.net** ist die auf Finanzthemen spezialisierte Tochter der Gutefrage.net-GmbH. Von Abfindung über Geldanlage, Nebenjob und Versicherung bis Zinsen – viele Fragen wurden bereits beantwortet und können über die Suche gefunden werden.
>
> **finanzfrage.de** imitiert das .net-Vorbild, ohne jedoch eine ähnlich aktive Nutzerschaft dahinterstehen zu haben. Viele Fragen bleiben unbeantwortet. Zudem gibt es erhebliche Mängel bei der Spam-Kontrolle, sodass gefühlt eine von vier gestellten Fragen Werbespam ist.

Bewertungsportale

whofinance.de bezeichnet sich selbst als Deutschlands führendes Bewertungsverzeichnis für Finanzberatung. Es finden sich mehr als 32.000 Bewertungen über Berater zu Themen wie Altersvorsorge, Immobilienfinanzierung, Geldanlage oder Private Krankenversicherung. Bewertet wird dabei in den Kategorien Kompetenz, Service und Angebotsqualität sowie Empfehlungsbereitschaft. Um zu verhindern, dass das eigene Netzwerk einen Berater hochbewertet oder einen Konkurrenten miesmacht, wird jede Bewertung auf Glaubwürdigkeit und Authentizität geprüft. Seit Anfang 2011 hält der ehemalige Dresdner-Bank-Vorstandsvorsitzende und Allianz-Vorstandsmitglied Herbert Walter einen 15-prozentigen Anteil am Bewertungsportal.

censum.de bezeichnet sich selbst als Qualitätsbarometer deutscher Finanzvorsorge. Das Portal ist im Herbst 2010 gestartet. Es bietet eine Umkreissuche nach Finanz- und Versicherungsberatern und bindet auch Produktanbieter ein. Theoretisch gibt es auch einen Blog, in dem Berater zu ihren Themen schreiben können, praktisch stammt der letzte Beitrag von Dezember 2011. Teilnehmer können sich und ihr Unternehmen präsentieren und haben Zugang zu Marktforschungsergebnissen.

gute-banken.de nennt sich selbst „Plattform für kritische BankkundInnen". Doch die Übersichtlichkeit der Bewertungen lässt zu wünschen übrig. Wer als Nutzer möchte, kann hier auch weitergehende Fragen beantworten, wie „Würden Sie die Bank weiterempfehlen?", „Sind Sie erst seit Kurzem bei dieser Bank?" oder „Zählen Sie zur ‚älteren Generation'?". Warum „Engagiert sich die Bank in Ihrer Region?" als Qualitätskriterium für die Beratung zählt, erschließt sich nicht.

Wunschberater.de ist eine Datenbank, in der Nutzer nach Anklicken von Themengebiet und Wohnort seit November 2012 in einer Datenbank Finanz- und Versicherungsberater in ihrer Nähe suchen können. Noch ist die Auswahl der Beraterprofile nicht sehr groß – für eine Stadt wie Düsseldorf wird im Umfeld beispielsweise nur eine einzige Versicherungsberaterin angezeigt.

Auch **mybankrating.de** hat sich eine neutrale Bewertung der Leistungen von Finanzberatern auf die Fahnen geschrieben. Allerdings verrät die Rubrik „Neueste Aktivitäten", dass dieses Portal nicht sonderlich aktiv ist: Aktivität Nummer drei liegt mehr als zwei Monate zurück.

KennstDuEinen.de ist nicht auf den Finanzsektor spezialisiert, doch nehmen neben Ärzten, Handwerkern und sonstigen Dienstleistern auch Finanzberater und Versicherungsmakler einen großen Raum auf dieser Plattform ein. Geld verdient die Webseite, indem der Bewertete sich mit einem Profil ausführlicher präsentieren kann. Dienstleister wie Winlocal bieten Unterstützung bei der Positionierung auf KennstDuEinen.de an.

Ormigo.de wurde Ende 2005 gegründet. Ein Testimonial-Versicherungsmakler auf dem Portal schwärmt: „Sehr gute Leadqualität, hohe Abschlussquoten und toller Service!". Das Portal ist aus Beraterperspektive aufgebaut, die Kundenzentrierung undeutlich. Daher ist fraglich, ob die Website eine langfristige Perspektive hat.

Auf **Qype.de,** das im Oktober 2012 von Yelp übernommen wurde und deshalb vermutlich bald umbenannt wird, urteilen Kunden über ihre Bankfilialen, weniger über einzelne Berater. Diese Portale, die vor allem für ihren riesigen Bestand an qualifizierten Restaurant-Rezensionen bekannt sind, weiten ihre Kritiken auch auf andere Branchen aus – vom Frisör über den Fotografen bis hin zum Finanzberater. Es bleibt abzuwarten, ob im speziellen Finanzsegment eine kritische Masse an Bewertungen zusammen kommt.

Das Such- und Präsentationsportal **Beraterlandkarte.de** hat sein Geschäftsmodell darauf ausgerichtet, dass Berater kostenpflichtige Prüfungen ablegen und dadurch eine so genannte FAF-Zertifizierung erhalten. Für den Nutzer wird jedoch nicht klar, welche Inhalte geprüft werden. Zudem haben sich bisher nur wenige Nutzer registriert, in Düsseldorf wird beispielsweise nur ein einziger Berater für Altersvorsorge angezeigt.

Als erste Bewertungscommunity in Deutschland bietet **golocal.de** seit Februar 2011 fürs iPhone eine Augmented-Reality-Anwendung an. Diese App ermögliche Usern auch unterwegs Check-ins, das Posten von Fotos sowie Schreiben von Bewertungen und damit eine bessere Orientierung, wirbt GoLocal. Die Nutzer bewerten auf der Plattform vor allem Locations wie Restaurants, Hotels und Museen, aber auch Firmen wie Arztpraxen oder die Büros von Finanzberatern und Versicherungsmaklern.

Seriengründer Boris Polenske, der auch klicksoft, klickTel und pkw.de mit aus der Taufe gehoben hat, hat Ende 2011 **geprueft.de** online gestellt. Gegen eine Monatsgebühr von rund 60 Euro können sich auch Finanzberater registrieren und Bewertungen ihrer Kunden generieren, sowohl auf der eigenen Webseite geprueft.de als auch auf anderen Webseiten wie Qype.

Wer liefert was – diese Frage stellen sich die Einkaufsverantwortlichen von Unternehmen. Die Lösung soll hier **wlw.de** sein: Von Finanzierungsberatung bis Betriebshaftpflichtversicherungen sind hier Anbieter gelistet. Zwar gibt es die Rubrik „Referenzen", doch ist sie nur sehr selten ausgefüllt, und daher erscheint wlw eher als Datenbank mit Suchfunktion denn als Bewertungsportal.

Quelle: Whofinance.de; eigene Recherche der Autorin

„Vom Grundsatz her ist die Präsenz auf Bewertungsplattformen nicht schlecht", meint auch Steffen Ritter. Diese seien mit relativ wenig Aufwand zu pflegen und dienten als Visitenkarte im Netz. „Ein eigener Blog ist für die Kundenbindung jedoch sinnvoller", ist der Vertriebsexperte überzeugt. Die Vernetzung mit Bekannten, also mit Kunden und dem vertrauten Berater, bringe mehr. In den vergangenen Jahren habe er keinen Betrieb kennengelernt, der über Frage-Antwort-Portale Erfolge in der Kundenbindung erzielen konnte. „Diese Portale sind nicht auf eine Zielgruppe zugespitzt. Wer als Neukunde online unterwegs ist, ist eher preisbewusster und nicht so sehr auf Beratung fokussiert", sagt Ritter, Versicherungsexperte, Trainer, selbst Blogger und Gründer sowie Chef des Instituts Ritter.

Kaum messbares Neugeschäft

Ausgezahlt in Neukunden hat sich das Engagement auch für Volksbanker Höbel bisher nicht: „Es gibt kein messbares Neugeschäft." In all den Jahren seiner Präsenz könne er die direkten Kontaktaufnahmen über den Button „Kontakt mit dem Berater aufnehmen" noch an einer Hand abzählen. Allerdings merke er, dass seine Kunden stolz seien, von einem in den veröffentlichten Rankings gut abschneidenden Berater betreut zu werden.

Ein weiterer Effekt sei, dass ein im Web engagierter Berater häufiger gegoogelt würde. „Seit ich auf FinQ aktiv bin, suchen deutlich mehr Menschen per Google nach meinem Namen und finden so mein Xing-Profil", hat Lutz Langefeld erfahren. Der Versicherungsmakler und Vermittler von Finanzierungen und Investmentfonds warnt aber vor allzu hoch gesteckten Erwartungen: „Den letzten Schritt, dann Kontakt zu mir aufzunehmen, hat noch niemand getan." Derzeit sei sein Engagement ein Investment an Zeit. Für den bisher ausgebliebenen Erfolg bei der Neukundengewinnung sieht er allerdings auch seinen Wohnort im Umfeld von Chemnitz verantwortlich. „Wenn ich in einem Ballungszentrum säße, dann hätte ich auch schon direkten Kundenkontakt hinbekommen", ist er überzeugt. Mit steigender Bekanntheit des Portals nähmen auch die Fragen aus den neuen Bundesländern, vor allem aus Thüringen, zu. „Vielleicht bald auch aus Chemnitz, Leipzig, Dresden, Plauen und Zwickau, und dann glaube ich auch an die ersten Kundenkontakte." Als zahlendes Premium-Mitglied kann er nachschauen, ob der Fragesteller aus der Region kommt. „Wenn ich auf persönliche Kontakte spekulieren würde, dann bräuchte ich mich derzeit auf FinQ nicht zu tummeln", sagt Langefeld.

Bei ihm stehe der Gedanke im Vordergrund, Wissen weiterzugeben und bei den Lesern „den einen oder anderen zündenden Gedanken auszulösen".

Nicht erst seit dem Skandal um gekaufte Facebook-Freunde wachsen allerdings Zweifel an der Objektivität von Bewertungen im Netz. „Es gibt eine riesige Diskussion über Testimonials und eine Erosion der Glaubwürdigkeit", weiß Innovationsexperte Axel Liebetrau. Man könne den Konkurrenten mies bewerten oder Freunde bitten, die eigene Bewertung zu pushen. Als Studentenjob werde dafür gezahlt, positiv über ein Produkt oder die Beratung und negativ über die Konkurrenz zu schreiben. „Da fehlt eine Art TÜV, um die Originalität des Kommentars zu sichern." Die Bewertungsportale haben dieses Problem erkannt – Whofinance beispielsweise überprüft jede abgegebene Bewertung. „Bisher haben wir etwa 10.000 Bewertungen nicht freigegeben", schildert Whofinance-Gründer Mustafa Behan (siehe Kasten unten).

Fazit: Transparenz siegt

„Wer es heute schon tut, der braucht Mut", resümiert Boris Janek. Dabei sei es für Berater wichtig, Online- und Social-Media-Kompetenz aufzubauen. Wenn die entsprechende Sicherheit dann aufgebaut wurde, sollten Berater auch vor der Nutzung von Bewertungsportalen nicht zurückschrecken. „Auch die Beantwortung von einfachen Finanzfragen im Internet verbessert die Reputation des Beraters und der Bank und ist damit sinnvoll", so Janek. „Ich empfehle jedem, größtmögliche Transparenz zu leben, denn damit kommt Vertrauen in die Finanzwelt zurück."

Wie manipulierte Bewertungen entdeckt werden

Eine ausgeklügelte Systematik zum Aufdecken falscher Bewertungen hat Whofinance entwickelt. „So verhindern wir Manipulationen von Bewertungen zugunsten einzelner Berater oder zulasten einzelner Berater", sagt Mustafa Behan, Gründer von Whofinance.

- Jede Bewertung wird vor Veröffentlichung geprüft.
- Beleidigungen und Manipulationen werden aussortiert.
- Berater haben ein Einspruchsrecht, wenn ihnen etwas „komisch" vorkommt.

Quelle: Whofinance

Bezahlmethoden 4

E-Wallet:

Schöne neue Zahlungswelt

Es könnte alles so schön sein: keine oder geringe Gebühren, kein Zeit- oder Datenverlust bei Überweisungen und Buchungen. Das versprechen (und halten) E-Wallet-Systeme.

Eva-Susanne Krah / Stefanie Hüthig
erschienen im August 2010, gekürzte und überarbeitete Fassung

Das Warten auf eine Überweisung hat ein Ende. Zumindest, wenn es nach E-Wallet-Anbietern geht, finden Überweisungen direkt zwischen den jeweiligen Geld-Sendern und -Empfängern mit Benachrichtigungsweg per E-Mail oder SMS statt. Das benötigte Geld wird dabei über die bei der Bank oder E-Plattform geführte so genannte „E-Wallet", eine Art Cyber-Geldbörse, transferiert.

Was ist eine elektronische Geldbörse?

Elektronische Geldbörsen, auch „E-Wallet" oder „Cyberwallet" genannt, wurde ursprünglich als Zahlungsmittel für das Internet entwickelt. Der Nutzer lädt seine E-Wallet in der Regel per Überweisung, Kreditkartenzahlung oder Lastschrift mit der von ihm gewünschten Geldsumme auf. Zum Einsatz kommt die elektronische Geldbörse auch heute noch vor allem im E-Commerce, also in Online-Shops, als Zahlungsmittel bei Online-Auktionen oder wenn eine schnelle Zahlung das Ziel ist. Bekannte E-Wallet-Anbieter sind zum Beispiel ClickandBuy und PayPal.

Die Nutzerzahlen der elektronischen Geldbörse hängen also unter anderem davon ab, wie viel online eingekauft wird. Wirklich Gedanken darüber machen müssen sich Anbieter von E-Wallets nicht, denn das Internet ist als Shoppingmeile aus den Köpfen vieler Menschen gar nicht mehr wegzudenken. „Der Online-Einkauf gehört heute zum Alltag vieler Menschen wie der Gang zum Bäcker", erklärte Professor August-Wilhelm Scheer Mitte 2009, zum damaligen Zeitpunkt noch Präsident des Hightech-Verbandes BITKOM.

E-Wallet: Was spricht dafür, was dagegen?

	Vorteile für Endkunden	*Nachteile für Endkunden*
Bequem?	Die E-Wallet wird in der Regel auf Guthabenbasis geführt und kann auch im grenzüberschreitenden Zahlungsverkehr zum Einsatz kommen. Der Kunde kann unter anderem Geld an E-Mail-Adressen oder an Handynummern verschicken. Eignet sich insbesondere bei Zahlungen von Kleinstbeträgen, bei denen sich zum Beispiel eine Kreditkartenzahlung nicht lohnen würde, oder wenn der Kunde seine Konto- oder Kreditkartendaten nicht angeben möchte.	E-Wallet ist ein weiteres Konto, das der Kunde im Überblick behalten muss. Ein sicheres Passwort ist Pflicht! Nutzer müssen außerdem Grund-Know-how im Umgang mit dem Medium Internet besitzen.
Günstig?	Die Transaktionen sind in der Mehrzahl gebührenfrei.	Einige E-Wallet-Anbieter verlangen bei bestimmten Geschäftsvorfällen Gebühren.
Schnell?	Die E-Wallet ermöglicht Zahlungen in Echtzeit.	Transaktionen finden zwar üblicherweise in Echtzeit statt. Zu Verzögerungen kann es aber zum Beispiel beim Geldversand an eine Handynummer kommen.
Sicher?	Der Kunde muss bei einer Zahlung, etwa bei einem Online-Händler, seine Kreditkarten- bzw. Kontodaten nicht angeben. Außerdem ist auch die E-Wallet durch Sicherheitsvorrichtungen geschützt.	Auch E-Wallets können von Hackern geknackt werden. Überdies sind die Daten zu dem/den Referenzkonto/en beim Payment-Anbieter hinterlegt und können damit theoretisch ausspioniert werden.
Innovativ?	Zusatzfeatures für mobile Endgeräte haben neue Nutzungsmöglichkeiten eröffnet.	Die Cyberwallet ergänzt bzw. steht in Konkurrenz zum klassischen Girokonto. Werden für Letzteres neue Funktionen entwickelt oder bestehende verbessert, könnte die elektronische Geldbörse überflüssig werden.

Quellen: Wikipedia, Fidor Bank, PayPal

Digitales Geld:

Bitcoin

Eine Währung – nach heutigem Stand fälschungssicher –, die von Computerfreaks mit Hochleistungs-Grafikkarten herausgegeben wird. Guthaben, die nicht auf Bankkonten liegen, sondern auf dem heimischen PC. Vermögen, das nicht per Banktransaktion überwiesen wird, sondern über ein Netzwerk von tausenden Rechnern im Internet. Ist der Bitcoin die Zukunft des Geldes?

Jürgen Muthig
erschienen im Juni 2012 in der BANKFACHKLASSE

Erfinder der Bitcoins (BTC) ist ein anonymer Programmierer mit dem Pseudonym Satoshi Nakamoto, der seine Idee erstmals 2008 als wissenschaftliches Paper im Internet veröffentlichte. Sein Konzept ist einfach, und doch mathematisch sehr komplex: Jede Münze existiert nur elektronisch in Form einer digitalen Zeichenkette. Im Gegensatz zu herkömmlichen Währungen basiert diese virtuelle Bezahlmöglichkeit auf einem Computernetzwerk und unterliegt keiner zentralen Kontrolle.

Jeder, der mit Bitcoins zahlen möchte, muss die passende Software auf seinem Rechner installieren und bekommt automatisch und kostenlos eine Kontonummer zugewiesen. Die Kontonummer des Empfängers einer Überweisung wird mittels eines Verschlüsselungsalgorithmus in die Zeichenkette der erhaltenen Bitcoins eingearbeitet. Die Verschlüsselung erfolgt mit 256 Bit. Dies entspricht einer höheren Verschlüsselung, als das bei den meisten Online-Banktransaktionen üblich ist.

Eine einzelne Bitcoin besteht somit nicht nur aus einer konstanten Zeichenfolge, sondern trägt seine ganz eigene Geschichte mit sich herum. Jede Übertragung von einem Besitzer zum nächsten wird Teil des Codes. Auf diese Weise wird sichergestellt, dass die virtuellen Münzen nicht gefälscht oder einfach kopiert werden können. Jede Transaktion wird von anderen Rechnern im Netzwerk bestätigt. Bei einer mathematischen Ungenauigkeit wird eine Überweisung nicht verifiziert. Beträge können völlig anonym überwiesen werden. Bekannt sein muss lediglich die Kontonummer, nicht aber der Name des Empfängers.

Es existieren bereits über sechs Millionen dieser digitalen Münzen, ihr Wert stieg im vergangenen Jahr auf bis zu 30 US-Dollar pro Bitcoin. Ein Bitcoin ist auf Handelsbörsen derzeit knapp 4,90 Dollar wert. Umrechnungskurse gibt es auch für 14 weitere Währungen. Zur Inflation kann es theoretisch nicht kommen: Der zugrunde liegende Rechenalgorithmus hält nur Lösungen für 21 Millionen Münzen parat, danach ist Schluss.

Mining gleich Geldschöpfen

Das Entstehen von neuen Bitcoins ist das Ergebnis einer mathematisch hochkomplexen einmaligen Verschlüsselungsaufgabe, die von einem oder von mehreren Rechnern im Bitcoin-Netzwerk angegangen wird. Wer sie als erster löst, darf sich die daraus resultierenden etwa 50 neuen Bitcoins gutschreiben. Mining heißt diese Art des Geldschöpfens. Wer eine reelle Chance auf einen Treffer haben will, benötigt dafür einen Hochleistungsrechner mit zwei für das Zahlenknacken zweckentfremdeten Grafikkarten. In regelmäßigen Schritten wird zudem die Auszahlungsmenge beim Mining reduziert: Im Moment gibt es 50 Stück pro „Block", pro abgeschlossener Recheneinheit. Dieser Wert wird, ganz automatisch, etwa alle vier Jahre halbiert. Die Grenze dürfte in etwa im Jahr 2034 erreicht sein, danach wird Mining kaum noch neue Bitcoins abwerfen.

Großbanken haben den Bitcoin auf dem Schirm

Mitarbeiter von Großbanken wie Morgan Stanley und Goldman Sachs beobachten auf Bitcoin-Tauschdiensten die Kursentwicklungen und sollen gegebenenfalls aktiv werden. Es gibt bereits eine Bitcoin-Börse und es können Dividenden in Bitcoins gezahlt werden. Ein Unternehmen, das mit Bitcoin-Optionen handelt, war jüngst für eine halbe Mio. US-Dollar an die entsprechende E-Börse gegangen.

Die Internet-Währung wird aber nicht immer zu redlichen Zwecken eingesetzt. So wurde sie besonders durch die Internetseite Silk Road bekannt, auf der man gegen Zahlung von Bitcoins Drogen und Waffen erwerben kann. Auch ließen sich anonyme Hackergruppen für ihre Angriffe mit Bitcoins belohnen. Trotz dieses Image-Schadens scheint die virtuelle Währung ihre Nische im Zahlungssystem gefunden zu haben. Ein britischer Geschäftsmann in China berichtet, die Währung regelmäßig bei Transaktionen mit Asien, Europa und Nordamerika einzusetzen, weil es Restriktionen bei der Nutzung anderer Währungen in China gebe. Und der griechische Besitzer eines Inselrestaurants, der neben Euro auch Bitcoins akzeptiert, begründet die Vorteile der virtuellen Währung: „Ich bringe kein Geld zur Bank. Ich vertraue dem Euro als Banknote, aber ich vertraue keinen Banken. Ich will nicht, dass sie Geld mit meinen Einnahmen machen."

Albtraum für die Notenbanken

Das beschriebene Geldkonzept ist der Albtraum von Zentralbanken und Regierungen, von Finanzämtern und Finanzhäusern, denn es entzieht Wertetransfers völlig ihrer Kontrolle. Trotz der zunehmenden Nutzung stuft beispielsweise die Bundesbank Bitcoins nicht als elektronische Währung ein. Illegal ist die Internetwährung jedoch nicht –

schließlich kann jeder selbst bestimmen, welchen Gegenwert er für eine erbrachte Leistung verlangt.

Sicherheitsrisiken

Auch wenn die Münzen selbst aufgrund des Verschlüsselungssystems als unknackbar gelten, gibt es zwei Schwachstellen. Zum einen muss der Bitcoin-Besitzer sicherstellen, dass er seine Bitcoins bei einem Festplattencrash nicht verliert. Zum anderen gibt es die Tauschbörsen, auf denen die virtuelle Währung in echtes Geld getauscht werden soll. Diese sind aber sind relativ einfach angreifbar. So wurde die Bitcoin-Tauschbörse Mount Gox mehrmals Ziel eines Hackerangriffs. Die Täter brachen in die Nutzerdatenbank von Mount Gox ein und plünderten anschließend mindestens ein Konto. Die Hacker erbeuteten etwa 25.000 digitale Münzen im Wert von einer halben Mio. Dollar. Der Wechselkurs der digitalen Währung auf der Handelsplattform stürzte daraufhin auf wenige Dollar-Cent ab und die Börse schloss die digitalen Pforten.

Ende Juli 2011 verschwanden die Bitcoin-Sites Bitomat und MyBitcoin plötzlich aus dem Netz. Der Betreiber von Bitomat, bei dem 17.000 Bitcoins verloren gingen, schob einen technischen Defekt vor, MyBitcoin ging ohne Erklärung offline und nahm den Bestand an Nutzer-Bitcoins mit sich.

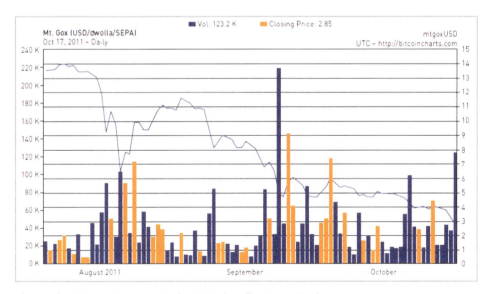

Absturz des Bitcoin-Kurses im Herbst 2011. (Quelle: Mount Gox)

Die erfolgreichen Angriffe zeigen deutlich, welche Probleme eine rein digitale Peer-to-Peer-Währung mit sich bringt: Ohne eine zentrale Bankenaufsicht sind Diebstähle oder betrügerische Überweisungen schwer nachzuvollziehen und schon gar nicht rückabwickelbar. Genau das macht die Bitcoins auch für Kriminelle extrem attraktiv – und dürfte Zentralbankern wie Polizeibehörden und Finanzämtern noch einige Kopfschmerzen bereiten. Schon rechnen erste Experten mit einem baldigen Verbot der Bitcoins. Verbote aber haben Projekte im Internet, die ohne einen zentralen, angreifbaren Server auskommen, bislang noch nie aufgehalten.

Bezahlform girogo:

Kontaktlos zur nächsten Currywurst

Seit April 2012 ist das größte Pilotprojekt Europas zum kontaktlosen Bezahlen am Start. Im Einzelhandel und an ausgewählten Tankstellen können über 1,3 Millionen Kunden von Banken und Sparkassen Beträge bis 20 Euro kontaktlos per Girocard-Prepaid-Chip begleichen.

Lothar Lochmaier
erschienen im Juli 2012

Das Pilotprojekt betrifft Kunden von Banken und Sparkassen im Großraum Hannover, Hildesheim, Braunschweig und Wolfsburg. Als ersten Einkauf haben die Verantwortlichen an den Esso-Tankstellen eine per girogo bezahlte Currywurst verzeichnet. Dirk Stalljohann, Projektleiter bei ExxonMobil, konstatiert: „Wir sind stolz darauf, dass wir es geschafft haben, die erste girogo-Transaktion bei einer öffentlichen Akzeptanzstelle an einer Esso-Station vorzunehmen." Bei den Anwendern dominiert ansonsten eine eher pragmatische Projektphilosophie. Denn wie bei allen technischen Neuerungen, führt Dirk Stalljohann weiter aus, müsse sich der Kunde erst einmal an das neue Verfahren gewöhnen. Er bewertet deshalb die Beschränkung auf einen Rechnungsbetrag von maximal 20 Euro pro Bon durch das Kreditgewerbe als sinnvolle Maßnahme.

Fakt ist, dass die grundsätzliche Richtung nicht nur bei ExxonMobil hoffnungsfroh für den weiteren Projektfortschritt stimmt. „Die Systeme funktionieren, doch die Möglichkeit zum kontaktlosen Bezahlen muss erst breiter aufgestellt sein, bevor Kunden die Vorteile sehen", gibt Stalljohann aber zu bedenken.

Schnell, einfach, genau

Der große Vorteil von girogo zeigt sich sowohl für die teilnehmenden Tankstellen als auch für die Kunden bei durchschnittlichen Bons mit einem Wert von rund 10 Euro: „Wenn Kunden Waren mit diesem Wert nicht mehr mit Kleingeld bezahlen müssen und damit der langwierige Prozess entfällt, das Wechselgeld herauszugeben, erhöht sich die Schnelligkeit beim Kassieren und Fehler können nicht mehr entstehen", so der Verantwortliche bei ExxonMobil weiter. Weitere Motive, die für girogo sprächen, kämen natürlich auch beim Shoppen an der Tankstelle zum Vorschein. „Viele Kunden nervt es, wenn der Vordermann für relativ geringe Beträge seine PIN eingeben, warten und schließlich unterschreiben muss", bekräftigt der Projektleiter. Kurzum, gerade durch girogo kann sich die Warteschlange an unterschiedlichen Knotenpunkten weiter verkürzen. Das Prinzip ist einfach: Binnen weniger als einer Sekunde werden bei einer Kauftransaktion die Beträge über den Prepaid-Chip der Girocard abgebucht. Die Eingabe von PIN-Nummern entfällt bei dem neuen Bezahlsystem.

Weniger Bargeld, mehr Karte

ExxonMobil setzt darauf, seine Bargeldbestände sukzessive herunterzuschrauben, was auch der Sicherheit zugute komme. „Dieser Aspekt ist noch ein wenig Zukunftsmusik, denn er lässt sich erst realisieren, wenn girogo in großer Anzahl verfügbar sein wird", räumt Stalljohann ein. Fest steht heute schon, dass gerade die Esso-Tankstellen im Wettbewerb um innovative Bezahlverfahren weiter die Nase vorne behalten möchten.

Auch andere Anwender auf Handelsseite ziehen wenige Wochen nach dem Startschuss eine vorsichtige erste Zwischenbilanz und überlegen, wie die eigene Klientel mittelfristig vom kontaktlosen Bezahlen profitieren kann. So hat auch Andreas Rehm, Leiter Corporate Communications & Public Affairs bei der Autobahn Tank & Rast GmbH, von seinen Kunden bereits ein positives Feedback erhalten, was das Bezahlen für die Sanifair-Toilettenanlagen angeht. „Unsere Kunden sind mit girogo zufrieden. Das kontaktlose Bezahlen macht Sanifair noch bequemer und kundenfreundlicher", sagt der Unternehmenssprecher. In den kommenden Monaten möchte der Tankstellenbetreiber weitere Anregungen und Verbesserungshinweise von Seiten der Kunden integrieren, „um so das bargeldlose Bezahlen bei Sanifair weiter zu optimieren", bringt Rehm die Herausforderung auf den Punkt.

Girogo: Beteiligte Projektpartner

In der Pilotregion der Deutschen Kreditwirtschaft nehmen unter anderem die Tankstellen Esso, star, Jet und hem, die Systemgastronomie Mc Donald's, die dm-Drogerie-Märkte, die Douglas-Parfümerien sowie die zur Douglas Holding gehörenden Filialen von Thalia, Christ, AppelrathCüpper und Hussel sowie der Sanitärbetreiber Sanifair teil.

Die Kunden im Großraum Hannover sollen dabei an der Ladenkasse quasi im Vorbeigehen durch Auflegen der girocard bezahlen. Die Prepaid-Anwendung, die hier erstmals großflächig eingesetzt wird, ist dabei jedoch nur der erste Schritt. Auf mittlere Sicht strebt die Deutsche Kreditwirtschaft an, das kontaktlose Bezahlen auch für die electronic-cash-Funktion der girocard zu realisieren.

Quelle: BVR/LL

Sicherheitsaspekte als Hürde

Andere Experten verweisen demgegenüber auf die Anfälligkeit von girogo für technische Manipulationen oder gar das Risiko für Kunden, damit zum Opfer von Diebstahl zu werden. So sei es nicht auszuschließen, dass sich Hacker frei erhältliche NFC-Lesegeräte beschafften, um damit ahnungslose Nutzer ins Visier zu nehmen, argumentiert etwa Stefan Horvath, Managing Director von Kryptronic. „Im ungünstigsten Fall könnte einem das Geld buchstäblich aus der geschlossenen Handtasche gezogen werden", warnt der Sicherheitsexperte. Allerdings gelten derartige Risiken auch für andere Technologien, letztlich für den gesamten Bargeldbestand, den der Kunde im Portemonnaie mit sich führt.

Mobile Geräte treiben den Markt

„Die Grundlage für das kontaktlose Bezahlen bleibt auf absehbare Zeit die Karte", betont Andreas Rehm von Autobahn Tank & Rast. Er geht aber davon aus, dass die breitere Verfügbarkeit von NFC-fähigen Smartphones und mobilen Endgeräten auch entsprechende Kundenwünsche nach sich ziehen wird. „Dann dürften Banken ihren Kunden zu der bestehenden Karte auch eine virtuelle Karte für Mobiltelefone zur Verfügung stellen." Denkbar seien zudem weitere NFC-Anwendungen, etwa Kundenbindungsprogramme, Voucher oder mobile Kassen für den Einsatz in unterschiedlichen Branchen. Am Ende des Tages entscheidet darüber wohl die Akzeptanz der Nutzer. Mit einem raschen Siegeszug von girogo rechnet unter den Experten ohnehin kaum jemand.

„Für eine Investitionsentscheidung und Einführung in der Fläche ist es zu früh, viele Fragen sind ungeklärt und die Kundenakzeptanz ist noch unklar", argumentiert denn auch Stephan Tromp, stellvertretender Hauptgeschäftsführer des Handelsverbandes Deutschland (HDE), Spitzenverband des deutschen Einzelhandels. Er kritisiert bei neuen Bezahlsystemen wie girogo, dass die Technik zu sehr im Vordergrund stehe.

Zu einem von Kunden und Handel akzeptierten System gehört laut Tromp indes weit mehr, als nur eine technische Schnittstelle zwischen Kunde und Händler bereitzustellen. Zwar seien technologische Spezifikationen wie die Betrugssicherheit bei girogo ein wesentliches Kriterium. Dies dürfe aber nicht dazu führen, dass sich der Autorisierungsprozess zeitlich in die Länge zieht, dieser sich also für den Handel und Karteninhaber zu kompliziert gestaltet. „Gefragt ist ein technisch einfaches, leicht verständliches Verfahren, das eine schnelle und unkomplizierte Kassenabwicklung ermöglicht. Und auch die Konditionen für den Handel müssen stimmig sein und den Vergleich mit etablierten Zahlungsmitteln aufnehmen können", so Tromp weiter. Grundsätzlich stelle das kontaktlose Bezahlen aber auch in dieser Hinsicht einen vielversprechenden Ansatz dar.

In Branchenkreisen rechnet man im weiteren Verlauf zunächst damit, dass girogo in unterschiedlichen Branchen und Unternehmen Fuß fasst. Ab Herbst 2012 sollen beispielsweise 36.000 Mitarbeiter des Chemiekonzerns BASF in sechs Betriebsgaststätten an insgesamt 37 stationären Terminals kontaktlos mit girogo bezahlen. Die Technik sei ideal für Branchen mit einer hohen Anzahl von Bargeldtransaktionen in kurzer Zeit, ist Andreas Rehm von Autobahn Tank & Rast überzeugt. Vor allem in Einzelhandel, Gastronomie, dem öffentlichen Personennahverkehr sowie an Raststätten könne sich die neue Technologie durchsetzen. Ein kleiner Wermutstropfen ist, dass es „den" idealen Anwender noch nicht gibt, denn es bleibt jedem Besitzer einer Karte schließlich selbst überlassen, diesen Bezahlweg zu wählen. Erfahrungen aus Kantinen, Stadien oder der Schulverpflegung aber zeigen, dass girogo für unterschiedliche Zielgruppen eine durchaus interessante Bezahlvariante darstellt.

Welche Optionen bietet das kontaktlose Bezahlen?

Matthias Hönisch ist Gruppenleiter Kartengeschäft in der Abteilung Zahlungsverkehr des Bundesverbandes der Deutschen Volksbanken und Raiffeisenbanken (BVR)

BANKMAGAZIN: *Welche Hauptziele verfolgt girogo mit dem Projekt?*
Honisch: Der Handel und alle weiteren einbezogenen Partner sollen Erfahrungen mit dem neuen Bezahlverfahren sammeln können. Im Vordergrund steht dabei die optimale Nutzerfreundlichkeit. Ziel ist, das kontaktlose Bezahlen unter realen Bedingungen mit der Bank- oder Sparkassenkarte im Zeitraum von etwa einem Jahr großflächig zu erproben. Es geht nicht darum, allein die technische Avantgarde der Nutzer zu begeistern, sondern auch darum, den Verbrauchern attraktive, sichere und einfache Nutzungsmöglichkeiten für bargeldloses Bezahlen bereitzustellen.

BANKMAGAZIN: *Wie fällt das bisherige Feedback zum girogo-Projekt aus?*
Honisch: Diese Frage können natürlich nur die Händler bzw. Anwender selbst beantworten. Unser Eindruck nach den ersten Wochen seit Pilotstart ist, dass die Anwendung in der Praxis sehr gut funktioniert. Das kontaktlose Bezahlen erweist sich in der Praxis wie erwartet als einfach und sehr schnell. Die Systeminfrastruktur ist stabil und funktioniert reibungslos. Es gibt für das kontaktlose Bezahlen auch viel positive Resonanz von Karteninhabern sowie von Mitarbeitern und Kassenpersonal im teilnehmenden Einzelhandel. Eine verlässliche und detaillierte Auswertung der Erfahrungen seitens der Händler, Banken und Kunden mit der Anwendung von girogo können wir aber erst nach Abschluss des Pilotprojekts im Jahr 2013 vornehmen.

BANKMAGAZIN: *Gibt es den idealtypischen Anwender, für den sich Zahlungen via NFC bzw. girogo besonders eignen?*
Honisch: NFC ist ja nur die hinter der girogo-Anwendung stehende Technologie. Kontaktloses Bezahlen mit girogo auf Prepaid-Basis eignet sich für Situationen, in denen Verbraucher mit Kleingeld bezahlen würden, aber viel einfacher und schneller nun mit girogo bezahlen können.

BANKMAGAZIN: *Wie kritisch ist die Begrenzung auf maximal 20 Euro je Bezahlvorgang zu sehen?*
Honisch: Aktuell belaufen sich 80 % aller Zahlungen im Handel auf einen Warenwert bis zu 20 Euro. Davon werden rund 95 % bar bezahlt. Hier gibt es ein großes Einsatzgebiet für girogo. Wir arbeiten daran, die Einsatzmöglichkeiten für den kontaktlosen Bezahl-Chip zu erweitern und die Nutzung mittelfristig auch für die girocard zu ermöglichen.

BANKMAGAZIN: *Mit welchen Entwicklungen dürfen Bankkunden auf Basis von ec- oder Prepaid-Karten denn künftig noch rechnen?*
Honisch: Bei den konkreten Planungen steht das kontaktlose, auf dem NFC-Standard basierende Bezahlen mit der Bank- oder Sparkassenkarte im Fokus, weil wir dies für die Zukunftstechnologie im bargeldlosen Zahlungsverkehr halten. Nach Erprobung der Prepaid-Variante des kontaktlosen Bezahlens auf der girocard planen wir, diese Technologie mittelfristig auch auf die girocard insgesamt zu beziehen. Natürlich beobachten wir genau die technischen Entwicklungen und Innovationen – und analysieren diese regelmäßig auf ihre Anwendbarkeit im Zahlungsverkehr.

Moderne Zahlmethoden:

System-Vielfalt

Einen Schritt vor – und Warten. Wieder einen Schritt vor – Warten. Wer im Supermarkt an der Kasse steht, braucht häufig vor allem eines: Geduld. Auch wenn die Kassierer die Waren blitzschnell und fehlerlos über den Scanner ziehen, folgt danach unweigerlich das Bezahlen. In Deutschland ist Bargeld noch immer das beliebteste Zahlungsmittel, gefolgt von Debitkarten – auch ec-Karten, Bankkarten oder girocard genannt. Und bis das Geld zusammengezählt oder die Karte eingesteckt und ausgelesen ist, kann schnell eine halbe Minute vergehen.

Jürgen Muthig
erschienen in der Septemberausgabe 2012 der BANKFACHKLASSE

Banken, Sparkassen und internationale Kartenanbieter wollen diesen Prozess nun beschleunigen, durch „kontaktloses" Bezahlen. Das soll nur noch wenige Sekunden dauern. Geplant ist dies schon lange, doch nun gehen die Anbieter in die Offensive: Bank- und Kreditkartenkunden sollen mit neuen Karten ausgestattet werden, die sie an der Kasse nur kurz vor einen Terminal halten – und schon erfolgt die Zahlung. Keine Eingabe der Geheimzahl mehr, keine Unterschrift und kein Gerät, in das die Karte gesteckt werden muss.

girogo

Das System girogo wurde von der Deutschen Kreditwirtschaft entwickelt. Es handelt sich dabei um die girocard, die über einen zusätzlichen Chip verfügt. Dieser Funkchip (NFC – Near Field Communication) ermöglicht den kontaktlosen Datenaustausch zwischen Karte und Kassenterminal.

girogo ist ein Prepaid-System. Die Karte kann mit maximal 200 Euro aufgeladen werden (unter anderem am Geldautomaten und an Kassen). Kontaktlos können Einkäufe bis maximal 20 Euro bezahlt werden.

> **NFC – Near Field Communication**
>
> Der Übertragungsstandard für NFC wurde schon 2002 von NXP Semiconductors (eine ehemalige Philips-Division) und Sony entwickelt. Dabei handelt es sich um eine spezielle Entwicklung im Bereich der RFID-Technik (Radio Frequency Identification) für die digitale Erfassung von Gegenständen oder Lebewesen.
>
> Im Zentrum der NFC-Technik steht ein Chip mit den Daten für die Nahfeldkommunikation. Das können etwa die für einen Zahlungsvorgang erforderlichen Daten sein oder Mitarbeiterdaten für die Überprüfung der Zutrittsberechtigung zu einem Gebäude. Auch der neue Personalausweis nutzt die NFC-Technologie für seinen integrierten Chip, hier werden die lesbaren Daten des Ausweises gespeichert.
>
> Die so genannte Luftschnittstelle für das Auslesen der meist verschlüsselten Daten mit einem Lesegerät beschränkt sich in der Praxis auf eine Reichweite von maximal vier Zentimetern. Die Energie für die Übertragung erhält der Chip vom elektromagnetischen Feld des Lesegeräts.
>
> Insbesondere in puncto Sicherheit werden die Kartenherausgeber viel Aufklärungsarbeit leisten müssen, denn die Sorge vor ungewollten Abbuchungen liegt nahe. Ein versehentliches Abbuchen im Vorbeilaufen ist jedoch extrem unwahrscheinlich, da die Übertragung der Daten nur bei einem Abstand von höchsten vier Zentimetern funktioniert.

Welche Händler akzeptieren girogo?

In einem Pilotprojekt haben die Sparkassen seit Mitte April 2012 in der Region Hannover-Wolfsburg-Braunschweig 1,2 Millionen Sparkassen-Karten mit Girogo ausgeben. Die Genossenschaftsbanken wollen dort 150.000 dieser Karten verteilen. Seit August 2012 ersetzen die Sparkassen bundesweit alte Karten, die auslaufen, durch Karten mit der neuen Technologie. Die Volksbanken wollen vor einer bundesweiten Ausgabe der Karten zunächst den Verlauf des Pilotprojekts abwarten.

Folgende Händler akzeptieren in Rahmen des Pilotprojekts girogo-Karten: Edeka, Douglas Holding mit Douglas, Christ, AppelrathCüpper, Hussel und Thalia, dm-drogeriemarkt und Esso-Tankstellen.

Zögerlicher Start von girogo

Der ambitionierte Pilotversuch der Banken und Sparkassen im Großraum Hannover zum kontaktlosen Bezahlen stößt bei Verbrauchern bis jetzt auf wenig Interesse. Seit April 2012 können Karteninhaber in mehr als 300 Läden mit ihrer girocard „im Vorbeigehen" bezahlen. Doch die Begeisterung an der Ladenkasse hält sich bislang in Grenzen. Die Nutzung von girogo bewegte sich in der Anfangsphase im Pilotraum im Promillebereich, sagen die beteiligten Händler. Bei der Douglas-Handelsgruppe hätten zwischen Anfang April und Ende Juni 150 Mal Kunden kontaktlos mit girogo in einer der 42 Filialen gezahlt, mit denen sich die Douglas-Gruppe an dem Pilotversuch beteiligt.

Die Bankenbranche bestätigte, dass der neue Funkchip, der in und um Hannover, Wolfsburg und Braunschweig auf 1,4 Millionen girocards installiert ist, zunächst kaum zum Einsatz kam. Aber in den ersten Wochen lag der Schwerpunkt auf dem Ausbau des Akzeptanzstellennetzes. Erst seit Juni 2012 werde durch entsprechende Werbemaßnahmen vor Ort verstärkt versucht, das Kundeninteresse für die neue Technik zu wecken.

Trotz des zögerlichen Einsatzes lassen die Douglas-Zahlen erste Erkenntnisse zum Umgang der Kunden mit der neuen Karte zu. Der Durchschnittsbetrag liegt bei etwas mehr als 11 Euro. Dabei komme die Karte erwartungsgemäß häufiger bei den zur Handelsgruppe gehörenden Süßwarenkette Hussel und den Buchläden Thalia zum Einsatz als bei der Parfümerie Douglas oder beim Juwelier Christ, wo Waren oft mehr als 20 Euro kosten und deshalb für die Kontaktlosvariante nicht in Frage kommen.

Hoffnung, dass der neue Chip häufiger eingesetzt wird, gibt es. Die Zahlen der Douglas-Gruppe lassen darauf schließen, dass mehr Karten aufgeladen sind, als zum Bezahlen gezückt wurden. Die Handelsgruppe verzeichnete in ihren Filialen rund 400 Ladevorgänge. Der Ladebetrag liegt typischerweise beim voreingestellten Wert von 35 Euro.

Aus Sicht des Handels lohnt sich die neue Bezahlform. girogo ist für die Händler günstiger als Bargeld. Je nach Zahlbetrag verlangt die deutsche Kreditwirtschaft bei girogo ein bis drei Cent. Zum Vergleich: Eine klassische girocard-Transaktion mit PIN kostet 0,3 % vom Umsatz, mindestens aber 8 Cent. Und Kreditkartenunternehmen verlangen nicht selten bis zu 3 % des Umsatzes.

NFC: Datenschützer warnen

Das konkaktlose Bezahlen birgt auch Risiken: Besorgte Datenschützer melden sich zu Wort und warnen vor Schlupflöchern, die es Dritten ermöglichen, ungehindert die NFC-Datenströme auszulesen. So speichert der in den girogo-Karten eingebaute Chip nach Erkenntnissen des Chaos Computer Club (Frankfurt/Main, CCC) unter anderem die Kennung der girocard, die letzten 15 Bezahlvorgänge und die letzten drei Prepaid-Ladevorgänge.

Bei jedem Bezahlvorgang erfasst eine girogo-Karte zum Beispiel Datum und Zeit der Zahlung, Betrag und Kennung des Ladeterminals oder Händlers, warnt der CCC. Dabei sei es egal, ob man mit der girocard auf herkömmliche Art und Weise oder per NFC zahle.

Diese Daten lassen sich laut CCC einfach auslesen, hierfür genüge ein Lesegerät sowie eine spezielle Software, die es im Internet gibt. Zudem fließen die Daten beim Bezahlen via NFC unverschlüsselt. Sicherheitsexperten fordern deshalb eine Verschlüsselung der Daten auf der girocard, um unberechtigte Zugriffe zu verhindern.

Sparkassen: Verfahren ist sicher

Die Sparkassen wiegeln ab: Das Verfahren, so der Deutsche Sparkassen- und Giroverband (DSGV), sei unbedenklich, da bei Bezahlvorgängen weder der Ort noch die gekaufte Ware oder der Händlername durch die gespeicherten Daten nachvollziehbar seien. Für den Kunden reichten die Angaben aus, um den Überblick über ihre Finanzen zu behalten. Für jeden anderen seien die Informationen jedoch ohne Wert. Auch das Thema „Datenschutz beim NFC-Funkverkehr" sieht man gelassen: Eine Kommunikation zwischen Karte und zugelassenen Terminals sei nur über wenige Zentimeter hinweg möglich, so der Verband. Aufgrund des geringen Abstandes sei es deshalb nicht vorstellbar, dass Informationen von der Karte über größere Abstände und vom Kunden unbemerkt ausgelesen werden.

Ein Test der Datenschutzfirma Praemandatum im Raum Hannover zeigte aber: Die angeblich nicht klar zuzuordnende Händlerkennung lässt sich sehr wohl über ein bestimmtes Kürzel, das mitgespeichert wird, erkennen.

Alufolie gegen Datenschnüffelei?

Was kann der Kunde tun, um auf Nummer sicher zu gehen? Der Arbeitskreis Vorratsdatenspeicherung empfiehlt: Wer auch in Zukunft keine Karte mit NFC-Chip haben möchte, sollte bei der Hausbank auf Ausstellung einer solchen bestehen. Alternativ sollen die Kunden die NFC-Karte einfach in Alufolie einwickeln oder in eine Alu-Hülle einstecken, so ist eine Datenübertragung per Funk nicht möglich.

PayPass

PayPass ist eine Entwicklung des Kreditkartenherausgebers MasterCard. Auch hier ist wie bei girogo und payWave ein NFC-Funkchip auf der Karte aufgebracht. Dieser Chip soll aber nicht nur auf Kreditkarten, sondern auch auf Debitkarten aufgebracht werden. In den USA nutzt Google-Wallet PayPass, um Zahlungen über das Smartphone abzuwickeln.

Mit PayPass können alle Beträge kontaktlos bezahlt werden, ab 25 Euro muss zusätzlich eine Unterschrift geleistet oder eine PIN eingegeben werden. Ein vorheriges Aufladen der Karte ist nicht nötig. Beim Bezahlen wird direkt das Konto oder die Kreditkarte belastet.

Welche Händler akzeptieren PayPass?

Bundesweit kann mit PayPass bereits bei folgenden Händlern gezahlt werden: Vapiano, Douglas Holding inklusive Douglas, Christ, AppelrathCüpper, Hussel und Thalia, Star-Tankstellen, BP- und Aral-Tankstellen. Zudem gibt es Kooperationen mit einzelnen Filialen von Familia und Galeries Lafayette. Weltweit gibt es bereits 350.000 Akzeptanzstellen in 37 Ländern.

Herausgeber der PayPass-Karten sind in Deutschland: Payback Plus, Lufthansa Miles & More, Sparda Bank Nürnberg, Sparda Bank Hamburg und MLP. Laut MasterCard werden bis zum Jahresende 2012 noch weitere Banken folgen. Im Sommer 2012 gab es in Deutschland nach Angaben von MasterCard bereits mehr als 1,2 Millionen Karten mit PayPass-Funktion. Weltweit sind bereits 100 Millionen Karten in Umlauf.

payWave

payWave ist eine Entwicklung des Kreditkartenherausgebers Visa. Wie bei girogo und PayPass wird auch hier ein NFC-Funkchip genutzt. Dieser Chip soll nicht nur auf Kreditkarten, sondern auch auf Debitkarten aufgebracht werden.

Mit payWave können analog zu PayPass alle Beträge kontaktlos bezahlt werden, ab 25 Euro muss zusätzlich eine Unterschrift geleistet oder eine PIN eingegeben werden. Ein vorheriges Aufladen der Karte ist nicht nötig. Beim Bezahlen wird direkt das Konto oder die Kreditkarte belastet.

Welche Händler akzeptieren payWave?

Visa führt – Stand Sommer 2012 – noch Gespräche mit dem deutschen Handel. Nach Angaben des Unternehmens ist jedoch zu erwarten, dass diejenigen Händler, die girogo und PayPass akzeptieren wollen, auch Paywave akzeptieren werden. In Großbritannien nehmen unter anderem McDonalds, Boots, Pret a Manger und Subway payWave Karten an.

In Deutschland wollen laut Angaben von Visa folgende Banken mit der Ausgabe von payWave-Karten starten: BW-Bank, comdirect bank, DKB, Landesbank Berlin, Targobank, Volkswagen Bank und Postbank. Europaweit stellen bereits 60 Banken diese Karten aus.

In Europa gab es im Sommer 2012 rund 30 Millionen kontaktlose Visa-Karten. Bis Ende 2012 sollen es mehr als 50 Millionen sein. In Deutschland starten die kooperierenden Banken im zweiten Halbjahr 2012 mit der Ausgabe, bis Ende des Jahres soll es dann 500.000 payWave-Karten in Deutschland geben.

Unterschiede der kontaktlosen Bezahlsysteme

girogo-Karten sind Prepaid-Karten. Sie nutzen den 1996 eingeführten GeldKarten-Chip. Darauf muss der Kunde zuerst ein Guthaben aufladen, bevor er kontaktlos zahlen kann. Dieses Guthaben ist auf 200 Euro begrenzt. Außerdem können nur solche Einkäufe kontaktlos bezahlt werden, die nicht mehr als 20 Euro kosten. Bei höheren Beträgen muss die Karte in das Lesegerät gesteckt werden. PayPass und payWave ziehen diese Grenze erst bei 25Euro, danach muss zusätzlich eine Unterschrift geleistet oder eine PIN eingegeben werden. Noch entscheidender ist aber, dass die Karten von Visa und Mastercard nicht aufgeladen werden müssen. Wie bei herkömmlichen Kartenzahlungen werden Kreditkarte oder Girokonto direkt mit dem Rechnungsbetrag belastet.

Karten mit girogo-Funktion können an Geldautomaten, an Ladeterminals oder mit einem Chipkartenleser via Internet aufgeladen werden. Außerdem gibt es eine Abolösung: Der Kunde kann vereinbaren, dass immer, wenn das Guthaben auf der Karte beim Bezahlen unter einen bestimmen Betrag sinkt, automatisch beispielsweise 30 Euro aufgeladen werdenAuf mittlere Sicht strebt die Deutsche Kreditwirtschaft aber an, das kontaktlose Bezahlen auch für die Electronic-Cash-Funktion der girocard zu realisieren.

Zahlungsmöglichkeiten im Vergleich

- **Bargeld:**

Die Deutschen lieben Bargeld: 82,5 % aller Transaktionen werden bar bezahlt. Beim Umsatz entfällt auf das Bargeld ein Anteil von 57,9 %. Laut einer Befragung der Bundesbank haben deutsche Verbraucher im Schnitt etwa 118 Euro in ihrem Geldbeutel. Davon entfallen etwa 6,70 Euro auf Münzen. Besonders gerne werden Kleinbeträge bis 20 Euro bar bezahlt. Von den Zahlungen bis zu 5 Euro werden 97 % bar abgewickelt.

- **Debitkarten:**

In der Umfrage der Bundesbank gaben 91 % der Befragten an, mindestens eine Debitkarte zu haben. Sie ist das zweitbeliebteste Zahlungsmittel in Deutschland: 11,9 % aller Transaktionen werden damit bezahlt und 25,5 % des Umsatzes mit Debitkarte generiert. Insgesamt sind in Deutschland über 102.000 solche Karten in Umlauf. Der durchschnittlich mit Debitkarte beglichene Umsatz liegt bei 62 Euro.

- **GeldKarte:**

Die GeldKarte wurde 1996 eingeführt, erfreute sich aber keiner großen Beliebtheit. Nach offiziellen Angaben sind etwa 79 % aller Girokarten mit einer GeldKarten-Funktion ausgestattet. Von den Befragten in der Studie der Bundesbank gaben jedoch nur 21 % an, eine GeldKarte zu besitzen. 60 % der Befragten gaben an, die GeldKarte nicht oder nur dem Namen nach zu kennen. Viele wissen also gar nicht, dass ihre Karte die Funktion besitzt. Der GeldKarten-Chip kann unter anderem am Geldautomaten aufgeladen werden und ist insbesondere für das Zahlen kleiner Beträge gedacht – etwa an Fahrkarten- oder Getränkeautomaten.

- **Kreditkarten:**

Im Besitz einer Kreditkarte sind in Deutschland lediglich 27 % der durch die Bundesbank Befragten. Nur 1,4 % der Transaktionen (3,6 % der Umsätze) werden mit Kreditkarten getätigt. Zum Einsatz kommen sie häufig bei höheren Beträgen von durchschnittlich 77 Euro. Ingesamt gibt es in Deutschland etwa 25 Millionen Kreditkarten. Ein Großteil davon sind jedoch „unechte" Kreditkarten, die auch Charge Cards genannt werden. Dabei werden die vorgenommenen Zahlungen bis zu einem Abrechnungsdatum gesammelt und dann vom Karteninhaber beglichen. Bei der „echten" Kreditkarte bekommt der Nutzer dagegen eine Kreditlinie eingeräumt und kann den Einkauf über Monate abbezahlen.

- **girogo:**

In puncto Übersichtlichkeit bietet girogo gegenüber Bargeld keinen Vorteil. Bei girogo wird auf dem Kontoauszug nur dokumentiert, mit welchen Beträgen die Karte aufgeladen wurde – ebenso wie beim Bargeld nur angezeigt wird, wie viel am Geldautomaten abgehoben wurde. Die einzelnen Buchungen können Kunden über Terminals im Handel oder über eine App für Smartphones nachverfolgen. Dokumentiert werden die letzten 15 Buchungen und die letzten drei Aufladungen.

- **MasterCard PayPass:**

Mit dem Paypass-System von Mastercard können Kreditkarten, Debitkarten und Smartphones ausgestattet werden. Bei dem kontaktlosen Verfahren ist kein vorheriges Aufladen nötig. Wie beim gewohnten Einkauf mit Debitkarte oder Kreditkarte wird das Konto des Karteninhabers direkt belastet. Jede einzelne Buchung wird auf dem Konto dokumentiert. PayPass-Karten sind international bereits seit einigen Jahren im Einsatz.

- **Visa payWave:**

Die payWave-Technologie von Visa funktioniert wie das PayPass-System. Die erste Kartenausgabe in Deutschland erfolgt im Laufe des zweiten Halbjahres 2012.

Kreditkarte 2.0:

Bezahlen reloaded

Die führenden Player der Web-, Telekommunikations- und IT-Gemeinde rüsten sich für neue mobile Bezahlformen. Apple zum Beispiel offeriert seinen Nutzern mit der iWallet auf Basis der NFC-Technologie eine elektronische Geldbörse, die perspektivisch auch die Verknüpfung zwischen Gerät und Kreditkarte ermöglicht.

Lothar Lochmaier
erschienen im Juni 2012

Wer bislang davon ausging, die simple Nutzung einer Kreditkarte ließe sich nicht auf kreative Art und Weise neu beleben, irrt. So verknüpfen einige Banken bereits Social Media mit einer neuen Bezahlphilosophie. Zum Beispiel die Bank of America: Der Twitter-Account @BofA_help dient dazu, Verbesserungsvorschläge und Beschwerden von Kunden einzusammeln, auch zur Kreditkarte.

Zu den Trendsettern gehört auch das britische Finanzunternehmen Barclays. Die Universalbank will sich durch kreative Spielelemente wie den Barclaycard Ring vom Wettbewerb abheben. Über dieses Portal und die dortige Community kann der Nutzer seine Kreditkarte mitgestalten – ein weiterer kleiner Schritt in das neue Zeitalter der interaktiven Kundenbeteiligung.

Der Mehrwert der „Kreditkarte 2.0" für den Kunden ist, vom Mitschwimmen auf der Trendwelle einmal abgesehen, freilich noch umstritten. Immerhin, angedacht sind bei Barclays weitere intelligente Zusatzfunktionen wie eine detaillierte Kontenübersicht für die Kunden auf der Kreditkarte. Wer in der Community mitmacht, den will die Bank außerdem finanziell belohnen.

Link, Like, Love

In das Zeitalter von Social Commerce und Social Web eingestiegen ist auch American Express. Über die Facebook-Applikation „Link, Like, Love" kommen Kunden in den Genuss von zeitlich begrenzten Sonderangeboten ausgewählter Partner einschließlich einer mobilen App. Und über die American-Express-Twitter-Kampagne können sich Nutzer Coupons auf ihre Kreditkarte laden, indem sie einen speziellen Hashtag twittern. Bezahlt der Kunde dann mit dieser Karte, erhält er einen bestimmten Betrag gutgeschrieben – vorausgesetzt, das Kreditkartenkonto ist zuvor mit Twitter verbunden worden. Einen ähnlichen Ansatz präsentierte Cardlytics auf der diesjährigen Finovate, der

Konferenz für Bank-Technologie in London. Cardlytics bietet Unternehmen eine Plattform, über die die Firmen beispielsweise Werbung zu bestimmten Kartentransaktionen automatisiert in Kontoauszüge von Bankkunden einsteuern können. Bei dem neuen Ansatz aktivieren Nutzer einen Gutschein via Online-Banking und lösen ihn beim Bezahlen automatisch ein.

> **Die Kreditkarte 2.0 am Beispiel Visa**
>
> Der Kreditkartenanbieter Visa rechnet nach eigenen Angaben damit, dass 2020 mehr als die Hälfte aller hauseigenen Transaktionen mit mobilen Endgeräten erfolgen. Für 2012 sind diese Projekte am Start:
>
> - Die Landesbank Berlin testet derzeit eine kontaktlose Visa-iPhone-App.
> - Kontaktloses Bezahlen: Die sieben Mitgliedsbanken Postbank, BW-Bank, comdirect, DKB, Landesbank Berlin, Targobank und Volkswagen Bank führen die Funktion ein. Bis Ende 2012 erwartet der Anbieter rund 500.000 kontaktlose Visa-Karten im Markt.
> - Aktuell in vollem Gange ist die Zertifizierung der Netzbetreiber, Weiterverwerter (Acquirer) sowie der Smartphone-Hersteller. Außerdem führt Visa viele Gespräche mit Händlern.
> - Erste Pilotprojekte zur Überweisung per Handy zwischen zwei Personen über den Anbieter Visa sind gestartet. Zu diesen Projekten gehört „Visa SMS Alerts": Nutzer erhalten auf ihr Mobiltelefon eine Nachricht nach erfolgter Zahlung im Handel. Auch neue Kundenbindungsprogramme per Mobiltelefon soll es geben. Für das Jahr 2013 plant das Unternehmen Visa den Start der digitalen Geldbörse „V.me by Visa".
>
> Quelle: Visa Deutschland

Ein weiteres, bereits erfolgreiches Beispiel für eine personalisierte Kreditkartenkampagne lancierte die amerikanische Chase. Auf dem heimischen Markt warb das Finanzinstitut im Netz damit, neuen Karteninhabern bis zu 100.000 Bonus-Flugmeilen beim Kooperationspartner British Airways gutzuschreiben. Die Blogosphäre griff das Thema in Windeseile auf. Schließlich machte der finanzielle Gegenwert dieser Aktion einen Hin- und Rückflug über den Atlantik aus. Unter dem Strich gewann Chase durch diese virale Kampagne. Denn letztlich lassen sich über diese Maßnahmen auch ungleich teurere Werbekampagnen in den Printmedien oder im Fernsehen zum Teil substituieren.

Kontaktlos bezahlen mit der Kreditkarte

Das Engagement der Karten-Herausgeber in sozialen Netzwerken ermöglicht also eine direkte Kommunikation mit dem Karteninhaber, was personalisierte Dienste nach sich zieht wie Coupons, Location-based Services, Kundenbindungsprogramme und Ratenzahlungen. „Die künftige Personalisierung der Kreditkarte steht in enger Verbindung mit der Entwicklung und Verbreitung der Smartphones. Denn das Mobiltelefon entwickelt sich zunehmend zu einem smarten Multifunktionstool, das die Geldbörse ergänzt", weiß Christian von Hammel-Bonten, Executive Vice President Telecommunications bei Wirecard, Anbieter für elektronische Bezahlprozesse. Durch die Verbindung zwischen Karte und Smartphone-Applikation entsteht im Idealfall ein deutlicher Mehrwert sowohl für den Endkunden als auch den Herausgeber der Karte.

Insbesondere aufgrund wirtschaftlicher Erwägungen zögert die Finanzbranche aber, die Kreditkarte mit emotionalen Argumenten zur Kundenbindung „aufzuladen". Deshalb rücken in technologischer Hinsicht vor allem die Anbieter von mobilen Bezahlsystemen und die Telekommunikationsspezialisten nach vorne. Die Folge: Diese Player treiben die Banken quasi vor sich her. In den Finanzinstituten sieht man indes das bunte Treiben gelassen. Zumindest hierzulande scheinen die Verantwortlichen überwiegend noch auf die klassische ec- bzw. Debitkarte zu vertrauen. „Wir beobachten derzeit den Markt", sagt Postbank-Sprecher Ralf Palm. Die Entscheidung, welches mobile Bezahlverfahren wann eingeführt werde, stehe noch aus.

In Bankenkreisen scheut man die hohen Initialkosten, die sich bei Bezahlvarianten via Kreditkarte in den Weg stellen. Auch aus Sicherheitsgründen zögern die Verantwortlichen, bestätigt Matthias Hönisch, Gruppenleiter Kartengeschäft beim Bundesverband Volksbanken und Raiffeisenbanken (BVR). Außerdem setzt das Gros der Kreditinstitute derzeit überwiegend auf das Branchen-Pilotprojekt girogo, das auf dem Einsatz der NFC-Technologie auf der ec- bzw. Bankkarte basiert.

Nicht wenige Experten berechnen mit spitzem Bleistift die Transaktionskosten beim Einkauf im Einzelhandel. Für die Nutzung der ec-Karte zum kontaktlosen Bezahlen dürfte allein ihr im Vergleich zur Kreditkarte höherer Verbreitungsgrad sprechen. Damit können Banken das berührungslose Zahlen im Massengeschäft wesentlich preisgünstiger realisieren als über die Kreditkarte, die nur eine exklusive, weit kleinere Kundenklientel besitzt. Ein weiteres Argument liefert der Datenschutz. Gegenüber anderen Bezahlvarianten bleiben die Nutzerdaten in der Regel anonym, wenn kontaktlos mit ec- oder der aufladbaren Debitkarte bezahlt wird.

Mehrwertdienste als Chance für das Kreditkartengeschäft

Die künftige Entwicklung im Karten- und Bezahlgeschäft wird zumindest mittelfristig vom Megatrend Mobile Payment angetrieben. Hinter diesem Begriff verbergen sich freilich recht unterschiedliche Bezahlvorgänge: Neben dem Bezahlen über ein NFCfähiges Smartphone bzw. Karte am Point of Sale umfasst dieser Trend den Einkauf über den (mobilen) Browser oder andere Applikationen. Daher steht trotz aller Kosten- und Sicherheitsbedenken fest: Kreditkartenanbieter werden wichtige Player bleiben. Angesichts all der derzeit diskutierten Ansätze spiele die Kreditkarte sogar eine immer gewichtigere Rolle, bilanziert Christian von Hammel-Bonten von Wirecard, da sie durch weltweite Einsetzbarkeit und hohe Standardisierung punkte. „Die einfache Nutzung der Kreditkarte und zu guter Letzt deren große Verbreitung sind dabei ausschlaggebende Faktoren", konstatiert er.

Schenken übers Smartphone: Über mobi-g, Anbieter einer Geschenkgutschein-App, können Nutzer per SMS und E-Mail Geschenkgutscheine einer Marke ihrer Wahl verschicken (siehe Screenshot). Der Beschenkte kann die Gutscheine per Smartphone verwalten und einlösen. Die mobi-g-Charaktere erzeugen Sympathie. (Fotos: mobi-g)

Ein Auge auf die Zusammenarbeit mit Kreditkarten-Herausgebern geworfen haben vor allem Anbieter von Mehrwertdiensten – und diese Unternehmen werden derzeit immer zahlreicher. Ein aktuelles Beispiel ist mobi-g, Anbieter von mobilen Geschenkgutscheinen. Geschäftsführer Karl-August Thiele erklärt das Angebot der „Open Loop Gift Cards", in etwa zu übersetzen mit „offen gestalteter Kreisverkehr": „Damit gemeint sind Geschenkkarten, die wie herkömmliche Kreditkarten bei allen Kreditkartenakzeptanzstellen als Zahlungsmittel einsetzbar sind."

Gerade im virtuellen Schenkungsvorgang via Kreditkarte 2.0 sehen die Spezialisten noch eine eher ungenutzte Spielwiese. „Der Anlass, die Karte zu personalisieren, ist dort sicherlich öfter gegeben und steht als zentrales, emotionales Element eines Geschenkes stärker im Vordergrund", betont Thiele. Bei mobi-g lässt sich beispielsweise ein Geburtstags-, Weihnachts- oder Ostermotiv für die Geschenkkarte auswählen – oder ein eigenes Bildmotiv zur Gestaltung der Prepaid-Kreditkarte verwenden.

Auch die Bezahl-Kombination „Smartphone und Kreditkarte" existiert bereits in Form des Paypass-Systems von Mastercard. Die NFC-Technologie ist dabei entweder bereits in das Smartphone integriert oder lässt sich über so genannte Smartlabels so aufbringen, dass das Telefon mit der Kreditkarte interagieren kann.

Die nächste Generation von Smartphones und SIM-Karten soll darüber hinaus mit eingebetteten NFC-Funktionen punkten. Damit hat der Nutzer eine elektronische Geldbörse, eine „E-Wallet", bei sich. Zum Aufladen und Abarbeiten dieser E-Wallets kommen unterschiedliche herkömmliche Bezahloptionen, auch die Kreditkarte, in Betracht. „Aber möglicherweise gibt es auch neue Verfahren wie die Kopplung an die Telefonrechnung", sagt Karl-August Thiele.

Karte plus Smartphone: Vorteile für Kunde und Anbieter

Die Kredit- oder Debitkarte ist das vom Endkunden am meisten eingesetzte Produkt der Bank bzw. des Kartenherausgebers. Durch die Verknüpfung der Karte mit dem Mobiltelefon profitieren beide Seiten.

Für den **Endkunden** kann die personalisierte Kreditkarte folgende Vorteile bieten:
- **Mehr Transparenz:** Anzeige des Kontostands und der getätigten Transaktionen in Echtzeit.
- **Mehr Sicherheit:** mehr Transparenz und Schutz der Kartendaten durch die zusätzliche PIN-Eingabe zum Auslösen der mobilen Bezahlung.
- **Finanzielle Vorteile:** personalisierte Coupons und andere Angebote im Rahmen von Kundenbindungsprogrammen.
- **Benutzerfreundlichkeit:** höhere Transparenz und Zusammenführung von personalisierten Dienstleistungen.
- **Interaktion mit sozialen Netzwerken:** Einkäufe, Coupons und vieles mehr lassen sich über soziale Netzwerke verbreiten.

Auch dem **Kreditkarten-Herausgeber** bieten sich zahlreiche neue Möglichkeiten:
- **Direkte Kommunikation:** Der Herausgeber kann den Karteninhaber direkt über die mobile Applikation erreichen.
- **Weitere Umsatzpotenziale erschließen:** etwa durch die Entwicklung von Couponing- oder Kundenbindungsprogrammen.
- **Bereitstellung von erweiterten Finanzdienstleistungen in Echtzeit:** Ratenzahlung, Konsumentenkredit oder die Versicherung von eingekauften Waren.

Quelle: Wirecard

Fazit: Vorteil für emotional „aufgeladene" Produkte

Trotz aller technischen Möglichkeiten glauben Experten an den Erfolg durch Emotionen im Kartengeschäft. Gelinge es, die Kreditkarte durch das Web 2.0 rasch zu personalisieren, so steigere dies den emotionalen Wohlfühlfaktor des Geschenks, ist jedenfalls Patrick Löffler vom Geschenkkartenspezialisten Bonayou überzeugt. Dort können die Kunden ihrer Gabe heute schon persönliche Fotos beilegen. „Wenn sich die Fotos direkt auf die Kreditkarte drucken ließen, wäre das noch attraktiver", erklärt Löffler.